中国农村经济

制度、发展与分配

章 元 —— 著

复旦大学"当代中国经济与社会工作室"系列作品

制度、结构与发展丛书

格致出版社　上海人民出版社

总序:问题导向的经济学

在过去的七八年里,中国经济学界涌现出一批运用现代经济学方法研究中国现实问题的青年经济学家,他们的共同特点是关注中国经济运行的体制和制度环境,既没有停留在对现象的简单描述上,也没有生搬硬套成熟的经济学理论。他们是中国经济学的希望所在。作为这批青年经济学家的代表,陆铭和陈钊两位发起主编《制度、结构与发展丛书》,并邀我作序,我欣然应允。

在过去的30多年里,中国经济学研究发生了深刻的变化。20世纪80年代,中国经济学研究尚在起步阶段,经济学研究的主体是从"发展组"走出来的青年经济学家。他们都有过上山下乡的经历,对中国现实问题的关注让他们在20世纪80年代初聚集在一起,形成一个半正式的研究小组。之后,他们进入体制内部的研究机构,从而拥有了更多的机会和资源做针对性的研究工作。他们深入基层,在调查研究的基础上总结出规律性的东西。那时虽然没有理论,但却常有令人振奋的新发现;正因为如此,那时的经济学研究和政府政策结合得非常紧密,一些政策建议(如价格"双轨"制)直接成为政府政策。可以说,20世纪80年代是中国经济学最令人兴奋的时期。

进入20世纪90年代之后,中国经济学开始向学院化转变。从学科发展的角度来看,这是一个必然的过程。一个学科要有积累和发展,就必须创立一套研究语言,现代经济学理论就是经济学的研究语言。现代经济学理论的令人敬畏之处在于：在一个关于人的行为的简单假设——即理性假设——之下，它构建了一套模拟理想市场运作的优美且内容丰富的逻辑体系，而且，它的多数预测都被经验研究所证实。这当然不是说现代经济学穷尽了对现实世界的描述；现代经济学理论的作用不是对现实世界进行详备的描述，而是为我们理解现实世界提供一个简化的模型，让我们在纷繁的现实中找到一些规律性的东西。这些规律反映的是现实世界的局部常态，而不是放之四海而皆准的真理；但是，片面才能深入，追求大而全反倒会流于肤浅。中国经济学在20世纪90年代走过的路，是引进和消化现代经济学的过程：主要高校纷纷开设现代经济学的研究生课程，对学生的训练越来越规范；在研究方面，经济学杂志上发表的文章也越来越多地使用现代经济学的模型和计量方法。

进入新世纪之后，从海外归国的经济学者越来越多，到21世纪第一个十年的后期，高校中已经形成了近十个归国学者集中的机构。归国学者的加入进一步强化了经济学教学和科研的规范化，并把经济学论文发表的门槛提到了一个新的高度。从教育部到各主要经济学院系，对教师的考核纷纷提高了标准，教师要获得学术晋级，国内顶尖杂志上发表论文是基本要求，国外发表论文的权重大大增加。虽然一些院系的做法过于苛刻，但总体而言，考核标准的提高极大地促进了我国经济学科的发展。

然而，任何事情总是具有两面性。中国经济学在规范化的同时也出现了一些令人担忧的趋势。其中之一是囫囵吞枣，即生搬硬套现有的经济学理论，这在一些年轻学者特别是博士生当中具有一定的代表性。这是没有融会贯通地掌握现代经济学的结果，从这个意义上说，我们还要加强现代经济学的教育。但是，这不是简单地要求学生更多地掌握现代经济学的建模技巧，记住更多的经济学理论，而是要帮助他们在经济学理论和现实之间建立起联系。我接触过很多中国留美博士生，考试对他们来说是一件相对容易的事情，做论文才是最困难的。由于不容易获得中国的数据，而且美国的毕业生就业市场也不欣赏中国研究，绝大多数留学生不得不研究美国的问题。但是，他们对美国的了解有限，一些对于美国学生来说信手拈来的常识，对他们来说却是陌生的知识。在这种情况下，许多留学生只好选择做数理经济学或者计量经济学方面的论文。国内学生面临的问题有相似之处，即无法建立起理论和现实之间的联系，有些学生更是错误地认为理论模型可以用来证明一个原理或规律。中国经济学要有更大的发展,非得让学生回归现实不可。

另一个值得担忧的趋势是,因为强调国外发表论文,一些学者特别是部分归国学者更多的是研究国外学术界感兴趣,但却不一定对我国具有现实意义的题目。比如,一些学者以研究文献为起点,希望找到文献中别人没有做过的东西,而不是到现实中去寻找问题。正如林毅夫教授常说的,他们是坐在中国这座金矿上寻找煤炭。归国学者不关注中国现实问题,那为什么要回国呢?

与此相关的一个趋势是,学术研究和政策讨论相脱节。在经济学家当中,正逐渐形成学院经济学家和政策经济学家的分野,两部分人都相互瞧不起。一个社会里存在政策经济学家是正常的事情,政府和企业对他们的需求非常大;但是,学院经济学家不关心政策讨论却是不正常的。一些人可能会说,你看美国的经济学家都不关注政策。这是误解。除了少数经济学家(如罗伯特·卢卡斯)只关注学术而有意回避政策讨论之外,美国的知名经济学家都积极地介入政策讨论,那些表面上没有介入的,不过是因为他们没有机会而已。正是因为没有机会,许多美国经济学家只是把经济学研究当作一种职业,而不是经世济民的手段,因而他们的研究往往与现实脱节,成为自娱自乐的智力游戏。中国处于一个伟大的转型阶段,一个中国的经济学者不介入现实,对不起这个伟大的时代。

在这个背景下,我们愈发意识到本套丛书的作者以及他们倡导的研究风格的可贵之处。他们当中既有本土培养的学者,也有归国学者,他们的共同特点是不迷信文献,而是从现实中寻找问题,并上升到理论。丛书的名称定为"制度、结构与发展",意在把中国的经济增长放在中国的制度背景下进行研究。这无疑是一个正确的选择。从纯粹经济学的角度来看,中国的增长奇迹并不成其为一个奇迹,因为中国所采取的经济政策,都没有超出标准经济学教科书的建议,如高储蓄、高投资、提高人力资本、稳健的财政和货币政策、减少管制、对外开放、国有企业民营化、保护产权等等。但是,为什么中国政府采纳了这些促进经济增长的政策,而多数发展中国家政府却没有采纳?进一步,为什么中国在经济转型过程中保持了超常的经济增长,而多数转型国家却陷入过长时期的倒退?

国内外的一些人倾向于认为,中国的成功源于中国的威权体制,但是,这个解释如果不是源于学术上的懒惰的话,也是有意而为之的曲解之论,无法经受现实的检验：如果威权体制是中国经济成功的原因，那中国在计划经济时代就应该成功了，但这件事并没有发生。有人可能会说，威权体制＋计划经济不成功，但威权体制＋市场经济就可以成功。这个辩解本身就已经承认了市场经济的重要性：对比改革开放前后30年，政治体制没有变，而经济制度改变了，因此，我们唯一的结论只能是，真正起作用的是市场经济，而不是威权体制。

事实上，用威权与民主的两分法来概括中国的现行体制本身就是不恰当的，它不仅遮蔽了当今中国社会的丰富性，而且助长了学术上的懒惰之风：用威权或民主来套中国的制度和体制，然后开始推演，看似逻辑严密、道理精辟，实则是对他人理论的空洞无物的重复。从另一个角度来看，这是没有民族自信的表现。从任何方面来看，中国都正走在民主化的大道上。学者的任务是分析我们所走过的路，并指明未来道路的各种可能性。这要求学者对我国的体制进行深入和细致的分析，看哪些内容是起到正面作用的，哪些内容是应该摒弃或改变的。中国既然能够产生经济奇迹，中国的体制当中一定存在合理的成分，中国学者应该不怯于把它们展示给世界。

从大的历史尺度来看，中国所走过的路没有特殊性，中国自1840年以来的历史是世界从古代社会走向现代社会的一部分。这不是说中国所走过的路和其他国家一模一样。中国有自己的文化和历史传统，但是，如果仅仅为此就认为中国是独特的，那所有国家都是独特的，宣示一个国家的独特性也就失去了意义。中国学者的任务是从中国的特殊性中找到具有世界意义的规律，并把它们展示给世界。如果是这样，那么中国学者就要使用世界能够听懂的语言阐述自己的观点；对于经济学家来说，就是要用现代经济学的研究方法来研究中国当下的制度和体制问题。

本套丛书的编者和作者都是受过良好的现代经济学训练且对中国现实问题具有浓厚兴趣的青年学者，从他们身上，我看到了20世纪80年代的青年学者的影子。但是，他们的工作不是对20世纪80年代的简单重复，套用过去常用的说法，是发生了"螺旋式的"上升；他们不再轻视理论，而是要从中国的现实中发掘理论。长江后浪推前浪，假以时日，他们一定会开创中国经济学研究的新篇章。

姚　洋

鸣　谢

本专著得到了教育部人文社会科学重点研究基地 2008 重大项目"中国反贫困战略的转变：贫困脆弱性的视角"(08JJD790152)、国家社会科学基金重大项目"城乡统筹发展背景下户籍制度改革与城镇化问题研究"(项目批准号：11&ZD037)和"新型城市化视角下的经济发展的转变研究"(项目批准号：11&ZD003)的资助。同时感谢"复旦大学 985 工程三期整体推进社科项目"的支持。

目　录

第一章

导论:中国经济发展战略与农村经济发展

第一节 "中国奇迹"下的农村经济发展

中国30多年的改革开放创造了一个令世界瞩目的"中国奇迹"——人均GDP从1978年的381元上升到2009年的25 575元,也就是说,中国的GDP连续30多年基本上保持年均8%的增长速度。与此同时,城镇居民家庭人均可支配收入从1978年的343.4元增长到2009年的17 174.7元,农村居民家庭人均纯收入从1978年的133.6元增长到2009年的5 153.2元。另外还有很多指标可以反映中国改革开放以来的经济发展成就:从1978年到2009年,普通高等学校的数量由598所增加到2 305所,普通高等学校专任教师从20.6万人增加到129.5万人,普通高等学校招生人数由40.2万人增加到639.5万人;全国的医院数量由9 293个增加到20 291个,每千人拥有的卫生技术人员数由2.57个增加到4.15个;全国新生婴儿死亡率从1991年的33.1‰下降到2009年的9.0‰,孕产妇死亡率从1991年的0.8‰下降到2009年的0.319‰[1]。所有这些数据都指明了一个基本的事实:30多年的改革开放使得中国在社会经济发展的众多方面都取得了辉煌的成就。

中国经济持续快速增长的30多年,实际上也是中国的工业化和城市化进程快速深化的30多年,而在此过程中,以工农业产品价格剪刀差为重要形式的城市倾

---

① 如非特殊说明,本专著中所引用的数据都来自2010年《中国统计年鉴》。

向政策为中国经济腾飞所需的快速资本积累奠定了基础。有大量事实、证据和研究等都一致地表明：中国过去30多年的经济发展战略或政策大都不利于农村经济的发展、农民的增收和农业部门的壮大。例如，从宏观统计数据看，中国的第一产业（或农业）的增长远不如整体经济增长那么好，从1978年到2009年，GDP的年平均增长率达到9.98%，而第一产业GDP的年平均增长率只有4.47%[①]；在GDP的构成中，第一产业所占的比重也由1978年的28.2%下降到2009年的10.3%。这些统计数据表明：中国农业的增长速度并不快。从农业部门自身的发展来看，中国早期采取的重工业优先发展战略以及因此而采取的城市倾向政策对农业的增长很不利，并进而对整体经济的增长不利，有大量研究批评中国经济发展所采取的城市倾向政策不利于农业经济甚至整个国民经济的增长（林毅夫等，1994；Carter，1997；Yang，1999），更有大量研究批评由于城市倾向政策而导致的城乡收入差距扩大（Yang and Zhou，1999；Yang，1999；张晓波，2003；Kanbur and Zhang，2004）。例如，林毅夫等（1994）认为，中国推行重工业优先发展的战略步履维艰，所付出的代价是极其高昂的，由于违背了资源比较优势原则，人为地推行重工业优先增长的发展战略使中国经济的结构遭到了严重的扭曲，由此丧失了本来可以达到的更快的增长速度。他们认为对于中国的经济发展这一战略导致了两方面的效率损失：第一是资源配置的低效率，它使得中国的产业结构偏离了自己的比较优势；第二是技术的低效率，它使得国有企业的经理人和工人的工作激励降低，从而导致了生产技术的低效率。

尽管如此，我们却依然能够在"中国奇迹"中看到中国农村社会经济的快速发展。从1978年到2009年，农村居民家庭人均收入增长了7.6倍，家庭人均不变价格消费水平从138元增加到4 021元，农村居民家庭的恩格尔系数从1978年的67.6%下降到2009年的41.0%；农村贫困人口比例从1978年的30.7%迅速降低到2007的1.6%[②]；农村地区婴儿死亡率从1991年的58‰下降到2009年的17‰，农村地区孕产妇死亡率从1991年的1‰降低到2009年的0.34‰；农村居民平均每百户拥有彩色电视

---

① 根据2010年《中国统计年鉴》公布的年平均增长率的简单平均计算而来。

② 从2008年起，国家统计局开始采用高于国定贫困线的低收入线来度量低收入人口数量，不再公布采用国定贫困线度量的贫困人口数量。

机的数量从 1990 年的 4.7 台迅速上升到 2009 年的 108.9 台。

中国作为世界第一人口大国、第一农业人口大国,农村经济的发展水平对于世界经济发展而言具有举足轻重的意义。从上述数字可以看出,尽管中国农业、农村和农民福利的增长速度相对慢一些,但是其速度也依然是惊人的。所以,这里自然就产生了一系列需要我们给予回答的重大理论和现实问题:尽管中国农村经济的增长不如总体经济增长表现得那么良好,但是中国农村经济在过去 30 多年中的增长依然如此巨大,其背后的主要动力是什么?虽然中国采取的重工业优先发展战略不利于农村和农业的发展,但是中国农村经济为什么依然在快速增长?虽然几乎所有的经济发展理论都认为一个发达的农业对于整体经济增长具有关键意义,但是为什么中国农业和农村发展的相对落后依然能支撑中国经济持续快速增长 30 多年?

显然,中国农村经济的发展和农村社会的进步绝对不是仅仅几种力量或政策所单独推动的,它必定是众多制度和政策及其他因素"合力"的结果。如何解读中国农村经济的发展,以及这种快速发展背后的制度与政策基础,就构成了本书的主要目的。特别地,从农村经济发展的视角总结来自中国这样一个从落后起点上腾飞的发展中大国的经济发展经验,具有重要的理论意义和实践意义。当然,这里需要说明的是,本书只是从农村经济发展的角度研究了推动中国农村经济发展的若干方面。要全面总结中国经济发展道路和发展模式中的一般规律或经验,则还需要更多深入的研究,而这并非本书的目标。

第二节 研究问题及整体框架

中国农村经济在过去 30 多年里的快速增长以及增长中所出现的各种社会经济问题必然受到很多社会经济制度与政策的影响,而这些政策与制度对各种资源的配置产生影响的经济机制则是本专著所重点关注的问题。中国农村经济在过去 30 多年里的快速增长与"中国奇迹"一样无疑也是成功的,总结像中国这样一个农业人口大国在发展农村经济方面的成功经验,无论是对于中国未来发展道路的选择和调整还是对世界上其他发展中国家而言,都具有极其重要的现实意义与政策意义，而这正是本书的一个重要意图之一。

围绕上述研究动机，本专著在一个有机的逻辑框架下系统地分析了推动中国农村经济发展的多个社会经济制度和政策：农村家庭联产承包责任制、计划生育政策、财政金融扶贫政策、村民选举制度、户籍制度等，以及以社会关系网络为核心的非正式制度。这些社会经济制度和政策对于农村经济增长过程中的人力资本投资、劳动力流动、耕地资源的使用效率、农业生产资本投资、农村公共品供给等都会产生重要的影响。本书将基于大量的农户面板数据和宏观统计数据实证分析这些政策和制度对于资源配置效率的影响机制和渠道，从而为理解中国农村经济增长的经验奠定坚实的基础。本书的内容是按照如图1.1所示的逻辑框架来组织和展开分析的：

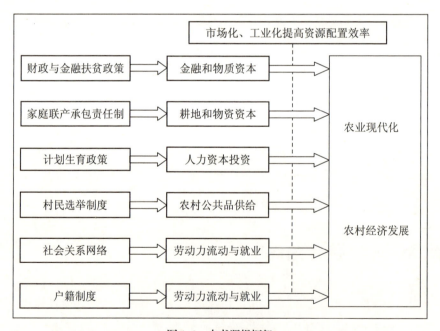

图1.1　本书逻辑框架

本书的第一章为导论；中国的财政与金融扶贫政策对于农村经济发展和农户的金融和物质资本的影响主要在第二章的第二节中加以介绍；家庭联产承包责任制对于耕地资源的配置以及对农户的物资资本投资的影响在第三章中进行分析；

第四章重点分析计划生育政策对农村人力资本投资的影响;村民选举制度对于农村公共品供给的影响是第五章的研究内容;第六章分析作为非正式制度的社会关系网络对于农村剩余劳动力的流动与他们在城市劳动力市场上的就业机会和工资水平的影响;第七章主要分析户籍制度对于农村剩余劳动力流动和他们在城市劳动力市场上的就业机会与工资水平的影响。另外,在第二章的第三节中我们还将从理论和实证角度分析市场化和工业化对于农户产生的渗透效应及其影响因素,揭示出市场化和工业化提高资源配置效率与提高农户收入、促进农村经济发展的经济机制;第二章的第四节则总结中国降低农村贫困的成功经验,与之相对应,第八章基于中国农村经济发展的一系列基本事实,总结中国农村经济发展的成功经验。

本书研究中国农村经济发展中的一系列正式和非正式制度、政策对各种生产要素配置的影响,并同时分析市场化和工业化对于农村经济发展的渗透效应,然后基于这些研究总结中国降低农村贫困的一般经验和中国农村经济快速发展的经验,这些研究对于理解中国过去30多年里的农村经济发展道路和展望未来中国农村经济的发展道路具有重要意义。特别地,本书的大部分实证研究都是基于中国的农户调查数据以及官方统计数据而展开的,从而为本书所分析的各种理论机制以及对中国农村经济发展经验的总结提供坚实而科学的基础。

第二章

工业化、市场化与一个农业人口大国的反贫困之战

第一节　中国减少农村贫困的成就

作为一个农业人口占多数的发展中大国,中国有很多理由吸引全世界的政治家和研究者的目光:连续 30 多年的快速经济增长对于世界经济发展产生了极其重大的影响,农村贫困人口曾占这个世界上的贫困人口的一半,农村贫困人口的减少非常迅速从而对世界贫困的减少作出了巨大的贡献,伴随着快速的经济增长而持续扩大的收入差距(特别是城乡之间的收入差距)已经达到甚至超过了国际警戒线。这些重大问题无疑是互相联系在一起的。当我们把关注的焦点放在中国农村贫困问题上时,就不可避免地需要考虑这些相关的重大问题。

自从改革开放以来,中国在减少农村贫困人口方面取得了惊人的成绩,根据官方公布的农村贫困人口数据,1978 年的农村贫困人口为 2.5 亿,而到了 2007 年则只剩下不足 1 500 万。在此期间内,中国的农村贫困人口下降的趋势并不十分稳定。例如,根据表 2.1 的数据可以看出,贫困人口的快速下降发生于 20 世纪 80 年代的上半期,贫困发生率从 1978 年的 30.7％降低到 1985 年的 14.8％;此后,农村贫困人口下降的速度则开始变慢,2003 年农村贫困人口数量甚至出现了反弹。

表2.1 中国绝对贫困人口数量和贫困发生率(1978—2007年)

年份	绝对贫困人口数量(万)	贫困发生率(%)
1978	25 000	30.7
1985	12 500	14.8
1990	8 500	9.4
1991	9 400	10.4
1992	8 000	8.8
1993	7 500	8.2
1994	7 000	7.7
1995	6 540	7.1
1996	5 000	6.3
1997	4 962	5.4
1998	4 210	4.6
1999	3 412	3.7
2000	3 209	3.4
2001	2 927	3.2
2002	2 820	3.0
2003	2 900	3.1
2004	2 610	2.8
2005	2 365	2.5
2006	2 148	2.3
2007	1 479	1.6

资料来源:1993年和1996年的数据来自世界银行的2001年度报告,其他年份的绝对贫困人口数量和贫困发生率数据来自历年《中国农村贫困监测报告》和2005年《中国农村住户调查年鉴》。

然而,有众多学者批评指出,中国度量贫困发生率数据的贫困线过低,所以表2.1中的贫困发生率大大低估了中国农村贫困人口的实际规模。例如,1998年中国政府确定的贫困线为每年人均收入635元,即平均每天1.74元,而按照官方汇率代表的购买力平价,1.74元只能折合0.22美元,即使使用Penn世界表估计的购买力平价,1.74元也只相当于0.44美元。这与世界银行制定的每天1美元的国际低标准贫困线相差甚远(CSLS,2003)。所以,从这个意义上看,中国农村的实际贫困发生率比官方公布的贫困发生率要高许多。

表2.2显示的世界银行对中国农村人口贫困发生率的两个估计表明:按照国际标准估计的贫困发生率要比中国官方公布的贫困率高许多,2001年分别基于收入和支出指标估计的贫困发生率相当于中国官方公布的贫困发生率的3倍左右。

表 2.2　世界银行 2001 年对中国农村人口贫困发生率的估计(％)

年份	基于收入指标	基于支出指标
1990	31.1	42.8
1991	31.7	40.8
1992	30.1	40.9
1993	29.1	40.8
1994	25.9	34.9
1995	21.8	31.0
1996	15.0	24.3
1997	13.5	24.2
1998	11.5	—

资料来源：Park and Wang(2001)。

　　表 2.3 报告了世界银行根据每天 1 美元的标准对世界上若干地区的贫困发生率的估计,从中可以看出,若以 1993 年的购买力平价 1.08 美元为贫困线,则中国在 1981 年的贫困发生率高达 63.8％,比世界平均水平还要高出 23.4 个百分点,比印度的贫困发生率也高出将近 10 个百分点,比欧洲及中亚地区高出 90 倍。但是到了 2001 年,中国的贫困发生率已经降低到了 16.6％,比全部被调查地区的平均贫困发生率低将近 5 个百分点,比印度低 18.1 个百分点,比东亚和太平洋地区的总体贫困发生率仅仅高出 1.7 个百分点。与中国形成鲜明对比的是,欧洲和中亚地区以及次撒哈拉非洲地区的贫困发生率则几乎一直保持着持续上升的趋势,其中,欧洲和中亚地区的贫困发生率的上升尤其明显,尽管这个地区的总体贫困发生率的绝对水平并不高。

表 2.3　贫困发生率的国际比较(％)

	1981 年	1984 年	1987 年	1990 年	1993 年	1996 年	1999 年	2001 年
东亚和太平洋地区	57.5	38.9	28	29.6	24.9	16.6	15.7	14.9
其中：中国	63.8	41	28.5	33	28.4	17.4	17.8	16.6
南亚地区	51.5	46.8	45	41.3	40.1	36.6	32.2	31.3
其中：印度	54.4	49.8	46.3	42.1	42.3	42.2	35.3	34.7
欧洲和中亚地区	0.7	0.5	0.4	0.5	3.7	4.2	6.3	3.7
拉美和加勒比地区	9.7	11.8	10.9	11.3	11.3	10.7	10.5	9.5
中东和北非地区	5.1	3.8	3.2	2.3	1.6	2	2.6	2.4
撒哈拉以南非洲地区	41.6	46.3	46.8	44.6	44	45.6	45.7	46.9
全部	40.4	32.8	28.4	27.9	26.3	22.8	22.2	21.1

　　注：衡量标准为每天低于 1993 年购买力平价的 1.08 美元。
　　资料来源：世界银行网站 www.worldbank.org/research/povmonitor。

从前面关于中国的贫困发生率以及贫困人口规模的横向比较中,我们已经可以从其变动趋势中看出中国对世界反贫困战役的巨大贡献:按照每天 1 美元的标准,中国贫困人口减少的速度是最快的,除了少数年份以外,中国的贫困人口数量保持着持续的下降。印度与中国的情况曾非常相近,但是在此期间,其贫困人口减少的规模则远远低于中国,在 20 世纪 80 年代后期到 90 年代中期,其贫困人口数量不但没有减少,反而增加了。如果没有中国贫困人口的减少,世界范围内的贫困状况将会严重恶化。

虽然由于中国的官方贫困线定得过低而导致实际的贫困率被低估,但是世界银行也承认,无论采取哪种标准进行估计,中国农村贫困人口都表现出了下降的趋势(World Bank,2001)。也就是说,无论采用什么标准进行衡量,中国的农村贫困人口自改革开放以来几乎都在一直减少,这便肯定了中国贫困人口数量呈下降趋势的事实。前世界银行行长 Paul Wolfowitz 在 2005 年 10 月访问中国时说:"众所周知,中国在过去 20 年里是亚洲增长最快的经济体,并在此期间帮助 4 亿多人口脱离了每天 1 美元的贫困线。自 1980 年以来,中国的脱贫人口在发展中国家的脱贫人口中占 75%——这是一个惊人的事实,中国的减贫成就举世瞩目。"国际机构的这些评价充分肯定了中国在减少农村贫困人口方面的成绩。

既然中国农村贫困人口下降的速度如此引人注目,那么我们自然就会关心的一个问题是,作为这样一个只拥有薄弱农业的发展中大国,在过去的 30 多年中,中国政府所实施的农村扶贫政策的效果到底如何? 我们有什么样的经验可以总结? 又有什么样的教训需要吸取? 关于中国的农村扶贫政策,我们到底做了什么? 还需要做什么? 下一节则主要围绕这些问题而展开。

第二节　中国农村扶贫政策分析

一、研究问题的提出及文献综述

要评价中国农村扶贫政策的效果是一个相当大的难题,因为这样的研究缺乏很必要的两类数据,第一类是关于贫困人口数量和贫困发生率的数据,第二类是关于各种扶贫资金的投放和落实情况①。第一类数据的缺乏在于中国关于贫困人口的监测统计体系建立的时间还很短,还没有积累起来足够多的统计数据用于实证分析;第二类数据的缺乏在于中国现行的统计体系中还无法提供这方面的详细信息,只能提供全国范围内的总量数据,特别是关于资金落实情况方面的数据更是难以得到。所以,数据的缺乏严重制约了对农村扶贫政策效果的评价。但是,现有研究还是在这方面作出了不少的努力,并得出了一些重要结果。

有一项针对"以工代赈"对缓解贫困的影响的详细研究表明:"以工代赈"政策把救济、增长和发展有机地联系在了一起,以劳动力密集型技术为特征的该政策发挥了贫困地区劳动力资源丰富的优势,有助于改善贫困地区的基础设施和社会服务,同时增加了贫困者的就业和收入(朱玲、蒋中一,1994)。世界银行2001年的国别报告中针对中国的农村贫困问题也给予了很大的关注,该报告引用了Jalan和Ravallion的研究,他们的住户消费模型采用了中国政府扶贫项目覆盖县的1985年和1990年住户的数据,结果发现居住在国定贫困县的家庭消费增长率高于原来的预期。该报告还引用了Park等利用1981—1995年的一组县级层面的数据的研究,该研究发现,1985—1992年期间的扶贫投入使人均收入每年增加2.28%,1992—1995年期间增加0.91%(世界银行,2001)。

另外,Rozelle等(2000)运用四川和陕西的数据详细分析了贫困发生率降低的原因,结果发现:贫困发生率的绝大部分变化能够用经济增长来解释,经济增长是贫困减少的最重要因素,中国的扶贫政策对缓解贫困几乎没有作用。另一项针对各种扶贫措施的实证研究则发现,在众多的政府投资中,扶贫贷款对缓解贫困的作用最小,而政府的反贫困项目之所以对减轻贫困的效果都非常小,主要在于其目标瞄准机制的低效率以及对资金的错误使用(Fan, 2003)。另外,有将总贫困分解为暂时性贫困(transient poverty)与慢性贫困(chronic poverty)后的实证研究发现,慢性贫困与暂时性贫困的决定因素有很多不同,该研究认为中国政府的扶贫措施更强调对抗慢性贫困而不是暂时性贫困,中国的开发式扶贫措施有助于慢性贫困,但对暂时性贫困无能为力(Jalan and Ravallion, 1998, 2000)。从这些研究中可以看出,大部分研究者对中国农村的扶贫政策的效果并不乐观。

---

① 这里主要强调狭义的扶贫政策,即专门针对贫困群体或贫困地区的投入政策。

观察中国贫困发生率的数据还可以发现，2003 年全国多数省份的贫困人口均有所减少，但黑龙江、陕西、安徽和河南等省份的贫困人口却在增加，这导致 2003年中国净增加 80 万农村贫困人口。面对新形势下农村贫困人口不减反增的事实，有很多学者认为有必要反思一下中国政府的扶贫战略和政策。下面我们简要讨论中国的扶贫政策及其实践中还存在的问题以及这些问题的严重程度。

二、扶贫资金分析

1. 扶贫资金的总量投入明显不足

表 2.4 报告了作为扶贫资金使用主体的国定贫困县的资金使用情况，从总量上来看，21 世纪初的这几年资金总量维持在 250 亿元左右，而且这一数字中还包括超过半数的信贷资金，如果将有偿使用的本金部分扣除的话，这一数字还将缩小。如果考虑到《中国农村扶贫开发纲要(2001—2010 年)》所确定的解决剩余 3 000 万绝对贫困人口温饱问题和实现 6 000 万低收入人口的稳定脱贫的目标，这几百个亿的资金要用于这 9 000 万人口的扶贫工作，即使假设所有的资金全部用于贫困人口的脱贫而没有漏出，人均投入量也不超过 500 元，用这样规模的资金来解决如此庞大的农村贫困人口的脱贫问题显然是不足的。

表 2.4　国定贫困县资金使用情况

指　　　标	1998 年		1999 年		2000 年	
	金额(万元)	比重(%)	金额(万元)	比重(%)	金额(万元)	比重(%)
扶贫投资总额	2 193 634.9	—	2 601 669.6	—	2 429 431.8	—
中央扶贫专项贷款	698 179.4	31.83	1 118 347.8	42.99	1 042 525.6	42.91
扶贫专项贷款回收再贷	86 595.7	3.95	134 895	5.18	160 259.4	6.60
中央财政扶贫资金	194 570.6	8.87	229 945.5	8.84	276 880.2	11.40
省地财政扶贫资金	89 550.4	4.08	97 334.5	3.74	89 720.4	3.69
地方财政为中央配套资金	52 947.7	2.41	36 762.4	1.41	40 855.0	1.68
国家以工代赈资金	358 741.7	16.35	393 431	15.12	385 658.9	15.87
地方为国家以工代赈资金	151 432.6	6.90	148 974.6	5.73	121 400.6	5.00
接受各种捐款	220 517.4	10.05	82 806.1	3.18	59 653.8	2.46
希望工程捐款	15 282.4	0.70	12 282.0	0.47	7 481.8	0.31
利用外资	167 302.6	7.63	188 477.1	7.24	182 919.6	7.53
其他资金	173 797.2	7.92	170 695.7	6.59	69 558.8	2.86

资料来源:国家统计信息网 www.stats.gov.cn,比重为根据原始数据计算而来。

从扶贫资金在国定贫困县的使用情况来看，2002年平均每个县得到的扶贫资金为4 237万元，平均每个村当年落实的资金为3.6万元，其中扶贫贷款1万元，平均每个农户当年直接得到资金仅为52.5元，其中扶贫贷款为20.2元，当年直接得到资金的农户占全部农户数的6.6%。表2.5报告了直接得到资金的农户使用资金的强度，其中分布比例最高的为100元以下和200元到500元之间。

表2.5　直接得到资金的农户的资金使用强度及比例

100元以下	100—200元	200—500元	500—1 000元	1 000—2 000元	2 000—5 000元	5 000元以上
20.3%	14%	27.5%	17.4%	13.4%	6.5%	0.9%

资料来源：《中国农村贫困监测报告—2003》。

如果说中央政府投入的扶贫资金不足的话，那么地方政府所应该配套的扶贫资金就显得更不足了。例如，按照规定，中央政府拨付的"以工代赈"资金应作为工资发放给参加项目的农民，地方政府还应该以不低于1∶1的比例筹备配套资金，用于工程材料和其他开支。但在实际实施过程中，除了极个别经济实力较强的省份外，多数省、县都难以凑足配套资金（朱玲、蒋中一，1994）。再例如，592个国定贫困县2002年所使用的扶贫资金共计250.8亿元，其中省级财政安排的扶贫资金只有9.9亿元（国家统计局农村社会经济调查总队，2004），中央政府投资则高达80%。世界银行的调查显示：1997年四川省地方信贷扶贫资金、地方财政扶贫资金以及地方以工代赈配套资金占全省扶贫资金的比例分别为5.2%、6.5%和0%，云南省这几项资金的比例分别为2.3%、16.4%和0%（World Bank，2001）；另外，从表2.4中也可以看出，来自中国各级政府以外的扶贫资金也有一部分，但是其所占的比重并不大。

从上面列举的这些数字我们可以看出，尽管中国各级地方政府以及社会各界力量为了扶贫而筹集了大量的资金，但是这些资金相对于扶贫的需求来说还显得非常不足。然而遗憾的是，为数并不多的扶贫资金在发放的过程中并不能被真正的穷人所用或者不能很好地被穷人所用。

2. 有相当部分扶贫资金被挪用

2001年的世界银行国别报告揭示出了贫困县财政状况的困难会导致扶贫资

金被挪用的激励机制：随着中国政府的财政收支占 GDP 比重的下降，中国各级政府都面临着财政压力，贫困县的财政面临的压力尤其突出，因为这些地区一直面临着财政收入的不足。从财政支出方面看，贫困县面临着发工资难的尴尬局面，即使可以得到上级财政部门的补贴，但是仍然入不敷出。虽然扶贫领导小组和扶贫办在监督着扶贫资金的使用，然而贫困县的政府却有着不同的动机和目标。首先，贫困县的政府面临着财政支出缺口的巨大压力，包括补发政府拖欠的工资。其次，处于财政收入短缺的贫困县的政府有着尽快改变财政收入短缺的强烈冲动，从而会挪用财政扶贫资金进行投资，于是就造成大量的财政扶贫资金被投入到农村工业和乡镇企业上去，或者挪用扶贫资金创办县办企业和乡镇企业，或者将扶贫资金用于非贫困人口甚至非贫困乡镇，因为这比将资金用于最贫困的乡镇和村庄所获得的利润来得更高，而且也更容易获得税收（World Bank，2001）。

其实，世界银行所分析的上述问题并不仅仅存在于县级部门，从新闻媒体上我们经常可以看到，上至省级部门，下至乡级部门，都存在挪用扶贫资金的情况。也就是说，本来总量并不多的扶贫资金在由上级向下级发放的过程中发生了"漏出"。暂且将为什么会发生"漏出"的原因放在一边，我们需要弄清楚的另一个相关问题是没有"漏出"的那些资金是否能够为真正的穷人所用。

3. 扶贫资金并不能完全为穷人所用

早在 20 世纪 90 年代初，中国政府就开始对扶贫资金投入只针对贫困县而不针对贫困家庭的方式进行了改革，扶贫资金改为针对贫困户和贫困户占绝大多数的自然村发放，与此相适应，资金的使用对象不再主要是贫困地区的乡镇企业等经济实体，而是将资金主要投到贫困户的家庭种植业、养殖业、加工业等项目上。但是这一政策的执行情况并不好。

情况最不容乐观的是占扶贫资金总量一半以上的扶贫贴息贷款。扶贫贴息贷款是由中国农业银行发放的，其性质是商业银行贷款，目标是实现利润的最大化，而要实现利润最大化，则必须保证贷款本金和利息的回收，所以其在审核贷款条件时就会着重考虑贷款回收的可能性。这一考虑可能导致三个偏离：第一，扶贫贷款可能被投向并非最贫穷的地区，而是中等富裕的地区甚至相对发达的地区，因为这些地区的投资环境更好，投资项目前景更好，收益更可靠，从而能够更好地保证资金的回收；第二，获得贷款的人可能并非最贫穷的家庭，而是中等富裕的家庭甚至富裕的家庭，原因仍然是最贫穷的家庭可以用来做抵押的财产并不多，还款的可能性不高；第三，被支持的行业并非国家政策所规定的家庭种植业、养殖业、加工业等项目，原因在于这些行业的技术水平不高，市场前景往往不明朗，而且非常容易受到天气等自然环境因素的影响，所以作为商业银行的中国农业银行自然不愿意将资金贷给这些行业而是倾向于贷给赢利可能性更高的工业类项目。总之，世界上所有的商业银行都把穷人的贷款视为高风险贷款，即使中央财政对贷款的贴息是有保证的，但是作为商业银行的中国农业银行仍然不会随意发放扶贫贷款。

扶贫贷款的发放还有另一个偏离，就是由于基层组织（乡政府和村委会）拥有一定程度上的资金控制权，结果会导致扶贫贷款为干部或者与干部关系好的家庭获得，对这种低息贷款的"寻租"是必然的①。而且，利用国家的贴息政策进行"寻租"的并不仅仅是基层干部，就连农行的一些分支机构本身也参与了"寻租"。例如，国家审计署1994—1996年对中央扶贫贴息贷款的审计中，发现了一些县的中国农业银行支行编造假贷款数据以骗取中央财政贴息的现象，还有一些支行将贴息贷款按照市场利率当作商业贷款发放以获得更高的利息收入，然后同时套取财政的贴息。这些现象显然都是由于"租金"的存在以及监管体制不严而造成的，很多研究都表明这些现象也广泛存在于众多发展中国家的扶贫过程中。

4. 政府过多干预导致扶贫政策效率低下

虽然目前中国的扶贫模式属于政府与非政府组织合作进行，但实际上，中国的扶贫政策的实施仍然是政府占主导地位，非政府组织目前所做的主要工作还局限于提供资金和参加某些项目的试点活动。

虽然扶贫在很大程度上必须由政府出面来加以解决而不能通过市场来解决，但是，由于中国的农村扶贫很多是属于经济性质的开发项目，所以政府的过多干预或参与会导致扶贫资金使用的低效率问题。例如，有很多新闻报道发现，很多地方政府为当地决定了一些没有市场前景的项目，结果扶贫资金投入下去之后，不但没

---

① "寻租"的产生几乎是所有发展中国家的扶贫资金使用过程中的通病，例如，针对其他国家的调查研究也发现了扶贫款有时流入了富人的手中而没有完全流到穷人手中的事实（Huppi and Feder，1990）；也有其他研究都发现了补贴贷款通常被贷给了政治上有势力的富人而不是穷人。

有使当地群众富裕起来,反而使其更深地陷入了贫困。另外,中国的信贷扶贫资金有很大一部分的发放都有地方政府的参与,例如,贷款项目的审核、上报甚至批准都是由基层政府决定的,银行反而不参与项目的审核。这样的程序设计会导致严重的激励约束不对称问题:政府有权决定资金的使用方向,但是却不承担还款的责任,这非常容易导致其决策的随意性,贷款对象的选择往往很不严格,或者导致其目标与贷款使用者目标的分离,结果必然导致资源配置效率的低下。

另外,地方政府在发放扶贫资金时还存在着只注重前期资金投放而忽视中期技术投入和后期市场开发的倾向,把扶贫仅仅当成向穷人提供资金。从新闻媒体上我们可以看到很多类似的案例,例如,某些地方政府鼓励农户种植烟叶,但是却不提供烤烟技术,结果农民自己烤出来的烟叶品质低下,最后要么贱卖,要么扔掉。这样的案例说明在扶贫过程中的中期技术投入对于整个扶贫项目成功的重要性,如果扶贫计划只注重前期的投入而不注重中后期的必要辅助,往往会导致前期投入的失败,从而根本无法达到扶贫的效果。同时,我们也能看到很多在政府引导下帮助农民或贫困户种植果树和药材而致富脱贫的案例,例如,各地涌现的"红提之乡"、"玫瑰之乡"、"蔬菜之乡"、"茶叶之乡"、"百合之乡"等成功的报道,它们大多是在政府的各种持续性支持下发展起来的。观察这些案例可以发现,这些项目的成功都包含着政府提供的技术服务和管理指导以及产品市场开发、销售组织等重要因素。

成功与失败案例的对比说明扶贫是一项综合开发工程,它并不仅仅是将一笔资金或物资发到贫困者手中就算了事,更重要的是还要继续给他们提供其他必要的援助使他们能够运用这些物质脱贫致富。但恰恰是最重要的缓解却往往被政府扶贫计划所忽视,对某一环节的忽视就很可能导致整个扶贫计划的失败。

三、农村扶贫:我们做了什么? 我们还要做什么?

城市倾向政策为中国经济的腾飞创造了有利条件,推动了经济的快速增长,从而成为减少农村贫困的最根本动力,但我们并不能因此而得出重工业优先发展的战略是完美的,因为我们在获得经济快速增长的同时,也在承受着经济效率的扭曲,以及面临着未来经济发展能否可持续的问题,特别地,它并不是一种能够带来全面社会发展的战略。收入差距扩大从长期来看是不利于经济持续增长的。所以，我们在看到这种战略在过去的半个世纪里给我们带来积极成果的同时，更应该反思其负面影响。从消除农村贫困和缩小城乡收入差距的角度来看，中国的经济水平也在迅速提高，在这一过程中，一定要让农民、农村、农业也参与这一发展过程并参与经济成果的分享，否则，"蛋糕做大了"，农民分到的比例却变小了，这样就会加剧农村贫困和城乡收入差距，从而对整个社会和经济的和谐发展造成不利影响。例如，有学者就清醒地认识到，扶贫并不仅仅是给穷人提供一些金钱或物质就能了事，政府的公共政策应该试图创造经济发展的动力，而构成这一动力的两大支柱包括：第一，为企业家才能、投资和增长创造一个投资环境；第二，授予穷人以参与权并对他们进行投资，从而使他们能够参与到发展的过程中去（Stern，2003）。特别是第二点，也是我们在反思中国的扶贫政策时需要考虑的重要因素。

前面所讨论的农村贫困问题都是用收入或支出来度量的，实际上，贫困是一个多维概念，它还包括营养不良、健康水平和受教育程度低等维度。所以，当我们在关注以收入或支出度量的贫困时，也不能忽视中国农村所存在的营养不良和受教育程度低等问题，表 2.6 报告的数字说明了这些问题的重要性。

表 2.6　中国城乡的文盲率和婴儿死亡率（‰）

	全国	农村	城市	农村/城市	女	男	女/男
文盲率							
1964 年	50.24	52.52	28.97	1.81			
1981 年	33.85	35.90	20.28	1.77			
1990 年	21.24	23.43	16.68	1.40	29.70	13.34	2.23
1995 年	17.85	21.76	12.20	1.78	25.49	10.34	2.47
婴儿死亡率							
1964 年	180.00						
1981 年	26.92	36.96	24.81	1.49	25.85	27.93	0.93
1990 年	29.54	32.24	19.31	1.67	31.77	27.44	1.16
1995 年	39.16	44.79	21.14	2.12	44.98	33.67	1.34

资料来源：张晓波（2003）。

城市倾向政策所导致的二元经济结构很可能也会带来社会的分层，从而导致社会分割,并进而在社会发展过程中强化这种分层,降低贫困人口的基本能力,使其跌入贫困陷阱而无法自拔。例如,著名经济学家 Sen(1983)认为,贫困其实并不是低下的生活水平,而是没有能力通过经济资源以获得维持生活。从这一角度来看,社会的分层显然会通过收入分配来影响未来的贫困。我们在现实生活中也许可以观察到这一倾向的例证,例如,很多地方政府征用农民的土地时所给予的补偿通常都是非常低的,土地的所有者很难分享到由于土地开发而带来的升值。在征地和土地价格的确定问题上,农民和农村集体常常处于博弈的弱势地位。Sen 在北京大学"严复年度经济学纪念讲座"的讲话中曾经指出:"如果我能够对当代中国的不平等和贫困问题的研究方向提出我的一个愿望的话,那么我将会建议研究者们更多地关注贫困差距和人们基本能力的丧失。有非常充分的理由要求我们在已经进行的——并将继续进行的——关于收入不平等和收入贫困的研究工作的基础上,对用死亡率、发病率、教育及其他一些有关能力的变量来衡量的不平等和贫困趋势补充深入的研究。"(Sen,2003)

由于目前中国还非常缺乏关于居民营养与健康方面的详细统计数据,所以无法针对营养不良问题展开讨论,这里需要强调的一点是目前中国农村的医疗保障体系尚未全面建立起来,它的重要性是不言而喻的。表 2.6 中的数字表明,20 世纪 80 年代到 90 年代之间,婴儿死亡率反而有上升的趋势,这是一个非常值得反思的问题。中国目前为农民重新建立起的合作医疗才刚刚起步,无论是资金投入方面还是政策设计方面,政府还有很多的工作要做。

另一个重要问题是中国农村的义务教育问题。据国家统计局统计,截至 2002 年,全国还有 431 个县没有普及"九年义务教育",根据粗略的计算,若这 431 个县要实现九年义务教育的目标并按最低标准计算,则一次性投资也需要 100 亿元以上;另外,目前中西部地区农村有 1 亿学龄儿童,扣除 40% 中高收入家庭的孩子,有 6 000 万中低收入家庭的孩子需要助学,按小学生平均学费支出每人每年 200 元、中学生每人每年 400 元的标准计算,这部分学生每年的学费支出总额是 180 亿元,如果按照我国确立的到 2007 年全国农村义务教育阶段家庭经济困难学生都能享受"两免一补"的目标的话,就至少需要 200 亿元资金(国家统计局农村社会经济调查总队,2004)。从这些数字看来,解决农村家庭贫困儿童的义务教育经费问题还有很长的路要走。

同时，中国经济的快速增长与分权式改革对地方的激励也是分不开的。一个越来越明显的事实是，从中国目前的经济增长和社会发展来看，分权的成本也日益凸显出来（王永钦等，2007）。这种成本在地方政府对于消除贫困的努力上也有所体现。例如，从表 2.4 报告的地方政府支出用于消除贫困的资金比例数据可以看出：地方政府在 GDP 锦标赛中，实际上没有多大的积极性去消除农村贫困问题，他们不仅没有积极性，甚至还有很多地方政府反过来挪用中央政府用于地方扶贫的资金，这就造成了地方政府对于扶贫工作的不作为。

中国经济的快速增长也得益于市场化改革和城市化进程，很多实证研究（包括本书后面的研究）都发现了市场化和城市化能够有利于消除农村贫困和城乡收入差距，但这并不等于市场化和城市化会自动消除农村贫困和缩小城乡收入差距。本章后续的研究发现：农户参与市场的程度与其收入水平之间具有双向因果关系，那些贫困农户参与市场的程度远远低于非贫困农户，所以我们不能期望仅仅通过经济增长就能够自动地消除贫困，政府在这一过程中还有很多事情要做，特别是提高贫困农户参与市场的能力，让他们更多地分享到经济增长所带来的好处。与这一问题相连的是中国的户籍制度，对于流入到城市的农村劳动力的歧视性政策，显然既不利于劳动力资源配置效率的提高，从而不利于中国经济的增长，而且也不利于通过农村剩余劳动力转移来消除农村贫困和缩小城乡收入差距。所以，加快户籍制度改革，逐步取消给予城市居民在经济和社会等各方面的倾斜性政策，也是制定未来的经济发展战略和进行改革时需要考虑的重要问题。

在第三节中，我们将利用一个来自中国 20 世纪 90 年代的农户面板数据分析市场化和工业化对于贫困的影响，这种研究有利于我们从微观视角深入分析中国在过去 30 多年里所进行的市场化和工业化是通过什么机制以及在多大程度上影响农户的福利水平的，并有助于我们总结中国减少农村贫困的一般经验。

第三节　市场化与工业化的渗透效应

20 世纪 60 年代以来，很多发展中国家为了促进经济增长而先后实施了市场自由化和贸易自由化改革。然而这些改革并未取得全面的成功，只有部分国家获得了持续的经济增长。即使局限于考察那些改革较为成功的国家，不少疑问也仍然未得到解决，比如，市场化改革对于农村贫困产生了什么样的影响？这种影响的渠道是什么？经济增长能否通过渗透效应（trickle-down effect）自动地消除农村贫困？如何才能使贫困家庭更好地分享到经济增长的好处？这些问题是发展经济学家和政策制定者非常关注的。本节的目的就是从理论和实证两方面针对上述问题展开分析，并运用来自中国的农户面板数据探讨市场自由化改革对于农村贫困的微观影响机制。

很多研究者认为市场化改革是降低贫困的重要力量，例如，Liu（2001）运用越南的微观数据研究了市场化改革对于收入不平等和贫困的影响，发现市场化改革显著减少了越南的贫困，但是农村贫困减少的速度比城市贫困减少的速度慢。在中国的市场化改革过程中，农村贫困的减少也取得了辉煌成就，很多研究也都认为农村贫困的减少主要来自市场化改革所带来的经济增长。例如，卢锋（2001）认为中国农村贫困的急剧减少要归功于市场化改革以及伴随着的经济增长，陶然和徐志刚（2005）则认为中国在市场化转型过程中的快速经济增长使得贫困的状况大为改观。CSLS（2003）认为中国经济的快速增长主要由快速的生产力增长所推动，同时伴随着贫困发生率的大幅度下降；但是，生产力的增长对于贫困减少的贡献在农业和工业部门中却不一样：在控制了不同部门之间的生产率水平之后，工业部门的劳动生产率是贫困减少的主要动力，而农业部门的劳动生产率与贫困降低之间只有微弱的正相关关系。他们认为这主要是由于农产品价格相对于工业产品价格相当低，从而农业人口无法从生产率的增长中获得相应的好处。另外，世界银行也认为由于农业收入构成了贫困人口的收入主体，农业发展的不平衡直接影响了贫困率，在那些农业增长速度缓慢的地区，贫困减少的速度就慢，而在农业发展速度能够赶上其他产业的发展速度时，贫困减少的速度就快（World Bank，2001）。Fan 等（2000）考察了农村公共投资与经济增长和贫困减少之间的关系后发现：政府在教育上的支出对贫困减少具有第一重要的作用，对生产增长具有第二重要的作用；在研发上的支出对农业增长具有第一重要的作用，对于贫困减少具有第三重要的作用；而在农村电讯上的投资对于贫困减少具有第二重要的作用，对于农业增长具有第三重要的作用。Fan(2003)的另一项对中国与印度的比较研究认为:中国取得减少贫困的巨大成就,主要归功于一系列的政策和机构改革、农村居民获得社会服务和生产性资产的公平途径以及在农村地区的公共投资。他认为尽管继续消除贫困对于中国来说尤其艰难,但是政府仍然可以通过更好地设计其政策,特别是公共投资政策,以促进增长进而减轻贫困和地区间的不平等。类似地,Rozelle 等(2000)也认为中国的经济增长对农村贫困的减少具有非常重要的作用。

虽然关于中国、印度及越南等少数国家的市场化改革与农村贫困之间关系的研究取得了一致的结论,但是针对其他国家的研究结论却并非如此。例如,最明显的例子就是原苏联和中东欧国家的转型使得产出剧烈下降,并导致贫困的明显上升(Besley and Burgess,2003)。Kydd 和 Dorward(2004)研究了撒哈拉以南非洲国家的市场化改革对农业增长的影响后发现:自由市场的建立和发展并没有普遍带来农业的增长,那里的农业部门从 20 世纪 60 年代到 90 年代几乎都停滞不前,农村贫困也并没有显著减少。他们认为农产品贸易自由化对那些拥有较好基础设施、多元化的农业和多元化的农村经济的欠发达国家而言可能是有好处的,而对于那些更穷的国家而言可能并没有什么好处。类似地,Sadoulet 和 De Janvry(1992)通过建立多市场的一般均衡模型研究了 OECD 国家农产品贸易自由化对于低收入国家的影响,认为贸易自由化导致了谷类和动物类产品的世界价格的上升,从而会对低收入国家中必须将大量支出用于购买粮食的贫困人口的福利带来负面影响,并且会通过影响政府的财政收入对经济增长产生影响。Chen 和 Ravallion(2004)基于中国的农户调查数据研究发现:加入 WTO 对于中国的收入差距带来了不可忽略的影响,并且只带来了贫困总量的微小降低,但是不同地区和不同家庭的情况却有所不同,偏重农业生产的家庭一般受到了损失,特别是对于东北地区高度依赖于粮食生产的农户以及那些与东部地区和新兴非农产业联系薄弱的内陆地区的农户而言更是如此。类似地,Ravallion 和 Lokshin(2004)建立了描述贸易政策变化的一般均衡模型,利用摩洛哥的农户调查数据研究发现:谷物进口的自由化导致了农村贫困的上升,并且谷物净生产者所受到的损失要大于贫困消费者所得到的好处。

与上述问题相关的是贫困人口能否通过参与市场活动而分享到经济增长的好处并脱离贫困,现有文献对于这一问题已展开了研究。例如,Rozelle 等(2000)、

Besley 和 Burgess(2003)、Dollar 和 Aart(2002)等都认为经济增长是减少贫困的基本动力。类似地,Anderson(2004)认为贸易自由化对经济增长的推动对于战胜绝对贫困是最有帮助的,因为它能够创造利于穷人的新市场,刺激穷人对相对价格和新的市场机会产生反应,提供有利于穷人的溢出效应,提高政府的公共支出等。因此,在许多发展中国家领导中流传着这样的观念:随着市场化改革的推进,以及城市化、工业化进程的加深,只要经济增长的速度足够快,渗透效应最终会达到穷人。渗透效应这个术语不仅在发展中国家的政府圈子中广为流传,而且也常见于诸如美国这样的工业化市场经济国家,其道理在于:如果经济增长足够快,政府也不去采取措施改善经济不平等,经济发展的结果将最终传递到穷人身上,因为对于他们所能提供的(往往是非熟练劳动力)投入的需求将会增加。由于上述机制的存在,不平等程度也最终会如"库兹涅茨倒 U 型曲线"那样下降,所以政府可以不用采取任何措施改善经济不平等。但是,前面列举的很多研究结果其实都对这一观念提出了质疑,因为市场自由化改革并不必然能够带来持续快速的经济增长,快速的经济增长也并不必然使得所有的穷人受益。即使渗透效应存在,也并不必然意味着政府就可以对贫困袖手旁观。例如,Aghion 和 Bolton(1997)建立了一个信贷市场不完全条件下的经济增长与收入不平等模型,并分析了信贷市场的渗透效应对于贫困人口的影响。他们发现:当资本积累的速度足够快时,经济会收敛到一个独特而稳定的财富分布上,即使在政府自由放任的情况下,渗透效应会导致收入分配达到一个独特的稳定状态,但这并不意味着不存在政府干预的空间,特别地,将富裕者的资本借给中低收入者将会提高经济的生产效率,这是因为它会带来更多的均等机会以及加速渗透效应。同时,即使撇开市场自由化改革是否必然会成功地促进经济持续快速增长也是一个问题。我们同时可以观察到另外一个重要的经济现象,就是处于相同市场化进程中的农户,有的脱离了贫困而有的则没有,甚至在市场经济高度发达和经济增长速度很快的地区,也依然有绝对贫困的存在。如果说渗透效应会自动地提高贫困家庭的收入水平,为什么在市场经济极其繁荣的地区依然存在绝对贫困? 这一现象也是关于市场化与贫困之间关系的研究必须给出解释的。

由于现有大部分经验研究使用的是宏观数据,现有研究实际上并没有很好地揭示出上述问题背后的微观机制到底是什么;同时,虽然有些理论研究解释市场化改革既有可能有利于减少贫困，也有可能不利于减少贫困，但是这些理论却无法解释相同的市场化进程中不同农户的脱贫经历。例如，在一篇关于经济增长与农村贫困关系的研究中，Ravallion（2001）就指出：虽然现有的证据表明发展中国家的贫困人口确实能够分享总产出的增长，但是不同国家内部的贫困人口分享总产出增长的程度是有很大差别的，在同一个国家内部，贫困人口所受到的影响也有很大差异。跨国研究往往被数据问题所困，并且会掩盖真实的福利影响，从而会对发展政策造成误导。另外，Bardhan（2004）也认为，虽然有很多研究试图利用跨国宏观数据建立贸易自由化与经济增长之间、经济增长与贫困减少之间的正向联系，但是这些研究大多具有计量方法上的缺陷。所以，Ravallion 和 Bardhan 都认为有必要对增长与收入分配的变化进行深入的微观实证分析，只有如此，才能够拥有制定特定政策或项目的坚实基础，而这一基础正是实施增长导向的政策所需要的。

虽然对上述问题的彻底回答不可能在本章中实现，但是下面的研究将尝试着从理论和实证两方面来研究参与市场对农村贫困的微观影响机制，希望这样的研究能够有助于我们理解和回答上述问题。

一、理论分析

1. 市场化对农户的渗透效应

我们知道，市场是各个经济主体进行交易的场所，它的主要功能是形成价格并配置资源。一个普通的农户参与市场活动的形式可以包括如下几个方面：作为需求方，他要购买自己不能够生产的消费品和生产资料；作为供给方，他要出卖自己的劳动力获得工资收入和（或）销售自己生产的农产品获得销售收入。对于绝大部分农户而言，他们可能会消费掉一部分自己生产的某些农产品，这部分农户自产自消的农产品虽然没有在市场上交易，但是也依然增进了农户的福利水平。实际上，因为发展中国家的市场分工不发达，农村经济具有更加明显的自给自足的特征，很多农户会大量生产用于自己消费的产品，这种非市场活动的广泛性在宏观经济学中被认为是造成了对发展中国家 GDP 水平低估的一个重要来源。按照市场价格折算的这部分农产品的价值在农户收入中所占的比例可以反映出非常重要的信息;这一比例的高低直接反映了农户参与消费品市场的程度。如果一个农户自产自消产品的价值总量很高,则表明农户的主要消费资料大都由自己生产,而很少通过工资或其他产品的销售收入来购买这些消费品,这样的农户参与消费品市场、劳动力市场和农产品市场的程度就比较低;反之,如果一个农户自产自消产品的价值总量很低,则表明他更多地通过参与社会分工和交换以满足自己的消费,这样的农户就会更多地参与市场。

农户自产自消产品的价值除了可以反映上述信息外,在一个实行市场自由化和贸易自由化的国家中,还可以直接反映农户的福利受到来自市场自由化和贸易自由化改革的影响的微观渠道,即渗透效应对于农户福利的影响。从理论角度看,市场自由化和贸易自由化改革对于农户的福利状况的影响渠道可以体现在如下方面:

第一,对于由传统计划经济转变为市场经济的国家而言,市场自由化改革后农产品和农业生产资料的价格不再由政府人为地制定,而是由市场上的供求关系决定,但是发展中国家在发展的早期阶段往往都倾向于采用城市倾向政策,人为地压低国内市场上的农产品价格,通过工农业产品价格剪刀差来补贴工业的发展(Knight,1995;林毅夫,1994)。而在市场自由化改革后,被人为压低的农产品价格会回归到市场均衡水平,农业生产资料价格也会发生相应的变化,所以价格自由化改革使得农户所面临的产品价格和要素价格与改革前不同,重新决定的价格水平以及不同的价格决定机制会改变农户销售农产品的收入水平,并进一步改变他们出卖劳动力的决策。

第二,对于那些并非由计划经济转型而来的经济体,即使不存在价格由计划决定向由市场决定的转变,对外贸易的开放也依然会改变国内农产品的价格。当一个经济由封闭转为开放时,出口产品的价格不再仅仅由国内市场的供求状况决定,而且还受世界市场上供求状况的影响,例如,Anderson(2004)、Minot 和 Goletti(1998)、Sadoulet 和 De Janvry(1992)、Ravallion 和 Lokshin(2004)等的研究都发现,对外贸易的开放导致发展中国家农产品价格的上升。所以,这种价格的上升对于那些直接参与国内市场交易和对外贸易的农产品生产的农户的福利水平会产生直接影响。

第三,市场自由化改革和对外贸易开放还可能会直接地和间接地给农户带来更多的就业机会,这里包括来自改革的直接机制和间接机制,直接机制主要来自对外贸易创造了更多的总需求,从而增加了国内的就业机会,而间接机制来自市场自由化改革对经济增长的促进作用,经济增长能够进一步创造更多的就业岗位,从而渗透到农村部门并吸纳更多的农村剩余劳动力。

总之,对于农户而言,市场自由化和贸易自由化改变了农户所面临的农产品供求关系和价格决定机制,以及劳动力的供求关系和工资决定机制,这两个方面的改变都会对农户的福利水平产生直接和间接影响。一个自产自消产品价值占总收入的比例越高的农户,越少地参与了市场活动,越少地出售农产品获得销售收入或(和)越少地出卖劳动力以获得工资收入,所以就只能越少地享受到市场自由化改革和经济增长所带来的上述好处。反之,一个更多地从事专业化农业生产并获得销售收入或(和)通过更多地出卖劳动力而获得工资收入的农户,则能够在更高的程度上分享到市场化改革和经济增长所带来的好处。更多地从事专业化的生产,而不是更多地为了自己消费而从事生产,这样的农户不但可以因为更高的农产品价格和(或)更高的工资水平而增加收入,而且还能享受到因为专业化分工所带来的好处,而这种好处是必须通过参与市场并在市场上交换自己的专业化产品来实现的。① 所以,我们认为农户自产自消产品价值也可以同时捕捉到他们受到市场自由化改革和经济增长带来的渗透效应的大小。

我们可以设想两个极端的例子以帮助理解上述机制:第一个农户处于世外桃源之中,他自己的消费品全部来自自己生产,不参与任何市场交易。这种情况下,我们可以说这个农户的市场参与度为0,他根本不受来自市场的任何"外部影响",市场上农产品价格和劳动力工资决定机制的变化对其福利水平没有任何影响,所以他也无法享受到市场化改革和对外贸易开放所带来的任何好处。另一个农户则处于大都市边缘,他不进行任何农业生产(比如将自己的土地租赁给其他移民耕种),而是单纯地依靠在城市劳动力市场上出卖劳动力获得工资,然后用工资收入

---

① 当然,我们必须承认,农户更多地参与市场是其分享增长的好处的必要条件而不是充分必要条件,因为更多地参与市场活动相对于更多地进行自产自消的农户会更多地承受来自市场上的各种风险,比如价格的波动或者各种负向的冲击。

在消费品市场上购买全部消费品。一旦市场上产生一些波动,比如工资水平或农产品价格发生变动,就都会影响到这个农户的收入水平和消费支出,所以这个农户完全融入了市场,市场自由化改革和贸易自由化以及伴随着的经济增长对于他的福利水平会直接产生重大影响。

鉴于上述理由,我们用下述公式从微观角度来度量农户的市场参与度"market":

$$market = 1 - \frac{农户自产自消产品价值总量}{家庭总收入} \tag{2.1}$$

这一比重越高,表明农户越多地参与社会分工和市场交易,就越多地融入了市场交换活动,从而就能够越多地分享市场自由化改革和伴随着的经济增长所带来的好处,反之则反。根据我们的度量方法可以判断:现实中的一般家庭,无论是农村还是城市,其市场参与度都介于 0 到 1 之间。

2. 工业化对于农户的渗透效应

工业化是一个落后国家在经济发展阶段中的核心主题,而工业化对于农户的渗透效应至少体现在如下两个方面:

首先,工业化使得工业部门快速增长,并带动整个经济的增长,从而创造了更多的就业机会,特别是非农就业机会。当农业劳动力转移进入工业或城市部门之后,工业部门的快速增长就能够给那些转移进来的农业剩余劳动力带来更高的工资收入,从而对他们产生渗透效应。其次,工业化带动了工业部门的增长,同时也给农业生产带来了效率更高的生产设备和生产要素(比如化肥和农药),这将促进农业生产效率的提高,从而增加来自农业生产的收入。

但是,上述第二个机制并不容易度量,所以我们提出如下公式度量第一个机制下的渗透效应,即农户从事非农业生产的劳动时间占全部劳动时间的比例"ind":

$$ind(L_1, L_2) = \frac{L_2}{L_1 + L_2} \tag{2.2}$$

其中,L_1 和 L_2 分别表示农户从事农业和非农业的劳动时间;这一比重越高,说明农户的劳动力时间中用于非农生产的时间越多,因而受到工业部门工资水平和工业部门增长的影响就越大。

式(2.1)和式(2.2)中的两个指标可以直接帮助我们从微观角度研究市场自

由化改革、贸易自由化改革、工业化和经济增长对于农户的渗透效应，具有利用宏观数据进行研究所不可比拟的优势。它不但可以用于跨国数据的比较研究，而且也可以用于一个国家内部不同地区之间的比较研究，在拥有丰富变量的情况下，还可以对农户的市场参与度和工业化程度的影响因素做更细致的分析，以及用于政策评价等。

3. 理论模型的前提假设

为了便于描述农户市场参与度的决定过程，我们借鉴传统发展经济学中 Lewis（1954）的两部门模型，建立农户生产决策的最优规划模型，并给出如下若干假设：

第一，农户在配置自己所拥有的各种资源的过程中以收入最大化为目标。我们将农户的收入来源简化为两部分，一部分是自己在农业部门内生产的农产品，另一部分是城市部门出卖劳动力获得的工资收入；对于农户自己生产的农产品，他们可以全部销售并购买自己需要的消费品，也可以自己消费一部分，将剩余部分销售并获得收入。我们将由农户自己生产并自己消费掉的部分农产品的价值即"自产自消"价值，用 S 表示。

第二，假设农户拥有1单位的劳动时间 L 和一定数量的人力资本 H，劳动力的使用和人力资本的使用同时被决定。他可以将劳动时间全部投入到自己的土地上进行农业生产，或者出卖全部劳动力并获得工资，比如进入城市劳动力市场成为被雇用者，或者将劳动力分别分配到这两种活动上，我们用 L_1 和 L_2 分别表示农户配置到两种生产活动上的劳动力时间，并且有约束条件 $1-L_1-L_2 \geqslant 0$。

第三，假设农户拥有单位数量的农业生产设备和土地，他们投入农业生产中的设备和土地分别用 K_1 和 D 表示。农户可以单位不变成本从其他农户那里租借到农业生产设备和土地用于农业生产，或者将自己的农业生产设备和土地以单位不变租金租赁给其他农户使用。我们这里假设农户拥有的土地只能够用于农业生产，由于农业生产设备只能应用在土地上进行农业生产，所以土地和农业生产设备在农业生产函数中不可分割，并假设农户自己从事农业生产的函数为如下的柯布—道格拉斯型：

$$A = (HL_1)^\alpha (DK_1)^\beta \tag{2.3}$$

其中，$1 > \alpha > 0, 1 > \beta > 0, 1 > \alpha + \beta > 0$。

由于农业生产设备和土地在农业生产活动中具有不可分割性,所以我们假设农户租入或租出土地时也同时租入或租出农业生产设备,并且租金为 θ, $1 > \theta > 0$,即农户收到的租金为 $\theta(DK_1 - 1)$;根据 Lewis(1954)的理论,发展中国家普遍存在着人多地少的现实,所以在劳动力无限供给的情况下,我们可以假设每一个农户所拥有的土地和农业生产性固定资产 DK_1 是外生的。

同时,我们假设农产品市场为完全自由竞争,单个的农户只能被动地接受农产品市场上的价格,在这种条件下我们设农产品价格为 1。

第四,假设农户出卖劳动力时只为企业进行非农业生产,而且非农业生产不需要土地,假设此时的生产函数形式也依然是柯布—道格拉斯型:

$$B = (HL_2)^\lambda (K_2)^\gamma \tag{2.4}$$

其中,K_2 表示农民在工业部门被雇用时所使用的工业生产资本,$1 > \lambda > 0$, $1 > \gamma > 0$, $\lambda + \gamma = 1$。

基于式(2.4),假设农户出卖劳动力的工资方程为:

$$W = \lambda(HL_2)^\lambda (K_2)^\gamma \tag{2.5}$$

即劳动力报酬为劳动要素的边际产品价值。

第五,根据现有研究,发展中经济的一个普遍特征是工农业产品的贸易条件对于农业生产者不利,很多发展中国家还采取工农业产品价格剪刀差来剥夺农业利润补贴工业(Knight,1995;林毅夫,1994),所以,我们假设同样是从事劳动,农民从事农业生产时人力资本获得的边际回报低于从事工业生产时人力资本获得的边际回报,即 $\lambda > \alpha$,这在模型中是一个关键假设。

4. 市场化和工业化对于农户的渗透效应程度的决定

运用式(2.1)从微观的角度度量农户的市场参与度和上述假设,我们下面建立理论模型分析农户的市场参与度的决定因素。

我们假设农户只将自己生产的一部分农产品用于自己消费,假设这一比例为 s, $1 \geqslant s \geqslant 0$,将剩余部分在市场上销售以获得收入,则此时农户的市场参与度为:

$$market = 1 - \frac{sA}{A + W} \tag{2.6}$$

根据前面的理论假设,我们可以得到农户的利润函数为:

$$\Omega = (HL_1)^\alpha (DK_1)^\beta + \lambda (HL_2)^\lambda K_2^{1-\lambda} - \theta(DK_1 - 1) \tag{2.7}$$

农户的目标是通过将劳动时间分配到农业和工业部门而实现收入水平的最大化,此时有最优规划函数:

$$\max U = (HL_1)^\alpha (DK_1)^\beta + \lambda (HL_2)^\lambda K_2^{1-\lambda} \tag{2.8}$$

$$\text{s. t. } 1 \geqslant L_1 + L_2 \tag{2.9}$$

则可以得到如下拉格朗日函数:

$$R(L_1, L_2, \varepsilon) = (HL_1)^\alpha (DK_1)^\beta + \lambda (HL_2)^\lambda K_2^{1-\lambda} + \varepsilon(1 - L_1 - L_2) \tag{2.10}$$

解上述最优规划函数,则得到一阶条件为:

$$\frac{\partial R(L_1, L_2, \varepsilon)}{\partial L_1} = \alpha (L_1)^{\alpha-1} (DK_1)^\beta H^\alpha - \varepsilon \tag{2.11}$$

令上式等于 0,则有:

$$L_1^* = \varepsilon^{1/(\alpha-1)} \alpha^{-1/(\alpha-1)} (DK_1)^{-\beta/(\alpha-1)} H^{-\alpha/(\alpha-1)} \tag{2.12}$$

同理:

$$L_2^* = \varepsilon^{1/(\lambda-1)} \lambda^{-2/(\lambda-1)} K_2 H^{-\lambda/(\lambda-1)} \tag{2.13}$$

将上述结果代入式(2.6),则得到农户收入最大化下的市场参与度为:

$$market^* = 1 - \frac{sA}{A+W} = 1 - \frac{s(HL_1^*)^\alpha (DK_1)^\beta}{(HL_1^*)^\alpha (DK_1)^\beta + \lambda (HL_2^*)^\lambda K_2^{1-\lambda}} \tag{2.14}$$

根据式(2.14),我们可知:

$$\frac{\partial market^*}{\partial s} < 0 \tag{2.15}$$

式(2.15)表明:在农户实现了收入最大化的前提下,自产自消比例越高的农户,其通过参与市场活动所受到的渗透效应就越低。

同样道理,我们也可以根据式(2.14)知道:

$$\frac{\partial market^*}{\partial K_2} > 0 \tag{2.16}$$

式(2.16)表明:在农户实现了收入最大化的前提条件下,其被企业雇用从事工业生产中使用的固定资产越高,其受到市场自由化和贸易自由化改革带来的渗透效应就越高。

在式(2.14)中,由于$-\beta/(1-\alpha)<0$,所以我们可以得:

$$\frac{\partial market^*}{\partial DK_1}<0 \tag{2.17}$$

式(2.17)表明:在农户实现了收入最大化的前提条件下,其投入到农业生产中的土地和农业生产性固定资产越高,其受到市场自由化和贸易自由化改革带来的渗透效应的影响程度就越低。

由于$1>\alpha>0$, $1>\lambda>0$, $\lambda>\alpha$,所以$\frac{\alpha}{\alpha-1}-\frac{\lambda}{\lambda-1}>0$,因此我们可以根据式(2.14)得到:

$$\frac{\partial market^*}{\partial H}>0 \tag{2.18}$$

式(2.18)表明:在农户实现了收入最大化的前提条件下,拥有的人力资本越高,其受到市场自由化和贸易自由化改革带来的渗透效应的程度就越高。

同样道理,我们继续基于上述静态最优规划考察农户实现收入最大化的前提下受到的来自工业化的渗透效应的决定过程和影响因素。基于式(2.2)的定义,我们可以得到农户实现收入最大化前提下工业化带来的渗透效应:

$$ind(L_1^*, L_2^*) = \frac{L_2^*}{L_1^* + L_2^*}$$

$$= \frac{\varepsilon^{1/(\lambda-1)}\lambda^{-2/(\lambda-1)}K_2 H^{\lambda/(\lambda-1)}}{\varepsilon^{1/(\alpha-1)}\alpha^{-1/(\alpha-1)}(DK_1)^{-\beta/(\alpha-1)}H^{-\alpha/(\alpha-1)} + \varepsilon^{1/(\lambda-1)}\lambda^{-2/(\lambda-1)}K_2 H^{-\lambda/(\lambda-1)}}$$

$$= \frac{1}{1+\varepsilon^{1/(\alpha-1)-1/(\lambda-1)}\alpha^{-1/(\alpha-1)}(DK_1)^{\beta/(1-\alpha)}\lambda^{2/(\lambda-1)}K_2^{-1}H^{\frac{\lambda}{\lambda-1}-\frac{\alpha}{\alpha-1}}} \tag{2.19}$$

根据式(2.19)可得:

$$\frac{\partial ind(L_1^*, L_2^*)}{\partial K_2}>0 \tag{2.20}$$

式(2.20)表明：工业部门的资本积累使得农户进行非农业生产中能够利用的资本越多，那么工业化带动非农就业对农户产生的渗透效应就越大。

同样道理，我们根据式(2.19)还可以求得：

$$\frac{\partial ind(L_1^*,\ L_2^*)}{\partial DK_1}<0 \tag{2.21}$$

由于 $1>\alpha>0$，$1>\lambda>0$，$\lambda>\alpha$，可知 $\frac{\lambda}{\lambda-1}-\frac{\alpha}{\alpha-1}<0$，所以我们根据式(2.19)可知：

$$\frac{\partial ind^*}{\partial H}>0 \tag{2.22}$$

式(2.22)表明：在农户实现收入最大化的前提下，拥有更高人力资本的农户受到来自工业化的渗透效应的影响越高。

二、实证检验

上面我们建立一个农户收入最大化决策的理论模型，并分析了农户受到的工业化和市场化渗透效应的决定因素，下面我们实证验证上文中的相关结论。

1. 资料来源

本部分所使用的数据来自澳大利亚国际农业研究中心（Australian Centre for International Agricultural Research，ACIAR）资助，由澳大利亚阿德雷得大学（University of Adelaide）中国经济研究中心（Chinese Economy Research Centre，CERC）和中国农业部（Ministry of Agriculture，MdA）政策法规司共同组织的中国农村居民谷物生产的五年（1993—1995 年、1999—2000 年）问卷调查所建立的"CERC/MoA 中国农村居民问卷调查数据库"。该调查包含了河南、吉林、山东、江西、四川、广东等六个省份，每个省每年的样本为四到五个县中的大约 200 个农户。虽然不同年份的调查范围有所调整，但数据的主体为面板数据。该数据库详细记录了农户进行农业生产的各种投入、产出、销售、消费、土地政策、农产品价格等方面的信息，为我们研究农户的生产行为提供了基础。因为它是一个面板数据，所以能够更好地跟踪考察农户在整个 20 世纪 90 年代农业生产行为的变迁。由于河南和广东两省的调查只包含了 1999 年和 2000 年,所以我们只使用来自吉林、四川、山东和江西的每年大约 800 多个农户的面板数据。

2. 变量定义与统计描述

表 2.7 提供了工业化和市场化对农户的渗透效应及农户收入水平和收入结构的统计描述。

表 2.7 工业化和市场化的渗透效应与农户的收入水平

	1993 年	1994 年	1995 年	1999 年	2000 年
工业化的渗透效应(%)	25.43	23.34	23.87	29.47	28.76
市场化的渗透效应(%)	—	—	72.05	80.89	81.28
户均总收入(元)	5 447.97	7 940.77	11 674.58	9 696.14	9 326.66
户均农业收入(元)	3 869.84	6 084.92	9 467.61	6 445.54	6 047.93
户均乡镇企业收入(元)	126.72	152.75	212.23	126.00	148.11
户均打工收入(元)	201.10	312.03	367.79	515.31	714.95
农业收入占比(%)	71.03	76.63	81.10	66.48	64.85

资料来源:本章没有特殊说明的数据全部来自"CERC/MoA 中国农村居民问卷调查数据库"。

从表 2.7 中可以看出:第一,用式(2.1)和式(2.2)度量的市场化和工业化的渗透效应呈上升趋势,这表明在整个 20 世纪 90 年代,样本农户确实在越来越多地融入市场化和工业化的进程中去;第二,农户的总收入、农业收入、乡镇企业收入都在波动中保持着增长的趋势,而打工收入则保持着快速增长的趋势,从 1993 年到 2000 年几乎翻了两番,由于非农收入的增长速度较快,所以我们可以看出农户总收入中来自农业的收入比例在波动中呈下降的趋势。

表 2.8 提供了下文回归分析中所有变量的定义,其中"*income*"和"ln *income*"是被解释变量,即农户的年总收入的水平值和对数值;我们关心的两个自变量分别为"*market*"和"*ind*",即市场化和工业化的渗透效应。表 2.9 提供了对这些变量的统计描述。

表2.8　变量的定义

变量	变量定义
income	农户年总收入(单位:元)
ln *income*	农户年总收入的对数
ind	工业化对农户的渗透效应
market	市场化对农户的渗透效应
pvt	农户当年是否陷入贫困(贫困线 = 每天 2 $;1 = 是;0 = 否)
pvt93	农户 1993 年是否陷入贫困(贫困线 = 每天 2 $;1 = 是;0 = 否)
hhage	户主年龄
hhedu	户主受教育年限
hhlabor	农户的劳动力数量
landsize	农户耕种土地面积(单位:亩)
ln *fixasset*	农户的农业生产性固定资产的价值的对数
province	省份虚拟变量(基准为吉林省)
timetrend	时间趋势变量
surveydum	1999—2000 年度相对于 1993—1995 年度的虚拟变量

表2.9　变量的统计描述

变量	均值	标准差	最小值	最大值
income	8 163.45	6 051.69	341	93 440
ind	0.18	0.24	0	0.99
market	0.866 1	0.177 8	0	1
pvt93	0.40	0.49	0	1
pvt	0.33	0.47	0	1
hhage	47.44	9.50	20	80
hhedu	7.25	2.38	1	15
hhlabor	3.23	1.17	1	8
landsize	9.33	8.69	0.04	82.50
ln *fixasset*	5.92	3.26	0	11.70

　　表 2.10 报告了根据贫困状态将样本农户分割成子样本或所对应的渗透效应水平,从中可以看出:第一,如果将农户 1993 年是否陷入贫困作为划分标准,则在其他所有年份中,贫困农户所受到的工业化和市场化的渗透效应都低于非贫农户;第二,如果将农户当年是否陷入贫困作为划分标准,则上述结论也基本成立。所以根据表 2.4 中的统计描述,我们可以看出贫困农户所受到的渗透效应要相对较低。下面我们实证考察工业化和市场化的渗透效应对农户收入水平的影响。

表 2.10　贫困和非贫困农户受到的工业化与市场化的渗透效应（%）

		1993 年	1994 年	1995 年	1999 年	2000 年
1993 年贫困农户	工业化的渗透效应 市场化的渗透效应	0.20 —	0.16 —	0.15 0.66	0.18 0.77	0.17 0.79
1993 年非贫困农户	工业化的渗透效应 市场化的渗透效应	0.18 —	0.17 —	0.17 0.77	0.22 0.84	0.21 0.83
当年贫困农户	工业化的渗透效应 市场化的渗透效应	0.20 —	0.15 —	0.18 0.56	0.18 0.73	0.16 0.74
当年非贫困农户	工业化的渗透效应 市场化的渗透效应	0.18 —	0.17 —	0.17 0.78	0.22 0.86	0.21 0.86

3. 实证分析

表 2.11 报告了分别以农户总收入的水平值和对数值为被解释变量的 OLS 模型回归结果，从中可以看出：无论是固定效应模型还是随机效应模型，市场化和工业化的渗透效应都至少在 5% 的水平上显著为正，这表明越多地参与到市场化和工业化进程中去确实能够显著提高农户的收入水平。

表 2.11 中的回归结果给我们带来的启示是：让农户更多地参与到市场化和工业化进程中去，能够使他们有机会分享到经济增长的成果，所以政府的政策目标可以考虑如何提高农户参与市场化和工业化的程度，这样便能够提高农户收入水平并降低农村贫困。

下面我们继续检验贫困农户和非贫困农户的市场化和工业化的渗透效应是否存在显著差异，表 2.12 报告了回归结果，其中我们关心农户 1993 年是否陷入贫困这个变量的回归系数，但是在进行检验时我们面临着内生性问题，因为表 2.11 已经证明了渗透效应能够显著增加农户的收入水平。为了克服这一内生性，我们用农户 1993 年是否陷入贫困这一滞后的虚拟变量解释农户在 1994—2000 年或者在 1999—2000 年所受到的渗透效应。从表 2.12 的回归结果中可以看出一个有趣的结果：如果 1993 年陷入贫困，他们在后续年份里所受到的来自市场化的渗透效应要显著低于 1993 年非贫困农户所受到的市场化渗透效应，但是他们在后续年份里受到的来自工业化的渗透效应并不比 1993 年非贫困农户所受到的工业化渗透效

表 2.11　市场化与工业化的渗透效应对农户收入水平的影响

变　量	随机效应模型		固定效应模型	
	ln *income*	*income*	ln *income*	*income*
market	1.84***	15 126.14***	1.60***	12 330.78***
	(0.06)	(1 222.65)	(0.07)	(1 386.64)
ind	0.13***	1 705.93**	0.15***	2 217.97**
	(0.04)	(775.50)	(0.05)	(873.02)
hhage	−0.001	47.49		
	(0.002)	(33.86)		
hhedu	0.02***	152.14		
	(0.006)	(122.87)		
hhlabor	0.01	58.21	0.01	−73.05
	(0.01)	(189.99)	(0.01)	(234.11)
landsize	0.03***	329.13***	0.04***	484.74***
	(0.002)	(37.63)	(0.003)	(59.83)
ln *fixasset*	0.007*	−43.83	0.000	−387.23***
	(0.004)	(72.44)	(0.006)	(123.17)
surveydum	−0.11	−900.18	−0.08	−579.53
	(0.08)	(1 441.23)	(0.08)	(1 434.71)
*prinvice*1	−0.55***	−6 862.34***		
	(0.05)	(962.17)		
*province*2	−0.17***	−2 882.83***		
	(0.04)	(869.66)		
*province*3	−0.13***	−2 480.26***		
	(0.05)	(920.01)		
timetrend	−0.05***	−547.97*	−0.05***	−484.68
	(0.02)	(315.33)	(0.016)	(312.20)
常数项	113.89***	1 091 010.81*	110.84***	967 346.96
	(33.07)	(628 886.97)	(32.62)	(622 827.46)
观察值	1 816	1 816	1 816	1 816
F 检验或 Wald 检验	Prob $> \chi^2 = 0.00$	Prob $> \chi^2 = 0.00$	Prob $> F = 0.00$	Prob $> F = 0.00$
R^2	0.495 0	0.185 9	0.309 3	0.096 9

注：括号中的数值为标准误；*、**、***分别表示在 10%、5%、1%的水平上显著。

应显著更低;这表明1993年的贫困农户在后续年份里更少地融入到了市场化活动中,但是却并没有显著更少地融入到工业化活动中。

表 2.12　贫困农户的渗透效应的影响因素

变　量	1994—2000 年		1999—2000 年	
	market		*market*	
*pvt*93	−0.036***	−0.020	−0.029***	−0.022
	(0.009)	(0.013)	(0.010)	(0.018)
hhage	0.000	−0.001	0.000	−0.001
	(0.001)	(0.001)	(0.001)	(0.001)
hhedu	−0.000	−0.002	−0.000	−0.004
	(0.002)	(0.003)	(0.002)	(0.004)
hhlabor	−0.008**	0.052***	−0.003	0.052***
	(0.003)	(0.005)	(0.004)	(0.007)
landsize	0.005***	−0.002***	0.002***	−0.002
	(0.001)	(0.001)	(0.001)	(0.001)
ln *fixasset*	−0.003**	−0.002	−0.004**	−0.001
	(0.001)	(0.002)	(0.001)	(0.002)
surveydum	0.062**	0.064*	0.021	−0.020
	(0.030)	(0.036)	(0.082)	(0.134)
*prinvice*1	−0.003	−0.089***	0.005	−0.096***
	(0.016)	(0.022)	(0.018)	(0.031)
*province*2	0.008	−0.031	−0.008	−0.015
	(0.014)	(0.020)	(0.016)	(0.028)
*province*3	0.113***	0.100***	0.096***	0.131***
	(0.014)	(0.020)	(0.016)	(0.028)
timetrend	0.006	−0.003	0.004	−0.008
	(0.007)	(0.007)	(0.006)	(0.010)
常数项	−12.058	5.461	−7.887	15.713
	(13.004)	(14.194)	(12.797)	(20.286)
观察值	2 868	2 432	1 229	1 229
Wald 检验	Prob $> \chi^2 = 0.00$	Prob $> \chi^2 = 0.00$	Prob $> \chi^2 = 0.00$	Prob $> \chi^2 = 0.00$
R^2	0.217 1	0.164 8	0.131 8	0.165 9

注:括号中的数值为标准误;*、**、*** 分别表示在10%、5%、1%的水平上显著。

迁移进入城市对于农村居民而言具有极其重要的意义，因为它表明农户能够进入城市劳动力市场找到非农就业机会并获得更高的收入水平，所以我们继续利用这个面板数据检验农户中是否有移民的决定因素。表2.13报告了分别基于

表 2.13　家庭成员中是否有移民的决定因素(Probit 模型)

变　量	1994—2000 年		1999—2000 年	
	模型 1	模型 2	模型 3	模型 4
$pvt93$	0.319***		0.357***	
	(0.069)		(0.096)	
ptv		−0.191***		−0.288***
		(0.074)		(0.102)
$hhage$	−0.000	0.000	−0.003	−0.002
	(0.004)	(0.004)	(0.006)	(0.006)
$hhedu$	0.001	−0.003	−0.015	−0.019
	(0.014)	(0.014)	(0.020)	(0.020)
$hhlabor$	0.021	0.050	0.066	0.102**
	(0.030)	(0.031)	(0.043)	(0.045)
$landsize$	−0.008	−0.019**	0.012	0.001
	(0.007)	(0.007)	(0.009)	(0.010)
$\ln fixasset$	0.020**	0.020**	0.009	0.009
	(0.010)	(0.010)	(0.014)	(0.014)
$surveydum$	−0.468	−0.411	−0.978***	−0.763***
	(0.304)	(0.300)	(0.192)	(0.193)
$prinvice1$	−0.819***	−0.643***	0.303**	0.474***
	(0.133)	(0.133)	(0.137)	(0.133)
$province2$	0.288***	0.438***	−0.484***	−0.512***
	(0.098)	(0.097)	(0.150)	(0.150)
$province3$	−0.305***	−0.326***	0.200**	0.200**
	(0.104)	(0.104)	(0.089)	(0.088)
$timetrend$	0.092	0.080	−399.908**	−399.980**
	(0.060)	(0.059)	(177.093)	(176.689)
常数项	−185.057	−161.352	0.357***	−0.288***
	(118.853)	(117.111)	(0.096)	(0.102)
观察值	2 432	2 432	1 226	1 226
拟 R^2	0.125 1	0.119 1	0.124 0	0.119 4
对数似然值	−1 039.51	−1 046.70	−523.53	−526.29

注：括号中的数值为标准误；*、**、***分别表示在10%、5%、1%的水平上显著。

1994—1995 年以及 1999—2000 年的数据所进行的回归分析，模型的被解释变量为农户中是否有成员外出打工，我们关心的自变量是"pvt93"，即农户在 1993 年是否陷入贫困，以及"pvt"，即后续年份中农户是否陷入贫困。表 2.7 的回归结果也很有趣，"pvt93"的回归系数显著为正，这表明 1993 年曾陷入贫困的农户在后续年份里更多地进行了移民，而"pvt"这个变量的回归系数显著为负，表明当年陷入贫困的家庭更少地移民。上述回归结果表明：当年陷入贫困的农户未必能够更多地移民（当然，这里也可能存在双向因果关系），但是过去的贫困会显著增加后续年份中移民的概率，由于移民主要是进入城市从事工业生产，所以这说明他们更多地融入到了中国的工业化进程中去。与我们的这一结果对应的是李实和魏众(1999)的研究，他们发现在富裕地区的移民主要来自低收入农户而不是高收入农户。

上述回归结果表明中国的工业化与市场化对于贫困农户具有显著不同的含义：工业化有可能帮助农户脱离贫困陷阱，虽然当年贫困的农户不能够显著更多地移民进入非农产业部门，但是过去贫困的农户在后续年份中会显著更多地移民，由于移民进入城市从事非农就业能够显著增加农户的收入水平，从而能够帮助贫困农户脱离贫困陷阱。但是，我们的研究并没有发现市场化的渗透效应也具有这样的作用，相反地，贫困农户所受到的来自市场化的渗透效应要显著低于非贫困农户，所以市场化并不具备工业化那样帮助贫困农户脱离贫困陷阱的功能。从这个意义上来看，我们认为：工业化是减少中国农村贫困的充分条件，而市场化则是减少中国农村贫困的必要条件。

上面的实证研究有助于我们从渗透效应的角度揭示中国的工业化和市场化减少农村贫困的作用机制。为了进一步深入地了解中国农村经济在市场化和工业化进程中所发生的变化，我们在下一节中利用面板数据厘清 20 世纪 90 年代中国农业和农村的几个基本经济事实，然后再总结出中国降低农村贫困的经验。

第四节　中国减少农村贫困的经验

世界上拥有最多农业人口的中国，在减少农村贫困方面取得令世人瞩目的成就对于世界经济的发展都具有重要意义，它甚至会对全球的经济发展和不平等产生重要影响。从这个意义上看，总结中国减少农村贫困的经验不仅对于我们理解中国发展道路有重要意义，而且对于世界上其他发展中国家制定合理的经济发展与反贫困战略也具有重要的借鉴意义。然而到目前为止，只有以世界银行为代表的极少数文献试图总结中国减少农村贫困的经验。例如，世界银行（World Bank，2001）认为：由于农业收入构成了贫困人口的收入主体，农业发展的不平衡直接影响了中国的贫困率，在那些农业增长速度缓慢的地区，贫困减少的速度就慢，而在农业发展速度迅速并能够赶上其他产业的发展速度时，贫困减少的速度就快。类似地，Ravallion 和 Chen（2004）与 Montalvo 和 Ravallion（2009）也认为，就农村贫困减少而言，农业部门的增长远比工业和服务业的增长重要。在另一个研究中，Ravallion（2008）对比了中国减少农村贫困的成功和非洲的失败，总结出两点来自中国的经验：第一，小农户生产率的提高很重要，而这又需要基于市场的激励和来自政府的公共支持；第二，强有力的中央和地方政府以及一套高效的公共管理体系具有重要作用。

　　然而，还存在下列理由使得我们有必要重新检验世界银行的这一理论：首先，世界银行的这几个文献基本上只是关注了农业增长对于减少农村贫困的直接效应，而忽视了其他产业的增长对于减少农村贫困的间接效应，并且，世界银行的这一理论并没有得到严谨的实证检验。例如，CSLS（2003）对于中国农村贫困的研究则发现了与世界银行完全相反的结论，他们认为工业部门的生产率增长比农业部门的生产率增长更重要。在控制了不同部门之间的生产率水平之后，他们发现工业部门的劳动生产率是贫困减少的主要动力，而农业部门的劳动生产率与贫困减少只是微弱的正相关，他们认为这主要是由于农产品价格相对于工业产品价格相当低，使得农业人口无法从农业生产率的增长中获得相应的好处。其次，世界银行的这个总结可能只适合于中国经济发展的早期阶段，比如 20 世纪 80 年代的家庭联产承包责任制在减少农村贫困中的意义，而那以后农村贫困减少的经验，可能未必如他们所总结的"农业比第二产业或第三产业更为重要"（Ravallion and Chen，2004）。第三，更重要的是，如果中国的经济发展在 20 世纪 90 年代后发生了巨大的变化，则基于 20 世纪 90 年代数据的研究则具有新的意义，对于我们理解中国减少农村贫困的成功和未来制定更加科学的经济发展与反贫困战略具有重要意义。

基于上述理由,我们试图在现有文献以及对 1990 年的两个面板数据的实证分析基础之上,深入地检验世界银行的这一论断,并在此基础上总结中国减少农村贫困的经验。

一、农业增长对于中国农村贫困减少有多重要?

综述现有文献我们发现,以世界银行为代表的观点普遍强调中国农业和农村部门的增长在减少农村贫困方面具有"更重要"的意义(World Bank,2001;Ravallion and Chen,2004;Montalvo and Ravallion,2009),但是我们认为,还有很多理由需要反思以世界银行为代表的农业增长对于中国农村贫困的减少"更重要"的观点。这一节中我们围绕四个角度展开理论分析和实证检验。

1. 中国的农业增长对 GDP 增长率的贡献并不大

首先,从统计数据来看,中国的第一产业(或农业)的增长远不如整体经济增长那么好。例如,从 1981 年到 2008 年,GDP 的年平均增长速度达到 9.98%,而第一产业 GDP 年平均增长速度只有 4.8%;在整个 GDP 的构成中,第一产业所占的比重也由 1980 年的 30.2% 下降到 2008 年的 11.3%。这些统计数据表明:中国农业的增长速度并不快,然而官方公布的农村贫困发生率却从 1980 年的 26.8% 迅速降低到了 2007 年的 1.6%。其次,从农业部门自身的发展情况来看,中国早期采取的重工业优先发展战略以及因此而采取的城市倾向政策对于农业的增长其实很不利,并且进而对于整体经济增长不利,有大量研究批评中国经济发展所采取的城市倾向政策显然不利于农业经济甚至整个国民经济的增长(林毅夫等,1994;Carter,1997;Yang,1999;Yang and Cai,2000),更有大量研究批评由于城市倾向政策而导致的城乡收入差距扩大(Knight and Song,1993;Brandt and Zhu,1998;Yang and Zhou,1999;Yang,1999;Tian,2001;张晓波,2003;Kanbur and Zhang,2004)。基于上述研究我们可以判断,中国农村贫困发生率降低和农业增长率之间并不存在简单的线性关系。

2. 农业增长对于减少农村贫困并不显著:来自宏观数据的证据

对于农业增长在减少农村贫困中的作用是否比第二、第三产业"更重要",我们可以利用宏观数据展开实证检验。由于统计数据的缺乏,现有研究大多只能够利用时间序列数据进行检验，但是这会面临着小样本、无法考虑中国不同地区之间和城乡之间的巨大差异等问题。在本节中，我们则利用一个来自世界银行的省级面板数据进行检验，这个数据包括了中国内地 29 个省份（不包括西藏和重庆）1988年、1989 年、1991 年和 1996 年的贫困发生率，基于这个数据，我们可以进一步检验各省不同产业的增长率对于各省贫困发生率的影响。表 2.14 报告了以各省贫困发生率的一阶差分为被解释变量的回归结果，其中，"1_rate"、"2_rate" 和 "3_rate"分别代表第一、第二、第三产业的增长速度，"ln ruralinc"度量各省农村居民的收入水平的对数，"urbanization" 则度量各省城市化的水平，"ln avgdp" 为各省人均GDP 的对数，上述数据都来自相关年份的《中国统计年鉴》。最后，表 2.14 中的"timetrend"表示时间趋势变量。由于固定效应模型有助于克服因为遗漏了不随时间而变化的因素而导致的内生性，所以我们报告了固定效应模型回归结果。

表 2.14　农村贫困发生率的下降速度的影响因素（固定效应模型）

变　量	1	2	3
1_rate	−0.011	−0.050	−0.127
	(0.123)	(0.124)	(0.120)
2_rate	−0.193*	−0.187*	−0.232**
	(0.114)	(0.114)	(0.118)
3_rate	0.081	0.075	0.096
	(0.125)	(0.127)	(0.130)
ln ruralinc	1.742	−29.457***	−12.832*
	(1.087)	(9.168)	(7.109)
urbanization	−33.675***		
	(8.773)		
ln avgdp	11.877	18.497**	
	(7.895)	(7.199)	
timetrend	21.183***	1.605	2.362*
	(7.633)	(1.120)	(1.230)
常数项	−3 411.599	−3 140.639	−4 617.434*
	(2 120.690)	(2 184.993)	(2 401.770)
观察值	87	87	87
R^2	0.329	0.256	0.231

注：括号中的数值为稳健标准误；* 、** 、*** 分别表示在 10%、5%、1% 的水平上显著。

从表 2.14 的回归结果中可以看出：第一产业和第二产业的增长速度对于各省贫困发生率的下降速度的回归系数都为负，这表明它们的增长有助于降低农村贫困发生率，然而第一产业的增长速度在所有的模型中都不显著，这表明第一产业的增长并不能显著降低各省的贫困发生率；同时，我们还发现第三产业的增长率并不能降低各省的贫困发生率，甚至它们的回归系数为正；最后，我们针对"1_rate"和"2_rate"的回归系数是否具有差异进行 F 检验，结果无法拒绝它们具有显著差异的原假设（而且我们还可以看出，第二产业的回归系数比第一产业的回归系数要显著得高）。我们的这一回归结果与 Ravallion 和 Chen（2004）的观点完全相反，即就削减贫困而言，第一产业（主要是农业）增长所发挥的作用并非大于第二或第三产业。

当然，上述利用宏观统计数据的分析依然有局限性，即宏观数据掩盖了很多信息（例如，农业的增长中还包含着农业生产成本的增长），从而无法从微观的角度解释为什么农业的增长与其他产业的增长在减少农村贫困中的作用显著不同，下面我们继续利用 1990 年的农户面板数据从微观角度展开分析。

3. 农业生产的净收益很低：来自农户面板数据的证据

显然，仅仅看农业的增长对于农村贫困的影响还是不够的，这是因为农业的增长可能来自产量的增长、投入的增加、农产品价格的上升等。如果农业生产资料价格快速上升推动农业生产成本快速上升，即使农业总产值增长了，也未必一定会增加农户的纯收入并降低农村贫困。我们都知道，中国的城市倾向政策主要包括对农业生产的控制、农产品上缴、人为地压低农产品价格以及通过户籍制度限制劳动力由农村向城市流动，这一系列政策使得农业生产的比较利润降低，甚至有很多微观数据表明中国某些地区的农户从事的家庭农业生产的净利润是负的（Wan，2004）。为了进一步考察农户来自农业的收入情况，我们下面利用"CERC/MoA 中国农村居民问卷调查数据库"展开实证分析。

表 2.15 首先报告了农户主要种植的 5 种粮食作物的平均亩产量，从中可以看出，玉米的平均产量从 1993 年到 2000 年几乎上升不大，冬小麦的产量有所上升，而三种水稻的产量也都有所上升。但是总体而言，这些粮食作物的平均亩产量上升的幅度都不是很大，所以我们可以预期，如果粮食的价格水平上升幅度不高，那

么农户来自粮食种植的平均亩收入水平将不会有显著的上升。

表 2.15　主要粮食作物的平均亩产量（500 克）

年份	玉米	冬小麦	早籼稻	中晚籼稻	粳稻
1993	765.47	610.40	799.32	793.56	930.29
2000	725.35	695.66	771.44	875.53	1 016.98

　　农产品平均亩产量的提高意味着农业生产率的提高，然而农业生产率的提高则仅仅意味着单位劳动力或者单位耕地上的农业产出增加，而农业生产率的提高能否减少农村贫困，要取决于它能否增加农户的纯收入，而农户纯收入的增长还要取决于农产品的价格以及农业生产资料的价格。在农业生产利润非常低或者为负的情况下，农业总产值的增长并不必然导致农村贫困的降低，由于"谷贱伤农"规律的存在，农业总产量的增长甚至还有可能加剧农村贫困而不是减少农村贫困。表2.16 报告了样本农户在 20 世纪 90 年代种植的五种粮食作物的亩均投入成本，从中可以看出一个明显的趋势，即除了玉米以外的其他四种粮食作物的亩均成本都有非常明显的上升，其中冬小麦的成本上升幅度超过 50％，而水稻的成本则几乎都翻了一番。

表 2.16　主要粮食作物的亩均投入成本（元）

年份	玉米	冬小麦	早籼稻	中晚籼稻	粳稻
1993	77.58	81.44	57.69	47.86	63.90
2000	75.10	132.83	100.00	92.03	173.59

　　就中国农村的情况而言，农业生产的纯收入除了要考虑直接投入成本之外，还要考虑农业税和村集体及基层政府征收的各种费用（例如村提留、统筹费、农村教育事业附加费等），因为农户缴纳这些税费会直接减少他们的可支配收入。表 2.17 报告了 1993 年样本农户平均每亩所承担的农业税和各种费用的数量，以及按人口平均的税费负担。从表 2.17 可以看出，每亩耕地所承担的农业税有所下降，每人承担的农业税有所上升，但是绝对水平并不高；但是，亩均和人均承担的各种费用都有极其明显的上升，从 1994 年到 2000 年基本上升到了原来的 10 倍。

表 2.17　亩均和人均税费负担（元）

	1993 年	1994 年	1995 年	1999 年	2000 年
亩均农业税	—	25.35	28.91	16.23	20.10
亩均提留统筹费等	—	9.13	4.94	70.20	82.64
人均农业税	22.12	33.86	37.02	32.86	31.04
人均提留统筹费等	8.26	11.96	6.46	127.41	125.31

注：1993 年的农业税和提留统筹费等数据缺失。

最后，表 2.18 报告了农户种植主要五种粮食作物的亩均毛收入水平，其计算方法是亩产量乘以粮食的市场价格水平，然后扣除各种直接投入要素的成本，但是未扣除上缴的税收或费用，也未扣除农业生产性固定资产设备折旧。从表 2.18 中可以看出，从 1993 年到 2000 年，各种粮食作物的平均每亩毛收入最高增长了 50% 左右，如果扣除分摊到每亩耕地上的各种税费和其他未计算的成本，则农户来自粮食种植的亩均纯收入水平的上升幅度将会比亩均毛收入的增长幅度更低。

表 2.18　主要粮食作物亩均毛收入（元）

年份	玉米	冬小麦	早籼稻	中晚籼稻	粳稻
1993	197.65	177.91	203.26	310.20	283.91
2000	246.56	184.07	310.20	359.24	352.99

总体而言，这一小节利用一个 20 世纪 90 年代的农户面板数据详细考察了粮食种植业的产出、成本和收入等，结果发现：农户来自这些粮食种植业的纯收入上升的幅度非常有限，从而也说明粮食种植业对于增加农户的收入水平和降低贫困的作用有限。由于粮食种植业构成了农业生产的主体，我们可以从上述结果推断：农业增长对于农户纯收入的增长以及农村贫困降低的作用有限。

二、非农收入的增长对于减少农村贫困更重要

前面分析了农业增长对于减少农村贫困的直接作用，基本上得出了农业的增长对于减少农村贫困的意义并非如世界银行所断言的那样显著。我们认为，农户

来自非农产业的收入才是减少贫困的重要力量，换言之，非农产业的增长对于降低农村贫困而言才是更重要的力量，而非农产业降低农村贫困发生率的机制则是通过渗透效应影响农户的就业和劳动时间。

我们知道，由于中国早期制定了重工业优先发展的经济战略，并采取了工农业产品价格剪刀差等形式的城市倾向政策剥夺农业利润以补贴工业和促进资本积累，因而从事非农业生产的比较利润要高于农业生产。有大量的微观研究提供了这方面的证据。例如，根据国家统计局的农村住户调查数据，在20世纪90年代初从事第二产业劳动力的人均纯收入是从事农业劳动力的2.6倍，兼业户的人均纯收入比纯农户高出50％左右；对于中国农村经济发展来说，非农产业的发展是其成功的标志（李实，2003）。非农就业机会与乡镇企业的发展促使农村劳动力向城市流动并更多地从事非农生产活动密切相关。例如，李实和魏众（1999）的研究表明，在经济发达地区的贫困农户更倾向于移民并有助于缩小这些地区内的收入差距；另外，Yao（2000）的研究则发现：乡镇企业的发展和壮大有利于中国农村贫困的减少①。上述研究表明：在中国经济的发展过程中，非农业部门的壮大提供了越来越多的非农就业机会，创造了对于农业剩余劳动力的需求，使得低收入农户能够进入非农产业并分享到比农业增长更快的非农业部门的增长。

为了解释上述机制，表2.19首先报告了样本农户在20世纪90年代的收入来源及其增长率，从中可以看出：从1993年到2000年，农户的人均总收入由1 269.87元增长到2 534.88元，恰好翻了一番。当我们把农户的收入来源分解后则发现，在同一时间段内，农户来自农业的收入也仅仅增长到了原来的2.02倍，这和农户总收入的增长幅度几乎完全相同。但是，我们却可以发现农户来自工业、建筑业、运输业、商业和外出打工人员寄回这五项收入的增长幅度都非常高，它们对于农户收入水平的增长显然比农业的贡献要大很多，而这些收入几乎全部都是来自非农产业（外出打工的农户中有一小部分还是从事农业生产，但是很多调查数据都表明这个比例较小）。

---

① 基于本章使用的"CERC/MoA中国农村居民问卷调查数据库"，我们发现农户来自乡镇企业的收入的增长幅度并不明显，这可能是因为乡镇企业大都集中在东部沿海省份，而本章使用的样本大部分都不在东部沿海地区。

表 2.19　农户的收入来源及其增长(1993—2000 年)(元)

	总收入	农业总收入	林业总收入	畜牧业总收入	渔业总收入	工业纯收入	建筑业纯收入	运输业纯收入
1993 年	1 269.87	599.29	15.34	251.54	13.56	15.63	31.62	17.17
2000 年	2 534.88	1 213.23	7.95	393.27	22.93	59.93	75.53	67.13
增长(倍数)	2.00	2.02	0.52	1.56	1.69	3.83	2.39	3.91

	商业纯收入	其他服务业纯收入	乡镇企业工资	集体分配	集体误工补贴	打工人员寄回	利息红利	其他收入
1993 年	15.14	88.31	38.49	19.66	51.91	59.15	9.91	43.19
2000 年	52.29	183.73	40.08	29.13	96.89	202.64	11.22	78.94
增长(倍数)	3.45	2.08	1.04	1.48	1.87	3.43	1.13	1.83

中国减少农村贫困的关键动力在于经济增长对贫困农户所产生的渗透效应，而这种渗透效应的实现，是通过向他们提供进入非农业部门就业的机会并获得比农业部门更高收入的渠道实现的。例如，表 2.20 提供了当年陷入贫困的农户的劳动时间的统计描述，从中可以看出贫困农户的年度总劳动时间从 1993 年到 2000 年有所波动，但是基本保持不变。可是，当我们把贫困农户的劳动时间分解为农业劳动时间和非农业劳动时间后却发现，他们从事农业的劳动时间在 20 世纪 90 年代呈现明显的下降趋势，而从事非农业的劳动时间则呈现了非常明显的上升趋势。这表明中国的经济增长为贫困农户提供了越来越多的从事非农产业的就业机会。

表 2.20　当年贫困农户的劳动时间分配(天)

	1993 年	1994 年	1995 年	1999 年	2000 年
总劳动时间	529.16	514.77	355.08	417.42	531.39
农业劳动时间	434.43	343.39	249.37	333.94	358.56
非农业劳动时间	94.73	171.38	105.72	83.48	172.84

然而，表 2.20 中的统计数据并不能直接告诉我们非农劳动时间必然有助于贫困农户脱贫，下面我们利用农户面板数据展开实证检验，通过同时控制其他影响农户贫困状况的变量，考察在保持其他条件不变的情况下，农户更多地从事非农就业

是否能够显著降低他们陷入贫困的概率。表 2.21 首先报告了实证分析中的全部变量的定义，其中，对于农户贫困的度量采用了每天收入 1.25 美元的国际标准贫困线，并且根据世界银行公布的 2005 年购买力平价进行折算。

表 2.21　变量的定义

变　量	变　量　定　义
poverty	农户当年是否贫困（1 = 是，0 = 否；贫困线 = 1.25 美元，2005 年购买力平价）
nonagrtime	农户非农业劳动时间占全部劳动时间之比（单位：%）
avworktime	农户人均劳动时间（单位：天）
hhage	户主年龄
hhsex	户主性别（1 = 男；0 = 女）
hhedu	户主受教育年限
dependratio	农户的非劳动力数量占家庭成员的比例
*province*1	吉林省虚拟变量
*province*2	江西省虚拟变量
*province*3	四川省虚拟变量
timetrend	时间趋势变量

表 2.22 分别报告了 Logit 模型和 Probit 模型的回归结果。从中可以看出，无论我们是否控制农户的人均总劳动时间，农户从事非农产业的劳动时间占全部劳动时间的比例这个变量的回归系数都显著为负，并且所有控制变量的符号和显著性在不同的模型中都很稳健。这表明越多地从事非农产业劳动，越能够显著降低农户贫困的概率，这也同时表明了从事非农产业或者非农产业的增长对于提高农户收入和减少农村贫困的显著作用。

为了进一步考察非农就业对于减少农村贫困的意义，我们筛选了样本农户中 1993 年陷入了贫困而 2000 年脱离了贫困的样本，即那些曾经陷入贫困而通过努力又脱离了贫困的农户，通过考察他们的收入来源及增长情况，可以更直接地揭示不同的收入来源对于他们脱离贫困的作用。表 2.23 报告了统计结果，从中可以看出：首先，从 1993 年到 2000 年，贫困农户的人均收入增长到了原来的 3.45 倍，这要比全体农户的平均增长速度要快；其次，在不同的收入来源中，来自农业的收入确实增长较快，在这个期间内，脱贫农户来自农业的收入增长到了原来的 4.02 倍，

表 2.22　非农业劳动时间对贫困的影响

变　量	Logit 模型		Probit 模型	
nonagrtime	−1.966***	−1.663***	−0.977***	−0.821***
	(0.235)	(0.245)	(0.120)	(0.126)
avworktime		−0.004***		−0.002***
		(0.001)		(0.001)
hhsex	−0.024	−0.024	−0.013	−0.013
	(0.041)	(0.048)	(0.020)	(0.023)
hhage	−0.011**	−0.009	−0.006**	−0.005
	(0.005)	(0.005)	(0.003)	(0.003)
hhedu	−0.029**	−0.036**	−0.016**	−0.019**
	(0.014)	(0.014)	(0.007)	(0.007)
hhmember	0.110***	0.077*	0.055**	0.038
	(0.042)	(0.043)	(0.022)	(0.023)
dependratio	0.809***	0.440*	0.465***	0.268**
	(0.226)	(0.244)	(0.124)	(0.134)
timetrend	−0.003	0.002	0.001	0.004
	(0.021)	(0.021)	(0.011)	(0.011)
province1	1.207***	0.910***	0.594***	0.447***
	(0.224)	(0.236)	(0.104)	(0.111)
province2	1.123***	1.126***	0.532***	0.529***
	(0.225)	(0.225)	(0.104)	(0.105)
prinvice3	2.209***	2.262***	1.103***	1.135***
	(0.215)	(0.216)	(0.100)	(0.101)
常数项	2.404	−5.131	−3.613	−8.624
	(42.301)	(42.445)	(22.583)	(22.663)
观察值	3 663	3 663	3 663	3 663
拟 R^2	0.095 5	0.101 1	0.092 4	0.097 8

注:括号中的数值为标准误;*、**、***分别表示在10%、5%、1%的水平上显著。

但是,农业收入显然并不是增长最快的,我们可以看出,来自渔业、建筑业、运输业、商业和打工人员寄回这五种来源的收入的增长幅度都远远高于农业收入和总收入的增长幅度,而其中的后四种收入来源基本上都属于非农产业。另外,由于调查数据统计的打工人员寄回的收入很可能只是打工收入的一部分(因为部分打工人员的收入可能并没有邮寄回家,从而在调查时被遗漏),所以,表2.20和

2.22 中提供的统计数据显然会低估了外出打工对于增加农户或贫困农户的收入的贡献。

最后我们还需要注意到，表 2.23 中的数据显示农业收入在总收入中所占的比重较高，但是这个收入并非是纯收入①，因为它没有扣除家庭对农业生产的各种投入成本和税费，而工业、建筑业等都是属于纯收入，即扣除了投入成本。所以，考虑到这一点，农业纯收入在农户的全部纯收入中所占的比例会显著降低，从而会削弱农业对于增加农户纯收入和减少贫困的意义。

表 2.23　脱贫农户的收入来源及其增长（元）

总收入及其来源	1993 年	2000 年	增长（倍数）
总收入	682.20	2 355.02	3.45
农业总收入	217.14	873.12	4.02
林业总收入	5.87	20.18	3.44
畜牧业总收入	215.50	498.67	2.31
渔业总收入	9.26	48.30	5.22
工业纯收入	13.21	24.51	1.86
建筑业纯收入	14.39	125.33	8.71
运输业纯收入	3.02	28.95	9.59
商业纯收入	3.37	29.31	8.70
其他服务业纯收入	57.96	156.72	2.70
乡镇企业工资	4.26	4.44	1.04
集体分配	3.58	12.26	3.42
集体误工补贴	27.51	46.28	1.68
打工人员寄回	74.94	423.27	5.65
利息红利	3.64	1.23	0.34
其他收入	28.53	62.46	2.19

在本节中，我们分别利用一个省级面板数据和一个农户面板数据考察了不同产业的增长对于减少农村贫困的影响，却发现中国的经验并不支持世界银行关于

---

① 由于统计的难度，我们使用的调查数据中也无法度量农户来自第一产业的纯收入，这是因为很多成本或税费不容易分摊到第一产业的生产中去。但是，从本章提供的数据显示，农业的投入成本所占的比例较高并且增长速度较快，所以，我们可以推断来自农业或第一产业的纯收入的比重会显著下降。

农业增长对于减少农村贫困"更重要"这一论断。我们利用农户面板数据揭示出的原因如下：首先，由于中国采取的城市倾向政策有利于非农产业而不利于农业，所以从事非农产业的比较收益会更高；其次，农业的增长速度或者农户来自农业的收入的增长速度虽然确实不慢，但是由于农业成本上升的幅度更快，所以农业增长或农业收入增长并不必然意味着来自农业的纯收入也同样在增长或者按照同样的速度增长；第三，农户贫困农户来自商业、运输业、建筑业和外出打工的纯收入上升的速度遥遥领先，从而在降低农村贫困方面起到了主要的作用。总之，我们不能够轻易地根据中国的发展经验总结，认为农业的增长比其他产业的增长对于减少农村贫困更重要。中国的经验表明，非农产业的增长通过渗透效应给农户或贫困农户提供了更多的就业机会，从而吸纳农村剩余劳动力并给他们带来更高的收入水平，从而构成了中国减少农村贫困的重要渠道和力量。

第三章

家庭联产承包责任制与农户长期投资激励

第一节　家庭联产承包责任制的建立及其意义

新中国的农村土地制度经历了多次变革,1983 年前后在全国范围内逐步确立家庭联产承包责任制之前,土地所有制首先由 1950 年 6 月颁布的《中华人民共和国土地改革法》确立为"农民的土地所有制";在初级农业生产合作社体制下,则转变为"承认土地私有权的前提下,农民以土地、农具等生产资料入股,集体劳动、民主管理,按劳分配和按股分红相结合"的制度。进入高级农业生产合作社阶段后,则取消了土地报酬,取消了初级合作社的土地与大农具入社分红的制度,农民私有的土地和牲畜、大型农具以及土地上的附属物如水利设施等转为合作社集体所有。而在人民公社化阶段,则全面无偿地剥削农民的生产资料、生活资料和自然资源,其特点是"一大二公",由于该体制不能适应农村社会经济发展的需要,更不能调动广大农民的生产积极性,因而严重束缚了农业生产力的提高和农村经济的发展。

到了 20 世纪 70 年代末期,人民公社体制在中国农村逐步被打破,"三级所有、队为基础"的土地制度阻碍了生产力的发展。以 1978 年冬安徽省凤阳县小岗村农民的"包产到户"为开端,中国开始了一次重要的"自下而上"的土地制度变革,将土地集体所有制变成为土地归村集体所有、农民家庭承包经营的所有权和经营权相分离的土地制度。以联产计酬为主要内容的多种责任制形式继续在全国扩展,包产到户和包干到户改革也迅速出现。在 1982 年前,中央政府对于农村土地制度的改革仍然限定在包产到组、包产到户和专业承包三种责任制上,而对包产到户与包干到户则还是明令禁止的。从 1982 年开始,包干到户开始在中国农村普遍展开,此时中央政府才对它给予了承认。1983 年 1 月,中共中央印发了《当前农村经济政策的若干问题》,进一步对家庭联产承包责任制作出了高度的评价,它标志着家庭联产承包责任制在中国农村的正式确立。从此以后,人民公社下的"三级所有、队为基础"的集体经营体制被农村家庭联产承包责任制取代。谭秋成(2001)总结了 1978 年到 1983 年间中国农村土地改革历程中由中央政府所颁布的政策文件及其内容(见表 3.1)。

表 3.1　中国农村土地制度改革的历程

颁发时间	政策文件	关于农村改革的论述
1978 年 12 月	《中国共产党第十一届中央委员会第三次全体会议公报》和《农村人民公社工作条例(试行草案)》	无
1979 年 4 月	《关于农村工作座谈纪要》	生产队可以实行分组作业,小段包工,按定额计酬的办法,但必须保持人民公社体制的稳定,不许包产到户,不许划小核算单位,一律不许分田单干。
1980 年 3 月	《全国农村人民公社经营管理会议纪要》	允许包工到组、包产到组、责任到人。除某些副业生产的特殊需要和边远山区交通不便的单家独户外,不要包产到户。
1980 年 9 月	《关于进一步加强和完善农业生产责任制的几个问题》	鼓励包产到组、包产到劳和专业承包的责任制形式。边远山区和贫困落后地区,可以包产到户,也可以包干到户;一般地区不要搞包产到户。
1982 年 1 月	《全国农村工作会议纪要》	各种责任制,包括小段包工定额计酬,专业承包联产计酬,联产到劳,包产到户、到组,包干到户、到组,等等,都是社会主义集体经济的生产责任制。
1983 年 1 月	《当前农村经济政策的若干问题》	联产承包责任制采取了统一经营与分散经营相结合的原则,使集体优越性和个人积极性同时得到发挥。
1983 年 10 月	《中共中央、国务院关于实行政社分开建立乡政府的通知》	人民公社体制废除。

资料来源:谭秋成(2001)。

　　家庭联产承包责任制的实施使农民成为土地剩余的占有者，这极大地激励了中国农民的积极性，很多学者（McMillan，Whalley and Zhu，1989；Lin，1992；Huang and Rozelle，1996）认为由此而引发的生产积极性的提高是导致 20 世纪 80 年代初中国农业持续高速增长的首要原因。例如，根据 Lin（1992）的测算，各项农村改革对 1978—1984 年的农村产出增长贡献率总和为 48.64%，其中家庭联产承包责任制的贡献率为 46.89%。

　　表 3.2 提供了中国若干年份的稻谷、小麦和玉米的平均亩产量数据，从中可以看出这三类主要粮食作物的亩均产量从 1978 年农村改革开始后便保持着快速增长的趋势。

表 3.2　主要粮食作物平均亩产量（500 克）

	1978 年	1980 年	1985 年	1990 年
稻　谷	530.41	550.62	700.84	763.49
小　麦	245.99	255.19	391.56	425.88
玉　米	373.70	415.53	480.96	603.21

资料来源：根据《中国统计年鉴》公布的全国播种面积和总产量计算而来。

　　到了 20 世纪 80 年代中期以后，中国的农业生产却出现了徘徊的局面，这导致人们开始对家庭联产承包责任制产生质疑。特别是在过去的二十多年里，越来越多的学者开始批评家庭联产承包责任制，认为它虽然给予了每个农民公平地拥有土地承包权的权力，但只是给了农民一个残缺的地权：由于土地属于村集体所有，所以为了保证公平，就必须将全部土地在全体农民之间进行分配，因而土地的"大调整"和"小调整"势所难免，而这种调整被认为导致了农民土地产权的不稳定，而且也剥夺了农民对土地的长期使用权，使得农民失去了对土地进行投资的积极性，特别是对土地进行长期投资的积极性。

　　基于对家庭联产承包责任制对于农户长期投资积极性的不良影响的担忧，以及对于改革农村土地制度为经济增长带来新的动力的期望（例如，有学者提出农村土地私有化之后可以使得农民将土地作为抵押物获得银行贷款），有很多学者及政府官员开始相信，家庭联产承包责任制下的土地承包权调整会对农业生产造成阻碍作用。然而遗憾的是,现有研究对于这一观点提出的挑战并不多,特别地,利用农户数据对这一观点进行实证检验的更是缺乏,下一节我们将利用"CERC/MoA中国农村居民问卷调查数据库"对此机制展开实证分析。

第二节　土地调整与农户长期投资激励

一、研究问题的提出及文献综述

制度与经济增长之间的关系一直是众多经济学家关注的重大问题,本节所要考察的中国农村家庭联产承包责任制与农民的长期投资激励之间的关系则属于其中的一个方面。家庭联产承包责任制在中国农村的实施曾极大地激励了中国农民的生产积极性,但是 20 世纪 80 年代中期以后,农业生产出现了徘徊的局面,导致了人们对家庭联产承包责任制的质疑,越来越多的人认为在家庭联产承包责任制之下,土地属于村集体所有,土地承包的"大调整"和"小调整"导致了农民土地产权的不稳定,使得农民失去了对土地进行投资的积极性,特别是挫伤了他们进行长期投资的积极性。

众多经济学家针对中国农村的家庭联产承包责任制下土地产权的稳定性或安全性①与农民的投资积极性进行了实证分析,大多数研究都认为土地产权的不稳定对于农民的投资激励有着负面影响。例如,Yao(1995)和 Wen(1995)认为农民对土地承包权的不确定性(uncertainty in land tenure)削弱了农民投资的积极性;姚洋(1998)的另一个针对浙江和江西两省的研究则发现:地权的不稳定性和对土地交易权的限制对土地产出率具有负面的影响,其影响途径是降低要素配置效率和减少农户对土地的长期投入。Li 等(1998)针对河北省的研究表明:农户的土地承包期越长,越能够激励农民使用农家肥和磷肥。Brandt 等(2002)的研究也发现,在那些土地调整更频繁的村里,农民使用有机肥料的密度更低一些。Carter 和 Yao

---

①　现有研究在研究家庭联产承包责任制下的土地产权时,没有强调土地产权的稳定性与安全性之间的差别。从本质而言,这两者之间是有所差别的。我们这里对它们也做不区分。

(1998)运用浙江省的214个农户的两年面板数据从三个方面检验了土地产权对农民投资激励的影响，发现土地承包权的安全性（tenure security）对农民投资的激励影响最大，而土地租赁权对投资激励没有显著影响。

但也有一些研究持相反的观点。例如，Kung（1995，2000）认为，家庭联产承包责任制下的土地产权不稳定导致农民投资积极性的下降所带来的效率损失并不大，家庭联产承包责任制下的土地调整对与土地承包权的安全性的负面效果并非如现有理论及现有研究所断言的那样简单。[1]

关于土地调整导致地权的不稳定性对于农业长期投资的影响的众多研究告诉我们：地权的稳定性与长期投资之间的关系还是相当复杂的，现有的研究结果也还无法给出我们一个关于中国的土地调整与农民长期投资之间的确定关系，而本节的主要目的则是要从土地调整的角度重新检验这两者之间的关系。[2]

二、理论分析：土地调整、地权稳定性与长期投资激励

家庭联产承包责任制的一个显著特征就是在一村的范围内将土地按照人口平均分配，所以当家庭人口发生变动时，就使不同家庭拥有的人均土地不平等，当这种不平等积累到一定程度后，便可能会调整土地。现有理论认为，土地调整可能会使农户在下一次调整中无法再拥有现在的地块，所以农户现在进行长期投资的预期回报就无法获得，从而会削弱农户长期投资的积极性。

但是我们认为：土地调整未必一定会导致土地产权的安全性的降低；即使土地调整带来了土地产权的不稳定性，也未必会改变农民的投资收益和他们的预期，如果农民的预期不发生改变，其长期投资决策就不会发生变化，所以土地调整未必会

---

[1] 另外，还有众多关于土地产权与农民长期投资积极性的研究表明，土地产权与长期投资之间的关系是相当复杂的，相关研究可以参考姚洋（1998）的研究的文献综述部分。

[2] 本节所做的实证分析实际上只是检验了土地小调整对于农户的两类长期投资激励的影响，因为我们所使用的数据中并没有关于土地大调整的信息。而且，本节的结果也不能直接用来推断中国的土地产权与农户长期投资激励之间的关系，因为土地产权的衡量并非仅仅包含土地调整，农户是否有权决定耕种的面积或作物品种、上缴的任务是否必须为某种农作物、农户是否有土地的转包权等因素都是土地产权的重要内容。所以本节所做的工作仅仅是检验土地"小调整"对于土地产权稳定性的影响，进而对农民长期投资激励的影响。

影响农民的长期投资积极性。下面分别从三个方面分析原因：

1. 大调整、小调整与农民的预期

家庭联产承包责任制下土地的调整有两种类型，即"大调整"和"小调整"。所谓的"大调整"，是指村集体将全部地块收回，然后重新在全部村民之间进行分配，发生大调整后，特定地块与特定农户之间的原有联系就可能会发生破裂。所谓的"小调整"，是指村集体根据农户人口数量的变动进行微调，人口减少的农户退出相应的一份土地，新增加人口的农户额外再得到一份土地，那些家庭人口不发生变动的家庭所耕种的地块则保持不变，也即所谓的"增人增地、减人减地"。

从理论上讲，这两种调整方式对于农民长期投资预期的影响是完全不同的：在"大调整"中，因为农民无法预期到调整之后自己是否还能够继续耕种原有的地块，所以他可能不愿意在现有地块上进行长期投资，因为一旦在大调整后无法继续耕种原有的地块，先前所进行的长期投资可能将无法获得回报。但是在"小调整"中，由于调整的原则是"增人增地、减人减地"，因而农户是可以预期到现有的地块是否会发生变动的。① 所以，只要农户预期到了这一点，就可以作出相应的投资调整。"减人减地"时，一般情况是农户自己自主地将自己所耕种的地块中的一份退还出去。② 理性的农户都会将自己的较贫瘠的地块或距离家庭较远的地块退出去，而如果农户预期到即将要退出地块时，他就会减少对这些地块的长期投资。但是，这种长期投资的减少幅度并不会太大，因为如果较肥沃的地块或距离家庭较近的地块存在级差地租的话③，农户在预期到不需要退出这些地块时并不会降低对这些地块的长期投资。至于"增人增地"，我们没有理由相信它会削弱农户的长期投资积极性。

---

① 当然，我们也可以争论说，老人去世之类的事件是无法预期的。但是我们还要强调的一点是：在"小调整"之下，并不是所有增加人口的家庭都能够立即额外分到一份土地，也并不是所有减少人口的家庭都需要立即退出一份土地，因为有很多"小调整"是要三年或五年进行一次的，比如，上次"小调整"刚结束之后，一个农户家里的老人去世了，在进行下一次"小调整"之前的几年里，他还可以继续耕种这份土地，而这一点完全是可以预期到的，除非土地的"小调整"是每年一次，或者村干部搞突然袭击式的小调整。但是现有研究发现，中国绝大部分地区的"小调整"并非每年都进行。

② 至少现有研究还没有发现很多强迫农户将自己最好的地块或者指定农户将什么样的地块退还出去的现象的普遍存在。

③ 在现实生活当中，我们可以观察到农户将更多的要素投入到好的地块上去。

现有研究发现：虽然中国农村各地的土地调整情况存在巨大差异，但是主要体现为"小调整"而不是"大调整"（Kung，2000）。另外，Brandt 等（2002）等对浙江、辽宁等八个省份的 215 个村庄的调查研究发现，自建立家庭联产承包责任制以来，有 60 个村庄没有进行过土地调整，所有村庄的土地平均调整次数为 1.7 次，平均调整期限为 7—8 年。所以平均而言，农民在这个时期段内进行长期投资的积极性未必会因为调整而削弱。基于中国农村的"小调整"较普遍的事实，Kung（2000）认为更有可能出现的情况是：中国的农民大体上已经接受了根据人口与土地比例的变动进行边际上的调整这一惯例。在不进行"大调整"的情况下，这种惯例反而向农民传达了这样一个信息：他们可以在未来耕种相同的地块（只要家庭人口数量不减少）。所以从理论逻辑上讲，这对于农民的长期投资积极性并不会产生负面的影响。

2. 两类性质不同的长期投资

现有研究在关注土地产权的安全性对于农民长期投资激励的影响时，忽略了对两类性质完全不同的长期投资的区分，农户对于不同类型的长期投资会有完全不同的决策，从而土地调整导致的土地产权不稳定对于不同类别的长期投资的影响也会不同。

我们可以将农民的长期投资区分为"与特定地块不相连的长期投资"和"与特定地块相连的长期投资"两类。第一类是指那些并非与特定地块相连的投资活动，例如，各种农用机械、生产工具、运输工具等。这些投资的结果并非只是为了应用于某个特定的地块，投资后产生的资本具备有可移动性或可分性，即使耕种的地块发生了改变，这些投资也依然能够继续在其他地块上使用。第二类投资指那些只与特定地块发生联系的投资活动，比如修建道路、灌溉设施、排水设施、塑料大棚、水土保持治理以及使用农家肥或进行土壤改良等。这些投资的结果是使某个特定的地块的生产效率或土壤肥力得以提高，因而与其他地块没有关系，而且这种投资一旦发生，就无法与特定地块相分离，不具备可移动性或可分性。

这种区分背后的原因很明显也很重要：当我们强调土地调整削弱了农民的长期投资积极性时，必须搞清楚土地调整所影响的是哪种长期投资的积极性以及这种影响的机制和影响效应的大小。我们认为，土地"大调整"对于那些"与特定地块不相连的长期投资"基本上不会产生显著的影响。这是因为即使农户的地块发生了改变,他们的这些投资依然可以用于改变了地理位置的其他地块的农业生产活动,"大调整"并不会导致这一类长期投资的预期收益无法实现,更不会剥夺农民承包村集体土地的权力,因而无论是否预期到"大调整"的发生,农民都不会因为"大调整"而减少这一类投资品的购买。至于"小调整"下的"减人减地",农户当然会因为土地的减少而减少这一类长期投资,但是我们却没有理由把这种情况下的长期投资减少归结为家庭联产承包责任制所导致的低效率。

对于"与特定地块相连的长期投资",我们下面首先来分析"小调整"对它会产生什么样的影响:如果家庭人口减少的农户预期到了"小调整"的发生并且能够自由决定退出哪一块土地,他就会理性地减少在这个地块上的这一类长期投资,从而可以把这些投资品更多地用于其他地块,例如,将更多的农家肥使用到自己的良田上或使用到自己不准备退出的其他地块上。所以,"小调整"对于将要退出部分地块的农户的投资积极性的影响并不太大。对于"大调整",从理论上讲,它确实会改变农户的这一类长期投资的预期收益,因为一旦"大调整"使这些农户的地块发生了难以预期的变动,"与特定地块相连的长期投资"的预期收益就难以实现,所以他们是没有积极性进行这一类投资活动的。

但是我们认为,对于"大调整"对农户的"与特定地块相连的长期投资"激励是否具有削弱作用并不能简单地下结论。这是因为这一类投资活动中有很多都具有"公共品"的特征,比如用于灌溉或排水的沟渠、道路的修建等,这些投资活动往往是单个农户所无法提供或不愿意提供的,且不具有排他性,所以它们的供给往往存在"市场失灵"。即使在土地不发生任何调整或者在土地私有的情况下,我们也不能期望农户有积极性大规模地从事这些方面的长期投资①,公共品的特征决定了它的市场供给是不足的。所以,家庭联产承包责任制下的"大调整"影响最大的可能会是农家肥的使用等少数与特定地块相连的长期投资。但是这种影响所导致的效率损失到底有多大,则还需要进一步实证研究。

---

① 例如,我们确实可以观察到,农村现有的很多排水、灌溉、蓄水等设施都还是在人民公社时期修建的。实施家庭联产承包责任制以后,甚至就连原有的这些设施也缺乏维护而大量损坏,即使有少量的这一类投资的发生,也大多是村集体组织修建的。

3. 地权稳定性的衡量与内生性

土地产权的稳定性或安全性的衡量是很困难的,而且它在实证研究中可能还会具有内生性,从而就使得识别土地产权与农民长期投资激励之间因果关系的研究变得相当困难和复杂(Brasselle et al., 2002;Krusekopf,2002)。例如,当世界银行利用加纳的数据进行研究时,发现土地产权的安全性对于 Anloga 地区的农民长期投资具有确定的、正面的影响,而对于 Wassa 地区的农民的长期投资的影响却要小得多(Migot-Adholla et al.,1994),但是当 Besley(1995)使用相同的数据并控制了土地产权的内生性问题时,却得到了完全相反的结果。

现有关于中国农村家庭联产承包责任制的研究发现:一个村庄中的土地是否发生调整或者在什么规模上进行调整要取决于很多因素,比如人口的变动、土地资源禀赋的状况、劳动力与信贷市场、村里的传统秩序等(Kung,2000;Pender and Kerr,1998;Brasselle et al.,2002)。所以,使用名义上的土地承包期限作为土地产权安全性的衡量指标可能并不恰当。使用土地承包合同是否到期的虚拟变量也依然不合适,因为很多调整是按照一定的年限间隔进行的,合同上的规定和现实中的执行有时是毫不相干的。而且,如果是"小调整"的话,只要家庭人口不发生变动,即使土地承包合同到期了,也依然不会改变农户的预期。

姚洋(1998)的研究则从三个方面来衡量土地的产权,即地权稳定性、土地交易权和土地使用权。为了取得这三方面的指标,他在村级问卷中征求了村干部对一系列反映上述三组产权的问题的答案,然后运用因子分析方法提炼出三个主因子,分别度量所在村的地权稳定性、交易权和使用权的完整性。由于这种方法使用的信息直接来自土地调整的执行者——村干部的回答,所以较其他研究而言,能够更好地反映现实中的土地产权状况,同时也能克服利用名义上的承包期限的长短衡量土地产权稳定性的缺陷。本节所关心的是由于土地调整导致的地权不稳定性对于农户长期投资的影响,所以这并不需要对给出对土地产权的完整的衡量,而只需要找到合适的指标衡量土地调整。

三、数据来源及相关变量介绍

现有研究所面临的一个重要约束为数据的可获得性,比如,前文提到的一些实证研究所使用的都是小样本截面数据。如果能够有跨越一定时期的面板数据，则能够更好地针对家庭联产承包责任制下的土地产权与农业经济增长进行更全面深入的研究。本节所使用的数据来自"CERC/MoA 中国农村居民问卷调查数据库"。下面分别介绍本节实证研究的因变量和主要的自变量。

1. 因变量

本节的主要目的在于考察土地调整对于农户长期投资积极性的影响，基于前文的理论分析，由于农户的两类长期投资的决定机制并不相同，所以下面我们分别实证分析土地调整对于这两类长期投资的影响。

对于第一类长期投资的度量，在我们使用的数据库中数据质量最好的为农户使用的农家肥量。由于农家肥的效力持续时间比较长久，且对于改良土壤、提高土壤的肥力有着非常重要的意义，所以我们把农家肥的使用量作为农户第一类长期投资的代理变量。①

对于第二类长期投资的度量，我们使用的数据库中包含了农户每年的农业生产性固定资产的增减价值，即农户每年新建（或购买）或减少（或出售）生产用仓房、畜役、汽车、拖拉机、水泵、插秧机、收割机等各种农业生产性固定资产的净值。本节使用数据的一个优点就是包含了这一类投资品减少的信息，它比仅仅包含每年新建（或购买）这些投资品的数据能够更准确地反映农户的投资积极性。我们将这些投资品价值进行加总，并使用每年的农业生产资料价格指数进行平减，然后研究土地调整对于这一类长期投资的影响。

2. 对土地产权稳定性的衡量

本节关心的问题是土地调整导致的土地产权不稳定对于农户长期投资的影响。而在我们所使用的数据中，包含了农户每年土地的变化状况以及土地变化的原因，其中导致家庭耕种土地增加的原因包括"统一经营需要、家庭人口增加、家庭劳力富余和其他"，导致家庭耕种土地减少的原因包括"统一经营需要、家庭人口减

---

①　与特定地块相连的长期投资并非使用农家肥这一种，比如使用地膜建造塑料大棚等。但是本节所使用的全部样本中，使用过地膜的农户比例不足百分之一，而且使用地膜的绝对量也不大，用途也不清楚，所以，我们也就放弃了地权稳定性对于农户地膜使用量的影响的分析。至于这一类长期投资中的其他方面，比如灌溉设施的建造，现有数据中没有采集这方面的信息，所以也就无法分析。

少、家庭劳力不足和其他"。于是我们选取了农户承包耕地的变化原因作为土地产权稳定性的衡量[①]：

$dummya$：如果有农户因为家庭人口增加导致来自集体的承包地增加，那么令它等于1，否则等于0；

$dummyb$：如果有农户因为家庭人口减少导致来自集体的承包地减少，那么令它等于1，否则等于0。

这两个虚拟变量能够非常准确地刻画到底哪些家庭的承包地是因为家庭联产承包责任制下的"小调整"而发生了变动。使用这两个虚拟变量作为土地产权稳定性的衡量具有优越性：它是对实际发生的承包土地变动的度量，它比运用村干部对土地产权稳定性问题的答案以及被调查农户对正在耕种土地产权的稳定性的感觉的描述可能会更准确。这里原因在于：在"增人增地、减人减地"的原则下，并非所有增加了人口的农户都能够立即得到额外的一份土地，也并非所有减少了人口的农户都必须立即退出一份土地，这要取决于实际当中的土地调整频率，如果没有到达调整年限，即使家庭人口发生了变动，家庭所耕种的土地也不会发生变化。在这种情况下，农户的预期可能并不发生改变。

当然，使用这两个虚拟变量也有缺点，就是它们无法反映"大调整"对土地产权稳定性的影响。这主要是由于数据的限制而导致的，我们使用的数据库中并没有包含村庄发生土地"大调整"的信息，所以无法捕捉"大调整"对长期投资激励的影响。当然，这也是现有实证研究所普遍面临的问题。

另外，由于本节主要关注的是土地调整导致的土地产权不稳定对于农民长期投资的影响，所以我们没有考虑农民是否有改变作物的权利以及是否有转租土地使用权的权利对于长期投资激励的影响。

四、计量模型与回归分析

下面分别针对我们所划分的两类长期投资进行回归分析。

---

① 农户土地的变动并非仅仅由于土地调整，例如，农户之间的转包等行为也会导致农户耕种土地的变动。但是，这些原因导致的土地变动并不在本节所关心问题之内。

1. 土地调整对"与特定地块不相连的长期投资"的影响

为了考察土地调整对农户第一类长期投资激励的影响，我们直接建立如下的回归方程：

$$\ln longterminv = \beta_0 + \beta_1 dummya + \beta_2 dummyb + \beta_3 hhage + \beta_4 hhedu$$
$$+ \beta_5 \ln grossfee + \beta_6 \ln foodquota + \beta_7 \ln nonagremploy$$
$$+ \beta_8 jilindummy + \beta_9 sichuandummy$$
$$+ \beta_{10} sandongdummy + \mu \tag{3.1}$$

下面分别对上式中的变量进行简单介绍：

$longterminv$：代表"与特定地块不相连的长期投资"，即农户的农业生产性固定资产的净现值之和；

$dummya$：表示该农户由于人口增加而在当年额外获得了一份承包地；

$dummyb$：表示该农户由于人口减少而在当年退出一份原有的承包地；

$hhage$：表示户主年龄；

$hhedu$：表示户主受教育年限；

$grossfee$：表示农户的土地承包费与其他种类的土地承包费之和，其他土地承包费包括承包期共同生产费、承包期提留费、承包期统筹费、承包期其他费用等，该指标用价格指数对这五种费用平减之后加总；

$foodquota$：指粮食定购任务；

$nonagremploy$：指农户的全部家庭成员当年从事非农业劳动的时间，包括在本地和外地从事非农劳动的时间两部分，这一指标反映了农户从事农业生产投资活动的机会成本或获得非农就业的机会的大小，这个指标的量越大，可能会导致农户进行与特定地块相连的农业投资的积极性更小；

$jilindummy$：表示吉林省的地区虚拟变量；

$sichuandummy$：表示四川省的地区虚拟变量；

$shandongdummy$：表示山东省的地区虚拟变量；

μ：表示白噪声。

在上述计量模型中，除了虚拟变量以及户主的受教育程度和年龄以外，其他变量都取自然对数形式。

由于农户的投资决策取决于非常复杂的因素，且这些因素的作用方式可能在不同的时间内发生变化，所以模型中可能会存在有异方差，我们直接使用稳健 OLS 进行回归，结果报告见表 3.3 中。

表 3.3 实证模型回归结果

	模型 1	模型 2	模型 3	模型 4
dummya	0.458	0.581		
	(0.81)	(0.9)		
dummya_1			0.017	0.028
			(0.02)	(0.04)
dummyb	−0.619**		−0.643**	
	(−2.04)		(−2.27)	
dummyb_1		0.121		0.11
		(0.14)		(0.13)
hhage	−0.011*	−0.004	−0.004	−0.004
	(−1.81)	(−0.55)	(−0.58)	(−0.59)
hhedu	0.0218	0.022	0.022	0.02
	(0.89)	(0.79)	(0.79)	(0.78)
ln *grossfee*	0.143***	0.157***	0.159***	0.158***
	(5.13)	(4.78)	(4.79)	(4.76)
ln *foodquota*	0.0001	−0.077***	−0.078***	−0.077***
	(0.00)	(−3.78)	(−3.85)	(−3.79)
ln *nonagremploy*	−0.052**	−0.074***	−0.073***	−0.074**
	(−2.29)	(−3.01)	(−2.93)	(−2.98)
jilindummy	1.32***	0.917***	0.902***	0.907***
	(7.62)	(4.57)	(4.52)	(4.54)
sichuandummy	0.261*	−0.088	−0.107	−0.099
	(1.93)	(−0.59)	(−0.70)	(−0.66)
shandongdummy	0.139	−0.085	−0.112	−0.099
	(0.99)	(−0.52)	(−0.69)	(−0.61)
常数项	0.466	1.1***	1.13***	1.127***
	(1.3)	(2.7)	(2.8)	(2.79)
观察值	2400	1600	1600	1600
R^2	0.0657	0.0720	0.0722	0.0714

注：括号中为 t 值，* 、** 、*** 分别表示在 10%、5%、1% 的水平上显著。

从回归结果可以看出：我们所关心的变量 *dummyb* 的回归系数为 -0.619，且在 5% 的水平上显著。然而有趣的是，如果说农户因为承包自集体的土地减少而减少这一类长期投资是一种理性的选择，那么与之相对的是，增人增地并没有表现出如此强烈的效应：*dummya* 的回归系数虽然为 0.458，但是并不显著。这表明保持其他条件不变的情况下，因为人口增加而额外获得一份土地的农户并不会增加与特定地块不相连的投资。我们对此结果给出的解释是：一定量的农业生产资本能够维持的土地耕种具有很大的弹性，例如，一台抽水机可以持续多天内连续灌溉很多块土地，在增加的土地面积不大的情况下，农户可以不必立即增加这种固定资产投资。

另外，表 3.3 中的回归结果还显示：户主的年龄越大，家庭进行第一类长期投资的积极性越低，且在 10% 的水平上显著；农户从事非农劳动时间的回归系数为 -0.052，且至少在 5% 的水平上显著，这说明农户从事非农产业活动越多，其进行农业第一类长期投资的激励越低，这是因为更多的非农生产导致对于农业生产的固定资产的需求降低。另外，吉林和四川省的农户比江西省的农户进行这种长期投资的积极性要高，且都非常显著；但是山东省的农户相对于江西省农户而言，进行这一类长期投资的积极性无显著差异。

另外，回归中还显示出了一个违背直觉的结果：农户承包土地的全部费用的回归系数为 0.143，且显著性水平为 1%。由于农户承包土地所付出的各种承包费以及村提留、乡统筹等费用，常常会加重农民的负担，我们往往认为农民负担的加重会削弱农民从事农业生产、进行长期投资的积极性。对于这个为正数的回归系数，我们给出的一个初步解释为：由于中国农村的一个基本事实是劳动力过剩，农民从事非农就业的机会比较少，所以农民的税费负担越重，就不得不进行越多的投资，以获得足够的收入以支付各种费用和生产成本。①

前面的实证分析考察了当年的土地调整对于当年的第一类长期投资的影响。但是从理论上讲，当农户预期到未来的土地将要发生调整时，他有可能提前就作出反应。为了检验这一机制是否存在，我们将 *dummya* 和 *dummyb* 分别滞后一期进

---

① 当然，我们也并不能因此而简单的推断减轻农民的税费负担反而会削弱农民的投资积极性。

行回归，即 *dummya_1* 和 *dummyb_1* 这两个虚拟变量对于农户当年的第一类长期投资的影响。回归结果报告在表 3.3 的后两列中。

从表 3.3 中后两列的结果可以看出，未来年份将要发生的"增人增地"对于当年的第一类长期投资都没有影响，这类似于前面的分析结果：当年的"增人增地"对于当年的第一类长期投资没有影响。而未来年份所将要发生的"减人减地"对于当年的第一类长期投资没有什么影响，这不同于前面的分析结果：当年的"减人减地"会大大降低农户在当年的第一类长期投资。

2. 土地调整对"与特定地块相连的长期投资"的影响

为了考察土地调整导致的土地产权不稳定对于农户的第二类长期投资积极性的影响，我们以农户的农家肥用使用量作为因变量，并建立如下的回归模型：

$$
\begin{aligned}
\ln allmanure = {} & \beta_0 + \beta_1 dummya + \beta_2 dummyb + \beta_3 hhage + \beta_4 hhedu \\
& + \beta_5 \ln grossfee + \beta_6 \ln foodquota + \beta_7 \ln nonagremploy \\
& + \beta_8 \ln livestock + \beta_9 jilindummy + \beta_{10} sichuandummy \\
& + \beta_{11} shandongdummy + \nu
\end{aligned}
\tag{3.2}
$$

其中，$\ln livestock$ 表示农户拥有的家畜数量（对数形式）。之所以在农家肥的使用方程中加入这个控制变量，原因在于农户的农家肥大部分可能会来自家畜的粪便，饲养更多家畜的农户可能由于能够收集到更多家畜粪便而使用更多的农家肥。所以我们要观察在控制了这个因素之后，土地调整对于农户的农家肥使用量的影响。ν 表示白噪声，其他符号相同的变量与式(3.1)中的含义相同。

下面使用前文介绍的数据展开实证研究，下式直接报告了稳健标准误差的 OLS 回归结果，括号中为 t 值：

$$
\begin{aligned}
\ln allmanure = {} & 3.34 + 0.166 \cdot dummya + 0.765 \cdot dummyb - 0.002 \cdot hhage \\
& \scriptstyle (4.99) \quad\quad (0.3) \quad\quad\quad\quad (1.37) \quad\quad\quad\quad\quad (-0.19) \\
& - 0.084 \cdot hhedu + 0.216 \cdot \ln grossfee + 0.009 \cdot \ln foodquota \\
& \scriptstyle (-2.11) \quad\quad\quad (3.61) \quad\quad\quad\quad\quad (0.22) \\
& + 0.188 \cdot \ln nonagremploy + 2.183 \cdot \ln livestock - 0.656 \cdot \\
& \scriptstyle (4.95) \quad\quad\quad\quad\quad (10.3) \quad\quad\quad\quad (-2.27) \\
& jilindummy + 1.43 \cdot sichuandummy + 1.43 \cdot shandongdummy \\
& \scriptstyle (6.36) \quad\quad\quad (6.36) \\
& n = 1\,600, R^2 = 0.190\,3
\end{aligned}
$$

上面的回归结果表明农家肥使用量的决定因素与前面分析的第一类长期投资

的决定因素显然不同：我们所关心的度量土地调整的两个虚拟变量 *dummya* 和 *dummyb* 都不再显著，这表明土地调整对于农户的农家肥使用量并没有显著影响。与前面的分析结果相对应的是："增人增地"对于农户的两类长期投资都没有影响，农户并不会因为人口的增加带来的土地增加而增加任何长期投资；但是"减人减地"会导致农户的第一类长期投资的大幅度减少，而对于农户的第二类长期投资（这里以农家肥使用量为代表）没有影响。

户主的个人特征对于这两种长期投资的影响也是不同的：对于第一类长期投资，年龄越大的户主投资越少，但是受教育程度对于这一类投资的影响不显著；而对于农家肥用量，受教育程度越高的户主使用越少，但是户主的年龄对于家庭的农家肥用量没有显著的影响。我们的这一结果与姚洋（1998）的研究结果略有不同：在他的研究中，农户的家庭平均年龄对于绿肥的使用具有正的显著影响。另外，在他的研究中，受教育程度对于绿肥的种植无显著影响，这一点与我们关于受教育程度对于农家肥的使用无显著影响的结果保持一致。农户的家畜拥有量对于农户的农家肥使用量具有显著正的影响，回归系数为 2.183，且显著性水平为 1%，这说明饲养更多的家畜能够收集到更多的农家肥。四个省份的农户的农家肥使用量表现出了明显的不同：吉林省的农户相对于江西省的农户更少地使用农家肥，而四川和山东两省的农户相对于江西省的农户则更多地使用农家肥，尤其是四川省的农户。而且，这三个省份的地区虚拟变量的显著性水平都高于 5%。

另外，我们也检验了未来年份将要发生的"减人减地"对于当年的农家肥使用量的影响，也依然发现它对农户的当年农家肥使用量没有显著影响。

前面分析了土地调整对于农户的农家肥使用量的影响，下面对上述模型做一阶差分回归，以考察土地调整对于农户的农家肥使用量变动的影响。我们首先建立如下回归模型：

$$manure\,var = \beta_0 + \beta_1 dummya + \beta_2 dummyb + \beta_3 land\,var + \beta_4 gross\,fee\,var$$
$$+ \beta_5 food\,price_1\,var + \beta_6 food\,price_2\,var + \beta_7 quota\,var$$
$$+ \beta_8 nonagremp\,var + \beta_9 livelihood\,var + u \qquad (3.3)$$

上式中各变量的含义为：

$manure$ var：2000 年与 1999 年的农家肥用量之差；

$dummya$, $dummyb$：与前文相同；

$land$ var：家庭耕种土地面积的变化；

$grossfee$ var：家庭承担的所有承包费用的变化；

$foodprice_1$ var：粮食作物 1 的价格变化；

$foodprice_2$ var：粮食作物 2 的价格变化[①]；

$quota$ var：粮食定购任务的变化；

$nonagremp$ var：农户家庭成员当年从事非农劳动时间的变化；

$livelihood$ var：家庭饲养的家畜量的变化；

u：差分后的白噪声。

下面直接报告稳健 OLS 回归结果，括号中为 t 值：

$$
\begin{aligned}
manure\,\text{var}\hat{} =& -2\,374.57 - \underset{(-0.37)}{748.93} \cdot dummya + \underset{(0.24)}{406.28} \cdot dummyb \\
& + \underset{(0.47)}{530.14} \cdot land\,\text{var} - \underset{(-0.47)}{231} \cdot grossfee\,\text{var} - \underset{(-1.62)}{34.59} \cdot foodprice_1\,\text{var} \\
& + \underset{(1.84)}{5\,409.5} \cdot foodprice_2\,\text{var} - \underset{(-3.08)}{1.8} \cdot quota\,\text{var} + \underset{(0.09)}{0.108} \cdot \\
& nonagremp\,\text{var} + \underset{(3.6)}{286.3} \cdot livelihood\,\text{var}
\end{aligned}
$$

$$
n = 800,\ R^2 = 0.057\,6
$$

上述回归结果表明：土地调整对于农家肥使用量的变化都无显著影响。粮食作物 2 的价格变动和家畜饲养量的变化对于农家肥使用量的变化有显著正的影响，而粮食定购任务的变化对于农家肥使用量的变化有显著负的影响。

五、小结

本节将农户的长期投资划分为"与特定地块相连的长期投资"和"与特定地块不相连的长期投资"两类，并分别考察了这两类长期投资的决定因素，发现它们的影响因素是不同的。土地的小调整对于这两类长期投资的影响明显不同："减人减地"使减地农户的第一类长期投资大幅度下降，但对农户的农家肥使用量并没有显

---

① 问卷中按粮食作物在当地的粮食生产中的地位询问了农户的两种最主要粮食作物的价格，由于各地的粮食作物种类不一致，所以各地的这两种主要粮食作物可能并不相同。

著影响;而"增人增地"对于增地农户的任何长期投资都没有显著影响。

当然,本节的实证检验只考察了土地的"小调整"对于农户长期投资积极性的影响,由于数据的限制而无法分析土地"大调整"对于农户长期投资的影响。但是本节的理论分析认为:"大调整"对于第一类投资的影响并不大,因为第二类投资大多具有公共品的特征,即使在土地私有的情况下,它的供给也是相对不足的。

我们在这里还需要注意的一点是:虽然我们发现了"减人减地"大大削弱了农户进行第一类投资的积极性,但是这也不能完全被认为是土地调整导致的低效率,因为当农户的总耕地面积减少时,减少对土地的长期投资是一种正常的反应。另外,我们不妨把"增人增地"并没有导致农户的长期投资增加与"减人减地"导致农户的第一类长期投资大幅度降低这两点结合起来思考,然后可以审慎地作出推断:土地调整对于农户的长期投资激励的影响可能并不像现有理论所认为的那么大,对于农户的长期投资激励最有影响力的因素可能在于农村土地制度之外,如粮食价格、农业生产资料价格、非农就业机会、户籍制度等。

本节的研究结果促使我们重新思考最近的一些研究对于家庭联产承包责任制的批评以及与这些批评有关的政策建议。对于中国的家庭联产承包责任制,还有很多研究工作需要做,比如,在现有的生产条件下,家庭联产承包责任制是否导致了农业生产的规模不经济?是否阻碍了新技术的采用?是否限制了分工的神话?是否阻碍了劳动力的流动?是否限制了农村信贷市场的发育?只有把这些问题搞清楚了之后,才能更好地理解中国农村的土地制度与农业经济增长之间的关系,从而才能够对现行制度作出评价,然后再得出相应的政策建议。在下一节中,我们将对中国的家庭联产承包责任的未来做一些初步的讨论。

第三节 家庭联产承包责任制是否已经走到了尽头

进入 20 世纪 90 年代以后,中国农村土地经营方面逐步出现了一些新的重要现象或问题,而这些现象都或多或少的与家庭联产承包责任制有关,也有部分学者直接将家庭联产承包责任制视为这些现象或问题的重要根源。下面我们简要综述并分析一下这些现象和问题。

一、农村耕地零碎化程度较高

中国农村的土地所有权属于集体,在家庭联产承包责任制之下,每个农民都有权利从集体那里平均分配到一份耕地,而由于中国农村的人均耕地面积较低,不同地块的肥沃程度和地理位置由很大的不同,所以为了保证分配的公平性,村集体就需要将耕地拆分成小块进行分配。这种情况下,必然会导致农村耕地的零碎化。例如,史清华和贾生华(2004)提供的数据表明:2000 年山东、江苏和浙江的平均地块规模分别只有 1.42 亩、1.14 亩和 0.65 亩,平均每个家庭只拥有大约 4 块耕地,如此小的面积几乎不可能使用大规模的机器设备进行耕作。

同时,在家庭联产承包责任制之下,如果家庭成员出现增减变化,例如婚、丧、嫁、娶发生后,就需要对家庭原来承包的耕地作出增减调整以保证公平,即所谓的"小调整"。而由于中国农村的人均耕地面积呈减少的趋势,所以"小调整"必然导致土地的零碎化程度更加严重。

相对于现代化的大规模农业生产,土地零碎化历来被很多经济学家认为是一种低效率的生产方式。例如,Fleisher 和 Liu(1992)使用中国 20 世纪 80 年代的数据研究了土地零碎化问题,他们估算了粮食的生产函数后发现,如果把样本中的地块数由 4 减少为 1 的话,则粮食生产的全要素生产率将提高 8%;Nguyen 等(1996)的研究则发现中国的平均地块面积与产量有正相关的关系,这就意味着中国的土地零碎化将付出经济成本;Wan 和 Cheng(1999)的研究也显示土地零碎化导致中国农业生产的效率低下。鉴于农村耕地零碎化的低效率,有不少文献或学者也曾都或多或少地把农村耕地零碎化与家庭联产承包责任制联系在一起,或者把零碎化导致的低效率作为改革家庭联产承包责任制的动因之一。

然而,土地零碎化问题并非如此简单,它甚至与家庭联产承包责任制之间可能并没有必然的联系。例如,巴德汉和尤迪(2002)认为,在传统农业中,使用农业机械这种大规模的投入非常有限,生产中的规模经济也不显著,而那些在劳动力成本方面具有优势的小型农场往往比大型农场具有活力,这一点被许多贫困国家的经验证据所证明。一方面,对于中国农村而言,显然还远没有完成传统农业的改造,在未来很长一段时间内,大部分农业生产还必然是小规模的,所以土地零碎化与农村家庭小规模生产是必然存在的。另一方面,中国经济发展的起点是人多地少,以全国 13 亿人口分配 18 亿亩耕、城市化率达到 50% 来计算,人均耕地面积也只有 2.77 亩,农村的一个三口之家也只能耕种大约 8 亩耕地,在这种情况下,土地零碎化所导致的低效率必须得到容忍。就未来中国而言,这里还有一个更重要的问题是,既然人多地少是中国短期内无法改变的一个严重约束,那么我们现在能找到其他更好的制度来替代家庭联产承包责任制吗? 对这个问题的答案多半是否定的,这是因为:如果短期内中国无法继续大量转移农村(剩余)劳动力并通过城市和非农部门创造的非农就业岗位吸纳他们,那么中国的农业就不可能在短期内实现如同西方那样的大规模、机械化生产,从而我们也就没有理由抛弃或批评家庭联产承包责任制和农业的小规模生产而强行追求所谓的规模经济。

二、农村耕地抛荒现象严重

耕地对于中国这样的人口大国是一种非常稀缺的资源,然而一个奇怪的现象是,中国农村地区从 20 世纪 80 年代开始却出现了耕地抛荒的现象。例如,秦晖(2002)的调查发现:1999 年安徽省肥东县的抛荒地中高产田只占 20%,而到了 2000 年则急升至 40%,2001 年上半年则已经高达 50%;湖北省 1999 年全省耕地抛荒率为 3.39%,2000 年上升到 5.18%,而作为粮食主产区的荆州市耕地抛荒率高达 15.6%;同样地,1999 年湖南省耕地抛荒总面积从 161.2 万亩上升至 195 万亩,其中常年性抛荒从 38.6 万亩上升到 51 万亩。这些数字表明了耕地抛荒在中国农村的严重性,而探求其背后的原因则尤其重要。例如,唐代盛等(2002)认为农村耕地抛荒原因之一就在于土地产权制度不明晰,所有权主体不明确和所有权边界不清,从而使得作为农村土地所有者的集体经济组织不能有效地行使对土地经营的管理和监督;所有者随意干预和侵占经营者的利益,影响经营者的主动性和积极性。他们认为,家庭联产承包责任制既没有有效满足农户的效用又没有达到较高的经济效率,因为农户对土地的偏好和经营能力并没有体现在生产过程中,这是随意抛荒的最根本原因。另外,也有研究认为农地资源配置非市场化致使耕地使用权流转不畅,是造成耕地抛荒的制度原因。

然而,我们认为不能如此轻易地将耕地抛荒与家庭联产承包责任制联系在一起，对于土地抛荒现象必须先搞清楚两个问题：第一个问题是谁抛弃了耕地，第二个问题是为什么被抛弃的耕地没有被其他农户接收去耕种。实际上我们很容易理解，离开耕地而放弃农业生产的必然主要是那些进城的农民工，由于他们能够在城市或非农部门找到就业的机会，所以才放弃了农业生产，比如，上文引用的秦晖(2002)的调查数据，就是来自外出农民工较多的湖北和安徽两省。对于为什么被抛荒的耕地没有被其他农户接纳，或者为什么没有以零地租接纳，这背后的经济原因很简单，那就是耕种土地的收益太低。例如，邾鼎玖和许大文(2000)认为，种田效益低直接影响了农民生产积极性是土地抛荒最根本的原因。唐晓腾和唐炎华(2000)也认为，农民负担重提高了农村的种田成本，这也是土地抛荒的一个根本原因，他们调查的江西省某村民进行种植业的数据表明：1994年该农户夫妇两人一年种田的总收益为2 050千克左右稻谷，除去农业税、"三提五统"款和生产资料成本外，纯收益约2 770元(按晚米市场价格计算)，人均为1 300元左右；而1997年的人均纯收益只有500元左右。如果这对夫妇一人外出打工，按该村近年来外出打工人员平均工资400元每月计算，年纯收入近5 000元，是他1994年种田收益的4倍，是1997年种田收益的近10倍。

农业生产的经济效益低下和耕地抛荒显然与中国采取的城市倾向政策以支持重工业优先发展的战略有关，人为地压低农产品价格使得农业利润被转移到工业领域中去，所以这使得农业利润非常低，甚至有可能为负。在这种情况下，农户只要能够找到收入更高的非农就业机会，就必然会放弃农业生产活动。而如果农业生产的负担不减轻，附加在耕地上的各种农业税费也几乎使得农业生产无利可图，因而被抛荒的耕地照样没有人愿意接手。当然，我们也可以因此而预期，进入21世纪后，中央政府对农业税费实现减免，对农村税费体制进行改革，对农业生产提供各种补贴或支持，这会起到降低农业生产负担、增加农业生产利润的作用，因此也会起到降低耕地抛荒的积极作用。但是上述分析表明，我们显然不能轻易地把抛荒归咎于家庭联产承包责任制，即使土地流转制度健全，只要种田效益低，耕地抛荒依然会出现。

三、农村耕地使用权流转市场不发达

与耕地抛荒现象并存的另一个引起了众多学者关注的现象是，中国农村的耕地使用权流转很不发达。例如,农业部 1993 年进行的抽样调查结果表明:1992 年全国共有 473.3 万承包农户转包、转让农地 1 161 万亩,分别占承包土地农户数的 2.3% 和承包地总面积的 2.9%。农业部农研中心 1992 年对全国近 3 万农户进行了抽样调查后发现,只有 4.09% 的农户将自己承包的一部分土地转包给他人经营,只有 1.099% 的农户转出了全部承包地,只有 10.68% 的农户转包了他人耕地。另外,唐晓腾和唐炎华(2000)对江西省永新县芦溪乡古竹村的调查数据表明:已转让出去的耕地面积还只相当于欲转让出去耕地的 40%,还有 60% 的欲转让耕地无法转让出去,农村耕地自由流转市场呈现出高度的"买方市场"态势。

家庭联产承包责任制也被一些研究视为耕地使用权流转的不发达的原因之一,但是我们认为,中国农村土地流转市场的发育状况与中国的家庭联产承包责任制没有必然的联系,原因在于:耕地作为一种生产要素,不论它的产权状况如何,只要能够带来盈利,就一定会有市场需求,有了需求和供给,自然就会产生流转市场。而若缺乏充足的供给和需求,则期望建立或培养一个发达的土地流转市场显然是不现实的。其实,即使是已经实现了农业现代化的国家也曾有过类似的经历。例如,有研究表明:1975 年以来,虽然日本政府采取多种措施鼓励土地买卖,但只发生了 1 000 起;法国政府也曾推行了 40 多年的老农退休政策,才使得农场规模有了一定的扩大。这些事实说明,农村土地市场是内生地决定于农村经济发展的水平的,忽略了农村经济发展水平而臆想培育出一个发达的农地流转市场无异于缘木求鱼,也更不能轻易地将其归咎于现行的家庭联产承包责任制。

四、家庭联产承包责任制何去何从?

实际上,关于土地使用权频繁的调整对于农户长期投资激励可能带来的负面影响,也早已引起了中央政府的注意,并推动了中国农村土地制度的演变。例如,中国政府自 20 世纪 80 年代中期以后就开始力图抑制土地调整,使农民对土地有稳定的使用权预期。1984 年中央的 1 号文件规定了"承包期为 15 年",即所谓的"15 年不变"政策。而到了 1993 年,不同地区的农村土地承包期限将陆续到期,中央政府又规定了"30 年不变"的政策。1994 年,农业部对此项政策进行了具体的解释,并提出了实施意见。随后,农民的土地承包期"30 年不变"的规定于 1998 年写入了新修改的《土地管理法》，使得这一基本政策具有了法律的强制约束力。这里的"不变"包含两重含义：第一重含义指家庭承包责任制的制度不变；第二重含义则是指农户使用的具体地块尽量保持不变，即土地调整不应频繁进行。第二重含义在 20 世纪 90 年代则非常明确，中央文件多次强调要"大稳定，小调整"，并推介贵州省实行的"新增人口不再分配土地，死亡人口不再收回土地"的政策，该政策被简称为"生不增死不减"。这些政策可以说是对土地调整的负面影响的明确反应。

我们当然可以认为延长承包期限有助于增强农户的长期投资激励，但是给予更长的承包期限仅仅是农户进行长期投资激励的必要条件，而长期投资能够带来盈利才是充分条件。张五常在其 2002 年出版的《经济解释》第三卷《制度的选择》第 63 页曾提到卜凯于 20 世纪 30 年代在中国农村所做的调查，这个早期调查以及张五常的论述有助于我们理解土地制度对于农户投资积极性的可能影响：

> 卜凯教授于 1929 年至 1936 年间在南京大学发动的农业调查，动员 40 人，调查了 55 000 多农户，遍于 22 省，其中一个结论是这样的：与传统的租农耕耘不及地主自耕的说法相反：以不同的土地使用安排（租耕与自耕）分类，生产效率没有明确的不同……有些地方，租耕农户明显地比地主自耕有较佳的生产效果。庇古的推断，是租耕地的投资比自耕地的为少。中国的实例又是强烈的反证。1921 年至 1924 年及 1935 年的两个不同的调查，显示除了房子的价值是自耕地较高之外，其他的耕作投资（包括工具与劳作牲畜）租耕农户与自耕农户大致相同。另一方面，卜凯及其助手的多项调查（1921—1942 年），都指出耕作工具与土地投资是租耕合约的重要内容，而地主若多出投资费用，租金会向上调整。那是说，庇古建议的政府要立法干预农作投资，是市场租耕合约的例行项目。想来同期的让庇古大做文章的爱尔兰地主与农民，不会比中国的蠢那么多吧。

基于上述论证逻辑，如果我们把上述论述中的"租耕农户"理解为承包耕地的农户的话，那么他们的长期投资激励和生产效率与土地私有情况下的农户的投资激励与生产效率并没有明显的区别。

而且，对于中国农村土地承包制度改革更重要的一个现象是：农民对于"30 年不变"的长期稳定承包政策似乎并非一致地积极支持。例如，一项对浙江、河南、吉林、江西四省八县 800 人的调查显示:尽管中央政府有延续承包期 30 年的规定,但到 1996 年底,有超过一半的村子重新调整了土地,却只有 20% 的村子按照政府的指令签订了 30 年的合同,其他大部分只签 10—15 年,有的甚至更短(龚启圣等,1998)。

对于在中央出台了"30 年不变"的土地政策之后仍然出现众多地区继续实施"大调整"或"小调整"的现象,我们认为这与农村耕地所具备的收入以外的其他功能以及农村土地制度有关:与城镇居民的就业仅仅靠出卖劳动力有所不同的是,农村居民的就业必须要有土地,而在土地的产权为集体所有的情况下,农村集体的每个成员就都有承包一份耕地的权利,所以当他们无法在城市或工业部门找到一份稳定的就业机会时,就不会轻易放弃集体土地产权中属于他自己的一份。更重要的是,对于农村的大多数居民而言,由于政府在过去并没有为他们提供稳定的养老和医疗等保险,拥有一份土地实际上就为自己提供了一份保险——他们在出现失业或没有收入或养老保障的时候,只要还有一份土地,就可以通过劳动来改善自己的状况。出于对这种保险的预期,他们当然还是宁愿选择进行土地调整以公平地拥有一份土地。特别地,随着中国城市化进程的深入以及随着耕地资源稀缺程度的提高,我们可以预期,农民对于获得集体所有权下的一份土地的愿望可能会继续增强而不是减弱。

另外,还有其他一些研究认为家庭联产承包责任制还存在其他一些局限性。例如,家庭联产承包责任制条件下的农业现代化造成重复投资和资源的严重浪费,家庭联产承包责任制使得农户小规模的分散经营而在市场上的谈判地位低下,小规模的零散经营影响水利设施和农业机械化的合理使用以及科学技术推广受到限制等等。

基于上述批评,有不少学者都提出了要改革农村土地制度和家庭联产承包责任制的建议或想法,我们可以简单地把这些建议划分为如下两类:

第一类建议是实行农村土地私有制,主张彻底的土地私有化改革方案,提出要重建农地自耕农所有制——把土地的所有权交给农民,实行耕者有其田。

支持这种政策建议的经济理由至少包括如下几个方面:第一,发展中经济的农民普遍面临着信贷约束或信贷市场失灵问题,他们往往缺乏财富作为抵押品以获得贷款,如果农村土地能够私有,则可以为他们提供用于银行贷款的抵押物并解决信贷市场失灵问题，这将有利于推动农村经济增长；第二，土地私有化有利于保护农民的权益，例如，在征地过程中，农村土地的集体所有制往往使得交易过程中出现开发商侵占农民利益的结果，而如果土地私有化之后，农民则有权力更好地保护自己的权益不受侵害；第三，土地私有化能够激发农民的投资激励，正所谓"有恒产者有恒心"，土地私有化后能够推动农民进行更多的投资或从事企业家创新活动，从而有利于经济增长；第四，土地私有化后进行市场交易，有助于扩大农业生产的规模并走向大规模的机械化生产。

但是，也有不少学者对这种激进化的改革方案表示反对，认为土地私有化后的自由买卖活动必然导致土地兼并，从而会激化社会矛盾，反而不利于经济增长。

第二类建议是在不改变农村土地所有权的情况下改变耕地投入的方式。比如实行"农民土地股份合作联产承包责任制"，或者实施永久的农民土地使用权制度，在承认土地的所有权归集体的前提下，国家将现有的土地按照现在的经营权界定农民的永久使用权，并且可以继承，允许土地使用权的有偿转让，或者实行类似于城市地区土地制度的"70年不变"——农民承包的耕地70年内不发生变动，这实际上是对"30年不变"政策的一种拓展。

第二类建议不改变农村土地集体所有制的大前提，因而可以被看成是一种非激进化的改革措施。对于这一类建议，我们还需要展开进一步的详细分析。首先，土地股份制并不是一个新鲜事物，它正在中国东部沿海的经济发达地区发生着，也符合政府鼓励土地使用权流转的宗旨，因而这从本质上甚至不能被认为是一种农村土地制度改革，或者被认为是对家庭联产承包责任制的一个更新。其次，将"30年不变"拓展为"70年不变"在本质上与城市土地所有制非常接近——城市的土地所有权为政府所有，但是土地上的房屋或建筑物为私有，房屋或建筑物的所有者只拥有70年的土地使用权，当房屋或建筑物进行买卖时，附着在一起的土地使用权也一同发生转移。由于中国的城市房屋产权改革是最近20—30年发生的事情，最早的私有房屋对应的土地使用产权离期满70年还有很长时间，所以目前还无法预期未来的改革走向，一个可能的方案是使用权满70年后，房屋或建筑物的所有者向政府再支付一笔税收继续购买土地使用权；而如果农村土地实行"70年不变"，则也可能到满70年后由土地使用者向村集体支付一笔税收以继续获得个使用权。

最后,给予农民永久的使用权并能够有偿转让使用权,这在本质上更加接近于私有制,甚至可以被认为是一种完全的私有制,因为虽然所有权名义上归集体所有,但是如果保证农民的永久使用权,那么集体就无法行使所有权拥有者的权益,甚至集体还不能像城市地方政府那样到了 70 年后仍然保留一份继续征收土地使用税(费)的权益。

然而,中国农村土地制度的改革远不如前面所论述的那么简单。一方面,通过前面的分析我们知道,中国农村的家庭联产承包责任制对于土地零碎化、规模不经济、长期投资激励不足等方面所产生的影响并不像现在理论所想象的那么严重,因而要抛弃家庭联产承包责任制的理由并不充足;另一方面,我们当然清楚地知道实行土地制度改革所可能带来的好处,但是,实施农村土地制度改革还有更多更深入的问题需要思考。这里我们列举其中的若干问题并进行一些初步的讨论:

第一,农村土地私有化能够解决"三农"问题吗?

有不少学者认为中国农村的土地私有化改革有利于解决"三农"问题,有助于推动中国经济增长。然而,土地私有化能否解决"三农"问题,则还要取决于该问题是不是由家庭联产承包责任制导致的,还要取决于现行的农村土地制度是不是造成该问题的重大体制性障碍。我们认为,起源于中国政府早期采取的重工业优先发展战略以及与之配套的城市倾向政策才是中国"三农"问题的根源。工农业产品价格剪刀差使得农业利润转移到城市工业部门,政府为了降低工业生产成本而将大部分税收投入到城市部门,城市居民得到了更好更多的医疗、养老、教育、住房等公共服务,因而中国过去 60 多年所走的道路就是一种不平衡的工业化道路。要解决"三农"问题,则需要调整不平衡的工业化道路,改革农村土地制度对于解决该问题并不一定有益。

第二,农村土地制度改革的时机成熟了吗?

我们都知道,改革束缚生产力的生产关系将有利于生产力的发展,但是改革能否进行、什么时候进行更多的时候是一个政治经济学问题,也是一个政治决策问题。即使我们不考虑这些问题,还需要从经济的角度考虑改革的时机是否成熟。就中国农村发展而言,决定改革时机的最重大问题是工业化能否进一步吸纳农村(剩余)劳动力。如果考虑实施土地私有化,则必须首要考虑的就是农村劳动力的就业问题，因为土地私有化后的买卖以及新出生的农民无法再分配到土地会使得相当一部分农村劳动力失去依靠耕种土地而生存的机会，如果此时还没有建立起对他们的社会保障体制，则必然会导致社会矛盾和冲突。目前，中国正在努力矫正过去 60 多年所采取的不平衡发展战略，例如，重新建立覆盖农村居民的社会养老和医疗保险体制，这对于缓解大规模农业生产所释放出的农业剩余劳动力的失业造成的矛盾有着重要意义。我们知道，中国农业发展最大的困境其实在于人均耕地太少，因而只能采取传统农业生产方式。中国过去 60 多年的工业化已经吸收了大量的农村劳动力，但是剩余的农村劳动力分摊的耕地面积依然狭小，在这种情况下，如果采取西方的机械化大生产方式，那么脱离了耕地的农村劳动力的就业问题就必须得到解决，而他们的就业问题的解决，则只能靠继续进行工业化，以及靠深化社会分工以促使服务业继续吸收他们。

这里，我们无法对农村土地私有这个庞大的问题展开进一步的讨论，上述讨论也不能表明我们对于农村土地私有化的任何立场，但是印度著名经济学家 Sen (2003)的一段论述有必要引起我们的重视和思考："中国改革后能够充分利用的另一领域是她在土地改革中所取得的成就。在中国，当'责任制'作为改革的一系列措施中的一部分被引入的时候，中国并不需要处理土地所有权中的不平等就可以从改革中得到好处。而正是这种不平等断送了许多贫穷国家经济改革的希望。"

第四章

计划生育政策与农村人力资本投资

第一节　计划生育政策对社会经济发展的意义

中国作为世界第一人口大国和第一农业人口大国,曾在控制人口增长的政策方面经历了一定的徘徊和短暂的波折,但是从 20 世纪 70 年代初开始,中央和各级地方政府把计划生育作为一项基本国策在全国推行,对于控制人口总量的过快增长和提高人口质量起到了巨大的作用。下面先简要介绍一下中国计划生育政策的演变,然后讨论该政策对于中国社会经济发展的意义。

新中国成立后到 20 世纪 70 年代初,中国对于控制人口数量的增长和是否需要实行计划生育政策的认识是有所徘徊的,因而对于人口增长数量的控制政策也有所反复,中国计划生育领导小组直到 1968 年才得以成立。从 20 世纪 70 年代起,中国开始全面推行计划生育政策,1973 年提出"晚、稀、少"的方针:"晚"指推迟结婚以及生育第一胎的年龄,"稀"指拉长生育间隔到 4 年至 5 年,"少"则是指一对夫妇的生育要控制在三胎以内。1979 年又进一步提出了"晚婚、晚育、少生、优生"的政策方针。1980 年与 1982 年,中共中央先后发布《关于控制人口增长问题致全体共产党员、共青团员的公开信》和《关于进一步做好计划生育工作的指示》,提倡"一对夫妇只生一个孩子",对于有实际困难的家庭,允许他们生育两个孩子,但是不能生三个孩子,对于少数民族则放宽一些,城镇居民和国家干部、职工(除特殊情况外)则只能生一胎。从 1984 年到 1991 年,政府则调整了"一孩政策",控制人口增长的政策略有松动，规定城镇居民只能生一胎，农村则放宽为第一胎为女孩的家庭可以生二胎，简称为"一孩半政策"；同时，严禁超计划外二胎和多胎，少数民族允许二胎，个别可以生三胎，但不准生四胎。从 1992 年起，中国的计划生育政策一直保持稳定，并逐步走向法制化和规范化。同时，政策的实施方式也由单一地限制人口出生转变为多元化，例如，同时提供对于减少生育的激励，给予独生子女补贴或免除农村独生子女义务教育的学杂费等。当然，对生育数量的限制性政策依然在大部分领域内存在，例如，对于国家工作人员违反计划生育政策的，若干年内限制提干、提级、晋级或一票否决，不给予评先进，扣发奖金等；对个体或家庭则实行计划生育罚款；另外还实施若干惩罚措施，例如，不给超生子女发准生证和上户口，不给分宅基地和承包耕地等。

当然，在中国在实施计划生育政策的过程中，人口限制政策除了城乡之间的不同外，对于全国不同的省份和地区，限制人口增长的政策力度有很大不同。例如，郭志刚等（2003）曾总结了中国各地的人口控制政策并将其划分为如下四类：第一类地区实施严格的独生子女政策，包括上海、江苏、北京、天津、四川、重庆等 6 个省市；第二类地区实施独生子女和"一孩半政策"的混合政策，包括辽宁、黑龙江、广东、吉林、山东、江西、湖北、浙江、湖南、安徽、福建、山西等 12 个省市；第三类地区为实施"一孩半政策"及二胎以上的混合政策，包括河南、陕西、广西、甘肃、河北、内蒙古、贵州等 7 个省市；第四类地区实行二胎及以上的政策，包括云南、青海、宁夏、海南、新疆 5 个省市。

计划生育政策在中国的实施，对于控制人口数量的增长起到了至关重要的作用。例如，图 4.1 提供了中国自改革开放以来的人口出生率、死亡率和人口自然增长率的变动趋势，从中可以明显看出：自改革开放以后，中国的人口自然增长率基本上保持波动中下降的趋势；1978 年的人口出生率为 18.25‰，之后进行了一些波动，到 1986 年达到最高点的 22.43‰，然后便逐年下降。由于这个阶段的死亡率大约从 6‰上升到 7‰，人口出生率显著下降，所以人口自然增长率也显著下降。1978 年的人口自然增长率为 12‰，1987 年达到顶点的 16.61‰，然后到了 2009 年下降到 5.05‰，人口自然增长率在 30 年的时间里下降了一半。

资料来源:《中国统计年鉴》(2010)

图4.1 中国历年人口出生率、死亡率与自然增长率

根据王金营(2006)的研究,计划生育政策的实施首先起到了控制人口数量增长的作用,他利用人口动力系统的人口发展方程,通过对不同方案1972—2000年间人口变动的模拟比较后发现:在此期间中国累计少出生的人口数量为2.64—3.20亿之间,总人口累计少增加2.31—2.99亿。同时他的研究还发现:如果没有计划生育政策的实施,少年儿童的比重将仍然保持在33%以上,而老年人口的比重仍在6%以下,人口结构将保持为成年型。但从劳动年龄人口的比重看,实际人口中劳动年龄人口的比重在过去的30年里是逐步上升的,2000年达到68.70%。如果不实行计划生育和人口控制,则劳动年龄人口的比重只能保持在60%偏下,这无疑会形成较大的人口负担率。

计划生育政策在中国实施的重大意义显然不仅仅体现在上述方面,它对于提高人口质量还具有相当重要的作用。Becker和Lewis(1973)就曾提出著名的"QQ理论"——儿童的数量(quantity)和质量(quality)之间存在互相替代:在可供分配给这些子女的营养和人力资本投资数量一定的情况下,如果一个家庭养育更多的子女,那么每个子女所能接受到的营养和人力资本投资将会减少,从而对于他们的健康和教育带来负面影响。然而,现有研究并没有给出很多对于该理论的中国证据,也就是说,我们并不清楚中国的计划生育政策控制人口的出生数量是否起到了提高人口质量的作用。特别地,我们更关心中国的计划生育政策是否能够显著提高农村人口的教育水平。这是因为农村的低收入水平和信贷市场的不完善更容易导致中国人口的主体——农村居民的低教育水平和贫困陷阱,这将会对于经济的长期增长不利。为了检验上述问题,下一节将利用一个来自中国 10 个省份的大样本农户调查数据展开实证分析。

第二节 计划生育政策与农村青少年义务教育

一、研究问题的提出及文献综述

对于中国农村居民的婚育行为,我们可以观察到很多重要的现象,比如重男轻女在中国农村一直表现得非常突出,20 世纪 70 年代开始逐步实行严格的计划生育政策后,虽然人口增长速度有所降低,但是违反计划生育政策的在中国农村依然存在。实行"一孩半"政策后,很多家庭生第二胎的间隔时间并没有达到国家规定的生育间隔年限,超生情况在全国各地也都有出现。另外,在计划生育政策执行力度逐步加大及现代科技出现的情况下,农村家庭对子女的性别选择行为也越来越多,因而我们可以观察到新生儿童的性别比失衡的状况越来越严重,二胎、三胎的性别比逐步上升。针对这些现象,国内外的众多学者们已经展开了大量的研究,这些研究对于我们理解农村居民的生育意愿及行为具有重要意义,同时对于政府制定更加科学的人口政策也具有重要意义。

然而,通过文献综述我们发现:针对中国农村居民违反计划生育政策情况的研究并不多,违反计划生育政策的影响因素也不十分清楚,更重要的是,违反计划生育政策对子女教育的影响的研究则更是少见。本节的主要目的就是针对上述这两个问题展开研究。

有不少研究对农村居民的婚育意愿及行为展开了分析,总体而言这些研究主要从两个方面展开:农村居民的婚育意愿及生育行为的决定因素。下面我们来简要回顾一下这两方面的相关研究成果。

周长洪和黄丽华(1996)对温州泰顺农村不同经济收入水平家庭的妇女生育意

愿进行了调查,发现农民家庭的富裕程度对育龄妇女生育意愿具有显著影响:第一,家庭经济收入与子女数量需求强度呈反向变化趋势;第二,家庭经济富裕水平与子女成才质量期望强度呈正向变化趋势;第三,传宗接代是农村家庭的主导生育动机;第四,社会环境制约因素是促使农村低收入家庭妇女少生的主要因素,主观价值判断因素是激发高收入家庭少生的主要因素。解振明(1997)对中国东部经济较为发达的农村进行了调查,发现农村经济改革引起了中国农民生育需求的变化,女性地位的提高逐渐改变了人们对男孩的偏好,人们逐步认识到女孩在农村生产生活和家庭养老中也能同男孩一样发挥重要作用;当然,现实生活需求的变化同生死精神生活的需求并没有发生根本转变,受传统风俗习惯和心理需求的影响,仍然有很多农村家庭希望生育男孩,或儿女双全。周长洪和徐长醒(1998)基于1997年对广西资源和浙江温岭两地的750个调查样本,分析了农民生育观念和生育动机变化的深层次社会经济原因,特别对近年来出现的符合二胎生育政策并且到达规定生育间隔年限,但却主动推迟或放弃二胎生育的行为的动机及其成因进行了探讨。另外,陈字和邓昌荣(2007)等人基于2004年中国健康与营养调查数据对中国52岁以下在婚、离婚和丧偶女性分阶段的生育意愿进行了实证分析,结果发现:她们的兄弟、姐妹数量对其生育意愿有正向的影响,其中异性兄弟姐妹数量的影响尤为显著;她们的年龄、受教育程度对生育意愿的影响为负;她们工作的政府背景越强,生育意愿越低,拥有农村户口的女性比拥有城市户口的女性倾向于生育更多的子女。

除了上述针对农村居民婚育意愿的研究外,还有很多学者研究了居民的生育行为并得出了很多有意义的结论。例如,金和辉(1995)对内蒙古、青海、甘肃、宁夏4省区11个贫困县330个农户的抽样调查资料分析后发现:首先,女性的期望生育数量低于男性,且性别偏好倾向较男性弱;其次,女性的自主生育决策权受到限制,而受教育和参与生产的程度是影响其生育权的最重要因素,其中初中文化水平是生育率降低的转折点;第三,人均收入高于500元的农户的生育率随收入增加不再出现显著变化,而低于500元的贫困农户生育率显著高于其他农户。张风雨(1998)根据1992年生育率抽样调查的数据,运用多层次Logit回归分析方法从个体、社区、县级和省级四个层次研究影响农村育龄妇女个体生育水平的因素,结果发现：除年龄因素外，农村育龄妇女不同孩次生育概率的影响因素有很大差异，低孩次生育概率的主要影响因素为社会经济发展水平和计划生育政策，而随着孩次的增加，社会经济对其影响作用逐渐减小。李树苗等（1998）应用 1991—1992 年中国农村妇女就业和生育抽样调查数据比较了上海嘉定县、山西孝义县和陕西洛川县妇女的就业状态、性别偏好和生育行为之间的关系，发现妇女就业水平和生育之间的关系在区域之间有很大不同。妇女的就业类型对生育行为没有影响，而妇女的男孩偏好对此有很大影响。这些结果表明社会经济发展水平、计划生育政策和执行程度以及文化特征显著决定了妇女就业和生育之间的关系。陆杰华等（2005）基于深圳市龙岗区流动人口计划生育管理与服务状况调查数据对深圳流动育龄妇女的生育行为进行了分析，结果表明：对生育行为最大的影响因素是生育意愿，而经济因素对生育行为的影响是双向的，一方面经济水平的提高可以产生孩子质量——数量的替代效应，另一方面，在生育意愿没有改变之前，经济水平提高对生育行为会有促进作用。另外，任强和傅强（2007）利用 2001—2004 年湖南省县级面板数据分析了影响当地人口边际生育行为的因素，并验证了莱宾斯坦所提出的边际生育行为决定理论，同时还发现：各县经济发展水平对于当地多孩率有非常显著的影响，但收入水平、非农业化过程等因素的影响与经济发展的影响并不同步，收入水平的提高可能会对多孩率产生正向影响。

另外，针对中国居民生育行为的观察可以看出一个显著的现象：随着孩次的上升，性别比例越来越失衡，男孩相对于女孩的比例越来越高。例如，王燕（1995）利用 1988 年的生育节育抽样调查资料分析了妇女已经生育子女的性别对妇女以后的生育行为的影响，发现二胎及二胎以上的生育中有 13％由性别偏好造成，多胎生育中，有 28％由性别偏好造成。Chu（2001）的研究提供了中国农村地区存在通过堕胎而进行的性别选择的证据，她发现：在被调查者中，几乎有将近一半的怀孕者曾通过做 B 超来确定未出生婴儿的性别，而一旦二胎被 B 超确认为女婴后，那些头胎为女孩的家庭有 90％都选择了堕胎。陈卫（2002）利用 1997 年中国人口与生殖健康调查数据对性别偏好对于妇女生育行为的影响进行了分析，发现性别偏好对中国妇女在家庭组建、避孕使用、流产选择、生育间隔等方面具有重大影响，回归模型的检验结果表明：已出生子女的性别结构对其后来的生育有重要影响，主要表现在纯女户妇女的生育行为与其他妇女有巨大差别,且在男孩偏好得到满足后进一步表现出性别双全取向。刘爽(2005)利用 1997 年、2000 年和 2001 年的调查数据考察了中国育龄夫妇生育"性别偏好"和性别选择行为的基本状况与特征,认为生育"性别偏好"及其相应的生育性别选择行为是作用于人口出生性别比失常背后的关键性内在动因。同样地,张仕平和王美蓉(2006)等人运用多次全国人口普查和抽样调查的数据对我国农村出生性别比失衡的原因展开了研究,认为性别选择行为是农村出生婴儿性别比失衡的直接原因,而性别价值观是农村出生婴儿性别比失衡的根本原因。但农民的性别价值观有其现实的合法基础,所以他们认为调整农村出生婴儿性别比失衡的根本出路在于改变农民的现实生活条件。

上述研究虽然从不同角度对中国农村居民的生育行为展开了研究,并得到了一系列有意义的结论,但是现有研究却普遍忽视两个重要问题:首先,几乎没有研究试图去分析家庭违反计划生育政策的决定因素是什么,而这一问题对于中国这样的人口大国无疑具有非常重要的意义,它对于政府制定更加完善和更加科学的计划生育政策也同样具有重要意义。其次,虽然现有研究注意到了违反计划生育政策而导致的性别比失衡,但是少有研究关注农村居民违反计划生育政策对于子女教育的影响,这个问题对于中国尤为重要,因为它直接关系到农村地区人力资本的积累,对于未来中国农村甚至整个中国的经济增长和社会发展都具有十分重要的影响。本节的研究则试图通过实证研究来解决上述两个问题。

二、数据描述

本节使用的资料来源于 2003 年委托国家统计局农村社会经济调查总队(以下简称农调队)所做的调查。问卷调研过程采用了四步抽样法:第一步,在各地"经济发展水平"(以人均 GDP 衡量)的基础上,从全国省、市、自治区中随机选取 10 个,它们分别是中国东北地区的吉林省、辽宁省、黑龙江省,东部沿海地区的山东省、江苏省,中部地区的河南省、安徽省、湖北省、河北省,以及西部地区的四川省;第二步,国家统计局农调队从各个省中分别随机选取 3 个县或县级区,总共得到 30 个县;第三步,再从这 30 个县中分别随机选取 10 个村,从而得到 300 个村;第四步,在这 300 个村中分别随机选取 10 个农户,最终得到了 3 000 个农户样本。通过在

2003 年对这 3 000 个农户样本进行实地调查，农调队较为全面地收集了 2002 年这些农户的收入、支出、借贷及其家庭经营活动的详细情况。除此之外，还通过采访村支书或村委会的其他成员完成了对应的村级水平的问卷调查。

本章附录中提供了本节所使用的调查数据中相关指标与国家统计局公布的相关指标的对比，这种对比说明我们所使用的样本是具有全国代表性的，因而能够满足我们研究的需要。

为了考察样本居民对于计划生育政策的违反情况，我们将考察时限确定在 1984 年以后有新生儿出生的农户，分别考察各个家庭是否违反了国家规定的生育间隔年限以及是否有超生。本节所使用的调查数据显示：在 3 000 个农户中，从 1985 年到 2002 年，曾经有 622 个农户违反了不同胎次的生育间隔年限要求，有 597 个农户曾经有过超生。当然，这些违反政策情况的发生大多集中于 20 世纪 90 年代之前。

三、理论假说的提出与实证检验

为了考察农村居民违反计划生育政策的决定因素，本节重点考察家庭收入水平、育龄夫妇的受教育程度及年龄等因素对于育龄父母是否会违反计划生育政策的影响。下面我们首先简要分析这几个基本因素所可能产生的影响。

家庭收入水平显然是其是否违反计划生育政策的重要因素之一，而且我们可以预料它与育龄父母是否违反计划生育政策之间不会存在着简单的一次线性关系，理由在于：

首先，从养育子女的成本角度看，是否超生或不按照规定的生育间隔年限生育二胎会对年轻父母养育子女的时间成本以及教育投资产生重要影响。收入水平低的父母预期到超生的结果会导致未来培养子女需要大量的支出，或者两胎之间的间隔太短会导致教育支出因为两个孩子更密集地接受教育而在某些时间段内显著上升，而如果生育的间隔年限拉长，则可以平滑家庭用于两个孩子的教育支出，所以，他们可能会不倾向于违反计划生育政策，即少生和（或）加大生育间隔。同时，由于违反计划生育政策会导致罚款，所以低收入家庭会因为无力承受罚款而更少地选择违反政策。对于高收入家庭，他们可能更有能力承受更高的教育支出和因为违反计划生育政策而导致的罚款，从而能够倾向于违反计划生育政策，但是随着收入水平的提高,因为教育子女而带来的时间成本上升,使得父母的闲暇因为抚养子女而减少,所以这种力量会促使他们更少地违反计划生育政策。家庭是否选择违反政策的决策还要取决于这两种力量的净效果。

其次,根据 Becker 的人力资本投资理论,生育和培养子女被认为是父母的一种投资。对于低收入农户,他们可能会更有激励多生育子女,从而通过子女数量的增加来改变家庭的贫困状况。特别地,当农村地区还没有建立起健全的养老保障体系时,"养儿防老"仍是中国农村居民生育子女的主要动机,所以低收入农户可能会更倾向于违反计划生育而超生。而且,即使有罚款的威胁,对于低收入农户而言,他们可能会选择"破罐子破摔"的策略,比如选择超生后逃避罚款等。所以在这种情况下,低收入农户可能会更倾向于违反计划生育政策。对于中高收入农户而言,情况则可能相反。

根据上述两种理论机制,可以得出家庭经济收入对于是否违反计划生育政策的不同影响。首先,我们可以预期:家庭的收入水平或财富状况与其是否违反计划生育政策之间并非是简单的一次线性关系。其次,现有基于中国农村居民的研究发现:家庭经济收入与子女数量需求强度呈反方向变化(周长洪、黄丽华,1996),生活环境好的地区倾向于有更低的总和生育率(康晓平、王绍贤,1998)。同时,随着中国农村经济的发展,出现了部分地区的农村居民主动推迟或放弃二胎生育的现象(周长洪、徐长醒,1998)。所以,农村居民收入水平的提高可能会对多孩率产生正影响(任强、傅强,2007)。基于上述研究及分析,我们可以预期:随着农户收入水平的提高,他们违反计划生育政策的可能性会上升,但是当家庭的收入水平上升到一定程度之后,家庭选择违反计划生育政策的倾向会降低。所以我们提出第一个理论假说:

假说 4.1　农户的家庭收入水平与违反计划生育政策成倒 U 型关系,随着家庭收入水平的上升,家庭违反计划生育政策的倾向会先上升,到了一定程度后则会下降,即那些较贫困和较富裕的家庭更不会倾向于违反计划生育政策。

由于拥有的是截面数据,为了检验假说4.1,我们还需要进一步的准备工作,我们并不能直接得到各个家庭在当初违反计划生育政策时的收入水平,而只能观察到这些家庭在被调查时的收入水平。实际上,如果能够有面板数据,这一问题就能够很好地得到解决。但是在拥有截面数据的情况下,我们可以借助于经济学的理论假说来解决,即 Friedman(1957,1963)所提出的"永久性收入假说"。根据他的这一假说,家庭的收入和消费都可以划分为永久性和暂时性两部分,永久性消费由永久性收入决定,而暂时性消费则由暂时性收入决定,家庭的永久性收入由人力资本、金融资本和物质资本三个因素决定。根据这一理论我们认为:从经济学角度看,家庭是否选择违反计划生育政策也主要是由其永久性收入水平决定的,暂时性收入并不会对其生育决策产生重要影响。同时,家庭是否违反计划生育决策的一个关键因素是未来承担的子女教育成本和未来的养老问题,而育龄父母在考虑现在是否违反计划生育政策时,至少会权衡未来的永久性收入、未来的子女教育成本和未来的养老问题。所以在本节中,我们将考察家庭的永久性收入对于育龄父母是否违反计划生育政策的影响。同时,从计量经济学上看,用家庭的永久性收入作为家庭收入水平的代理变量也更严谨。基于上述理由,我们需要先推算出家庭的永久性收入水平,然后再检验假说 4.1。

根据 Friedman(1957,1963)的"永久性收入假说",我们采取如下计量方法:首先,我们根据调查时家庭的相关信息构造一个家庭收入决定方程,方程中的变量都是被调查时的家庭信息,然后我们根据观察到的该家庭违反计划生育政策的时间计算出当时育龄夫妇的年龄,接着将他们当时的年龄、受教育程度、耕地面积、房屋价值、家庭成员数量这几个变量代入到上述收入决定方程中,推算出该家庭违反计划生育政策时的永久性收入。表 4.1 提供了家庭收入决定方程中的变量的定义。

表 4.1 家庭收入决定方程中的变量的定义

变量名称	变量定义
ln(家庭收入)	家庭收入水平的对数
父亲年龄	被调查时父亲的年龄
母亲年龄	被调查时母亲的年龄
父亲受教育年限	父亲所接受的教育的年限
母亲受教育年限	母亲所接受的教育的年限
ln(房屋价值)	家庭所拥有的房产的价值的对数
家庭成员数量	被调查时家庭成员的数量
村人均耕地面积	所在村的人均耕地面积
平原	家庭所在地是不是平原
丘陵	家庭所在地是不是丘陵

根据上述分析,我们可以利用调查数据拟合收入方程,被解释变量为家庭收入的对数,结果如表 4.2 所示。从表 4.2 的回归结果可以看出:大部分变量的回归系数符号都与经济理论所预测的符号保持一致,其中父亲的年龄和受教育程度都对家庭收入水平具有显著的影响,母亲的年龄对收入水平有正的显著影响,但是母亲的受教育程度对家庭收入水平没有显著影响。

表 4.2 收入决定方程的回归结果

解释变量	ln(家庭收入)	解释变量	ln(家庭收入)
父亲年龄	−0.011 4***	村人均耕地面积	−0.037 2*
	(0.004 4)		(0.022 1)
母亲年龄	0.011 1**	平原	0.119 8***
	(0.004 6)		(0.032 6)
父亲受教育年限	0.026 2*	丘陵	0.059 3*
	(0.014 4)		(0.034 8)
母亲受教育年限	−0.007 3	常数项	7.863 3***
	(0.013 7)		(0.103 0)
家庭成员数量	0.113 7***	观察值	3 000
	(0.009 1)	调整 R^2	0.125 7
ln(房屋价值)	0.109 3***	F 检验	F 值 = 48.73
	(0.009 9)		

注:括号中的数值为标准误;*、**、*** 分别表示在 10%、5%、1% 的水平上显著。

我们可以根据 Friedman 的"永久性收入假说"将由人力资本、金融资本和物质资本决定的收入部分作为永久性收入。另外,根据 Bhalla(1980)、Musgrove(1979)和 Paxson(1992)等通过回归方法分解永久性收入的研究,本节用违反计划生育政策时父母的年龄、父母的受教育程度、家庭房屋价值的对数、村人均耕地面积这几个变量作为永久性收入的决定因素,根据表 4.2 中报告的回归结果推算出家庭违反计划生育政策时的永久性收入水平。

为了考察家庭是否违反计划生育政策的影响因素并检验假说 4.1,我们给出 Probit 模型,被解释变量为家庭是否曾违反了计划生育政策规定的生育间隔年限以及是否超生。我们将推算出来的永久性收入及其平方作为模型中的关键变量,另外还将父母的受教育程度、育龄父母的年龄、家庭成员的数量、家庭所拥有的房产价值的对数、家庭所在村的人均耕地面积、家庭所在地的地势、各省虚拟变量也都在回归中加以控制。①表 4.3 报告了对假说 4.1 的检验结果。

表 4.3　违反计划生育政策的决定因素分析(Probit 模型)

解释变量	是否违反生育间隔年限	是否超生
永久性收入	0.000 8***	0.000 6***
	(0.000 1)	(0.000 1)
永久性收入的平方	−2.0e-08***	−1.24e-08***
	(3.70e-09)	(3.15e-09)
父亲年龄†	0.033 0**	0.066 8***
	(0.013 33)	(0.013 6)
母亲年龄†	−0.011 5	0.024 4*
	(0.014 2)	(0.014 4)
父亲受教育年限	0.099 0**	0.074 5*
	(0.039 38)	(0.041 5)
母亲受教育年限	0.163 6***	0.065 2
	(0.040 3)	(0.042 2)
平　原	−0.241 1	−0.778 1***
	(0.164 1)	(0.166 9)
丘　陵	0.032 1	−0.642 7***
	(0.173 5)	(0.178 6)
村人均耕地面积	0.028 8	0.004 6
	(0.075 6)	(0.079 7)
房屋价值	−0.000 017***	−0.000 015***
	(2.34e-06)	(2.44e-06)
河北省	0.384 2**	0.241 4
	(0.157 2)	(0.170 1)
辽宁省	−0.508 4**	−0.704 3***
	(0.212 8)	(0.231 9)
吉林省	0.349 9**	0.492 7***
	(0.149 7)	(0.161 1)
黑龙江省	0.331 7**	0.416 8***
	(0.148 2)	(0.160 3)

---

① 在控制 10 个省份的虚拟变量时,我们选择了江苏省作为比较的基准。

续表

解释变量	是否违反生育间隔年限	是否超生
安徽省	0.907 5***	0.985 8***
	(0.142 5)	(0.152 2)
山东省	0.593 1***	0.606 6***
	(0.147 7)	(0.156 1)
河南省	0.492 6***	0.624 2***
	(0.144 3)	(0.153 6)
湖北省	0.993 6***	0.821 0***
	(0.143 9)	(0.154 6)
四川省	0.102 3	0.329 7*
	(0.165 0)	(0.176 6)
常数项	−8.451 5***	−8.620 8***
	(0.807 0)	(0.739 3)
观察值	3 000	3 000
拟 R^2	0.216 9	0.276 1
LR 检验	$\text{Prob} > \chi^2 = 0.00$	$\text{Prob} > \chi^2 = 0.00$
对数似然值	−1 195.823 0	−1 080.806 7

注:† 指违反计划生育政策时父母亲的年龄;括号中的数值为标准误;*、**、*** 分别表示在 10%、5%、1%的水平上显著。

从表 4.3 中的回归结果可以看出:无论家庭是否曾经违反生育间隔年限还是是否曾超生,永久性收入的一次项都显著为正,而二次项都显著为负,这证明了永久性收入与家庭是否违反计划生育政策成倒 U 型关系,所以本节提出的假说 4.1 不能被推翻。

另外,从表 4.3 的结果中还可以看出:父母的年龄和受教育程度对于家庭是否违反计划生育政策也有着显著的影响;父亲的受教育程度对于违反生育间隔年限和超生都有正向的显著影响,说明父亲的受教育程度在边际上的提高反而会增加他们违反计划生育政策的概率;母亲的受教育程度的影响则略有不同,它对于家庭违反生育间隔年限的概率有显著正的影响,但是对于家庭超生的概率却没有显著影响。

由于现有研究几乎都没有考察过家庭违反计划生育政策的后续影响,本节下面就针对这一问题展开实证研究。根据前面的分析,违反计划生育的间隔年限会使得子女之间的年龄差距缩小,从而会需要父母进行更密集的教育投资,而如果不同子女之间的年龄差距扩大,父母便更可能采取各种措施来平滑不同子女的教育支出;同样道理,超生会导致家庭养育的子女增加,从而会直接增加父母的教育支出。所以,违反生育间隔年限以及超生都会增加父母对子女的教育投入,在家庭收入有限的情况下,违反计划生育政策会在边际上增加子女辍学的概率。特别当农村缺乏完善的信贷市场时,密集地进行多个子女的教育投资会使得面临收入约束的父母无法利用信贷市场来平滑教育支出,因而不得不让(部分)子女放弃接受(更多的)教育。

本节除了关心家庭是否违反计划生育政策对于子女教育的影响外,还关心的另一问题是:家庭违反计划生育政策对于女孩是否有所不同。这一问题来源于人口经济学针对广大发展中国家的众多发现。比如,Astone 等(1999)的研究发现,在给定的文化背景下,常常存在家庭对于不同性别和年龄的成员给予不同待遇的现象。例如,在包括中国在内的亚洲地区,父母常常要依靠儿子来养老,所以很多经济学家及政策制定者都对发展中国家的女孩可能会相对于男孩得到更少的资源表示了担忧。性别偏好在南亚地区表现得更加明显(Behrman, 1988, 1992, 1998; Rose, 2000),这种对于男孩的偏好从而导致了不同的生育率(Chowdhury and Bairagi, 1990)、不同的婴儿死亡率(Das Gupta, 1987; Kishor, 1993; Muhuri and Preston, 1991),甚至会导致不同的人口、政治和社会结构(Johnson, 1996; Li, 1995; Park and Cho, 1995)。同时,基于对中国农村地区的观察,我们可以发现在子女的教育上也同样存在着重男轻女的现象。

所以,基于上述两方面的原因,我们提出第二个理论假说:

假说4.2 违反计划生育政策会提高学龄儿童的辍学率,对后续的子女教育带来负面影响;并且,由于重男轻女的存在,违反计划生育政策对于学龄女孩的教育的负面影响会更大。

为了检验这一假说,我们首先筛选了样本中有学龄儿童的家庭。由于中国绝大多数省份目前都已经实行了九年义务教育,所以我们选择了有 8—17 岁学龄儿童的农户样本,如果该家庭中有这个年龄段的子女,那么父母就理应让他们在学校里接受义务教育,如果没有,则表明了他们的学龄子女正在辍学。根据这一原则,在我们的 3 000 个样本家庭中,有 8—17 岁学龄子女的家庭为 1 601 个。

为了检验假说4.2,我们设计了一个 Probit 回归模型,被解释变量为有学龄儿童的家庭中是否有子女辍学,这是一个 0—1 变量。我们关心的解释变量有四个,前两个变量是家庭违反生育间隔的年限以及超生数量,另两个变量是它们与家庭中的学龄女孩数量的交互项。前两个控制变量是为了考察违反计划生育政策对于子女教育的直接影响,而后两个交互项是为了考察违反计划生育政策对于女孩是否存在更显著的影响。另外,我们还控制了前面推算的家庭永久性收入水平、父母的教育程度,以及村人均耕地面积和地理位置和省份虚拟变量等。表 4.4 报告了模型回归的结果。

表 4.4　违反计划生育政策对学龄儿童辍学影响

解释变量	是否有学龄子女辍学			
	模型 1	模型 2	模型 3	模型 4
违反生育间隔的年限	0.187 2**	0.183 2**	0.245 2***	0.237 6***
	(0.077 8)	(0.077 8)	(0.048 4)	(0.048 7)
超生数量	0.328 3**	0.315 2**	0.507 2***	0.498 4***
	(0.132 9)	(0.133 0)	(0.084 5)	(0.084 5)
违反生育间隔的年限·学龄女孩数量	0.055 7	0.052 2		
	(0.063 5)	(0.063 5)		
超生数量·学龄女孩数量	0.185 8*	0.190 1*		
	(0.100 8)	(0.100 8)		
永久性收入	0.000 02	0.000 3	0.000 04	0.000 28*
	(0.000 03)	(0.000 2)	(0.000 03)	(0.000 16)
永久性收入的平方		−7.98e-09		−7.84e-09
		(5.47e-09)		(5.29e-09)
父亲受教育年限	−0.043 5	−0.051 5	−0.066 3	−0.074 4
	(0.065 6)	(0.065 9)	(0.065 0)	(0.065 3)
母亲受教育年限	−0.173 8***	−0.173 3***	−0.164 3**	−0.163 4**
	(0.066 0)	(0.066 1)	(0.065 5)	(0.065 6)
平　原	−0.060 2	−0.112 2	−0.080 8	−0.133 1
	(0.229 0)	(0.231 6)	(0.228 2)	(0.230 9)
丘　陵	−0.254 8	−0.297 9	−0.255 6	−0.299 5
	(0.243 7)	(0.245 6)	(0.242 7)	(0.244 8)

续表

解释变量	是否有学龄子女辍学			
	模型 1	模型 2	模型 3	模型 4
村人均耕地面积	0.056 0	0.047 6	0.070 9	0.062 1
	(0.112 6)	(0.112 7)	(0.111 7)	(0.111 8)
房屋价值	−6.95e-07	−1.36e-06	−1.97e-06	−2.74e-06
	(3.19e-06)	(3.31e-06)	(3.25e-06)	(3.38e-06)
河北省	0.080 6	0.082 9	0.072 3	0.073 2
	(0.266 3)	(0.266 6)	(0.265 6)	(0.265 9)
辽宁省	0.383 0	0.371 4	0.377 8	0.364 8
	(0.291 3)	(0.292 1)	(0.291 6)	(0.292 5)
吉林省	−0.101 2	−0.104 9	−0.098 7	−0.104 0
	(0.260 1)	(0.260 5)	(0.259 2)	(0.259 6)
黑龙江省	0.822 0***	0.824 7***	0.812 7***	0.815 7***
	(0.227 9)	(0.228 4)	(0.228 4)	(0.228 9)
安徽省	0.016 8	0.016 9	−0.025 0	−0.025 9
	(0.241 1)	(0.241 3)	(0.240 6)	(0.240 8)
山东省	0.373 0	0.361 8	0.352 1	0.338 7
	(0.232 8)	(0.233 0)	(0.232 8)	(0.233 1)
河南省	0.077 8	0.065 3	0.064 9	0.051 2
	(0.239 9)	(0.240 5)	(0.239 9)	(0.240 5)
湖北省	0.393 8*	0.400 1*	0.408 7*	0.414 7*
	(0.234 9)	(0.235 2)	(0.234 2)	(0.234 5)
四川省	0.415 1	0.442 2	0.407 3	0.432 8
	(0.264 5)	(0.265 0)	(0.264 4)	(0.264 8)
常数项	−1.553***	−3.240 9***	−1.684 1***	−3.357 47***
	(0.463 3)	(1.238 3)	(0.459 0)	(1.213 0)
观察值	1 601	1 601	1 601	1 601
拟 R^2	0.172 0	0.173 9	0.159 9	0.162 0
LR 检验	Prob＞χ^2=0.00	Prob＞χ^2=0.00	Prob＞χ^2=0.00	Prob＞χ^2=0.00
对数似然值	−505.69	−504.49	−513.03	−511.80

注：括号中的数值为标准误；*、**、*** 分别表示在 10%、5%、1% 的水平上显著。

根据表 4.4 中的结果我们可以得出如下结论：首先，在所有的模型中，违反生育间隔年限以及超生数量对于这个家庭是否出现义务教育阶段子女辍学的概率都有非常显著的影响：生育子女的间隔年限每减少一年，或者家庭每超生一胎，会导致这个家庭出现学龄子女辍学的概率显著地提高。其次，两个交互项对于家庭出现子女辍学的概率都有正的影响，但是第一个交互项不显著，第二个交互项在10％的水平上显著。这说明家庭违反生育间隔年限对于学龄女孩的影响并不显著异于学龄男孩。而在家庭出现超生的情况下，学龄女孩所受到的影响会比学龄男孩受到的影响显著得高，这表明违反计划生育政策对于女孩的教育的负面影响更强。根据这些结果，我们无法推翻本节所提出的假说4.2。另外，我们还可以从回归结果中看出：父母的受教育程度对于学龄子女辍学的概率都为负，并且在所有的模型中，母亲的受教育程度对于子女辍学的概率都有非常显著的抑制作用，母亲的受教育程度的提高能够显著降低该家庭出现子女辍学的概率。但是，父亲的受教育年限的回归系数虽然为正，却并不显著。

四、小结

本节基于对中国农村的观察提出了两个理论假说，并利用一个覆盖中国10个省份、3 000个农户的抽样调查数据检验了这两个假说。我们的实证分析发现：农村居民的永久性收入与违反计划生育政策的间隔年限和超生的概率成倒U型关系。而且，父母的受教育水平对于违反计划生育行为并没有显著的抑制作用，这表明在目前的情况下通过教育程度的提高未必能够轻易改变农村居民违反生育政策的行为。更重要的是，本节的研究发现违反计划生育政策对于子女的后续教育产生非常重要的负面影响，无论是超生还是违反生育间隔年限，都会显著提高九年义务教育阶段的学龄子女的辍学率，这种负面效应对于女孩的影响相对于男孩而言则更为显著，这表明农村居民违反计划生育政策对于女孩的教育尤为不利。本节的上述研究结果尤其应该引起政策制定者的注意，因为农村居民对于计划生育政策的违反将不利于农村地区的人力资本投资，从长期来看将不利于农村地区的经济增长，同时，由于这种负面影响对于女孩的影响更大。所以，违反计划生育政策除了不利于长期经济增长之外，还会对于社会结构、性别平等产生不良的影响，进而不利于农村地区和谐社会的建设。

第三节 中国目前要不要放松人口数量控制

中国在改革开放以后经历了30多年的持续快速经济增长,到2010年人均GDP按购买力平价折算已经达到2 400美元,因而也进入了世界银行所划分的中等收入国家行列。经济的持续增长和社会的快速发展也带来了其他一系列问题,例如收入差距持续扩大或持续存在、对外贸易主要为出口加工、出口产品因为技术含量低而在国际市场上遭受到越来越大的压力和竞争等等。这些负面因素的存在引发了国内社会各界和国际社会对于中国未来发展的担忧,即中国能否继续保持快速经济增长并顺利跨越中等收入陷阱。与这个问题相关的是,虽然过去30多年的严格计划生育政策控制了人口总量的增长,但是也推动或引发了一系列的人口问题,例如人口红利消失、劳动力短缺、人口老龄化程度加深、年轻人的养老负担加重等等;另外,计划生育政策也推动了性别比失衡问题,从而可能会带来婚姻问题并推动犯罪率上升(Lena et al.,2007),或者加剧了婚姻市场上的竞争而推动储蓄率的上升和消费的下降(Wei and Zhang,2009)。所有这些负面因素都在长期或短期内不利于中国经济的持续增长,因而有很多学者和政策制定者开始反思中国过去30多年的计划生育政策,或者担忧认为如果继续坚持计划生育控制人口数量,将会加剧上述问题而对未来的经济增长不利。

实际上,中国的计划生育政策对于上述呼吁或担忧早已有了体现。例如,现行的计划生育政策对于夫妇双方都是独生子女的,则允许他们生育第二胎,这是在有条件地放松数量控制,并希望通过这种松动来缓解养老负担过重等问题。然而更有学者和研究者呼吁中国应该尽快放弃计划生育政策,放弃对于人口数量的控制,通过增加人口数量来解决上述问题。对于这一观点或建议,我们认为应该持谨慎的态度,理由如下:

第一,要中国放弃的计划生育政策这一提法本身就不科学,这是因为中国的计划生育政策的功能并非仅仅在于控制人口数量,它还有很多提高人口质量的功能,即优生。比如,适当延长生育间隔年限将有助于父母平滑不同子女之间的教育投资支出,从而提高子女的受教育水平,上一节的实证检验就支持了这一点。另外,如前面第一节所述,现阶段中国的计划生育政策除了采取限制措施外,还实施了一些鼓励父母减少生育的措施,例如对于独生子女的补贴或各种优惠支持,这些更加人性化的措施在西方国家目前也在普遍采用,未来中国也完全有必要加强这方面的措施。所以即使中国现阶段要考虑放弃计划生育政策,也只能说是要放弃其中对于人口数量进行控制的部分政策,对于计划生育政策中提高人口质量的部分,毫无疑问还是需要继续长期坚持下去的。

第二,对于老龄化问题,我们还必须认识到它本身的定义和度量也需要"与时俱进",世界卫生组织制定的传统标准是:如果一个社会中 60 岁以上的老人达到总人口的 10%,它就属于老龄化社会,而新的判断标准则是 65 岁的老人占总人口的 7%。然而我们知道,自从人类进入工业社会之后,社会生产力快速增长,医疗条件和人类健康程度迅速改善,人体素质及预期寿命都迅速提高,如果继续无条件地沿用这种对于"老人"的定义,则会导致我们对于人口结构的错误认识。社会经济的进步使得我们对于"老人"的定义要进行适当的改变,而如果改变了定义,则人口老龄化问题以及与之相关的其他很多问题也就不那么严重了。一个简单的例子就是很多发达市场经济国家在延长退休年龄,这一方面是用来应对劳动力短缺,另一方面也表明现在的"老人"的身体素质不同于以前的"老人"的身体素质,他们依然有体力和能力继续从事劳动而不是退休。

第三,上述对于中国过去 30 多年里执行计划生育政策以控制人口数量所导致的问题的担忧和放弃计划生育政策的建议背后,基本上都蕴涵着这样的逻辑:放弃计划生育政策对于人口数量的控制有利于"缓解"人口老龄化、人口红利消失、养老负担过重、劳动力短缺等问题。这里我们需要慎重思考的问题是:如果放弃计划生育政策只能缓解而不能有效解决上述问题,那么我们现在是否要彻底放弃计划生育这项基本国策? 这里还有一个更重要的问题是:现有研究实际上还没有清楚地告诉我们计划生育政策到底在多大程度上推动了上述问题的出现,甚至更没有告诉我们计划生育政策是不是上述问题产生的根本原因。很显然,如果计划生育政策只是在很小的程度上加剧了上述问题,或者计划生育政策与上述部分问题的产生并没有因果关系,那么废除计划生育基本国策并不一定能有效地缓解上述问题。

第四,随着社会经济的发展以及人民生活水平和医疗条件的提高,人口老龄化是人类社会发展的必然趋势。对于中国人口老龄化的加深，生活和医疗条件的改善带来的预期寿命的提高是一个重要推动力，所以即使放弃了计划生育政策对于人口总量的控制，人口老龄化也迟早会到来。从这个角度看，即使放弃了计划生育政策，也只能在短期内增加劳动力的数量，它并不能有效解决社会经济发展的必然结果——人口老龄化。类似地，经济增长中的人口红利消失也是经济社会发展的必然阶段，换言之，还没有哪一个国家能够长时间依靠人口红利作为经济增长的持续动力。所以，即使中国放弃了计划生育政策，也只可能在短期内维持人口红利并有助于经济增长。上述逻辑也适用于用放弃计划生育政策来解决养老负担过重的问题，这是因为今天的新人会成为明天的老人，今天的新人虽然能够缓解今天的养老负担，但是却会成为明天的养老负担。同时，放弃计划生育政策如果带来人口总量的增加或急剧增加，则首先会带来婴儿的增加，在通过将近二十年左右的成长并转变为可以投入生产的劳动力之前，这个社会首先会面临着更高的婴儿养育成本问题，而它和养老问题同样也可能是经济增长的负担。

第五，通过放松计划生育政策来解决人口老龄化、劳动力短缺、人口负担过重等问题实际上在遵循着一种"头痛医头、脚痛医脚"简单逻辑，通过增加新出生人口的数量固然能够有利于缓解上述问题，但是这并不代表我们必须要或只能通过这种方法作为对策，我们还有其他有很多很多方法可以解决或有助于解决上述问题。

对于劳动力短缺问题，我们完全可以通过技术进步来解决，以效率更高的机器和电力替代效率低的人手和人力，这正是工业革命以来人类社会进步的关键特征，也正是工业化促进社会进步的动力。另外，根据我们对于工业化对农业和农村的渗透效应的研究发现[①]，中国的农民正在逐步利用效率更高的机械动力替代原始的人力和畜力，劳动时间明显降低。这说明我们正在，并且将来依然可以继续通过投入更多的机械动力来解放农村劳动力，从而为城市和工业以及服务业部门提供更多的劳动力，"从存量上做文章"同样可以达到"从增量上做文章"的效果。并且，用机器替代人手和把人从繁重的体力劳动中解放出来也是社会发展的必然方向和人类追求的目标，这显然是比通过"从增量上做文章"来解决劳动力短缺更符合历

---

① 参见本书最后一章关于中国农村经济发展经验总结中提供的相关数据。

史发展的趋势。

对于人口老龄化所导致的人口负担过重以及养老问题,我们也依然可以通过其他更符合历史发展趋势的方式来解决,那就是我们正在逐步建立的社会养老保险体制,即通过社会、通过劳动者在年轻时的储蓄来养老。也就是说,只要能够保证经济的持续增长,劳动力创造的社会财富保持快速增长,蛋糕做大了,社会分工深化后能够提供足够多的养老院(和幼儿园)等机构设施,这个社会在现在和未来就完全有能力赡养更多的老人和儿童。然而通过新增人口来缓解养老问题,显然是在遵循着传统的"养儿防老"的足迹前进。新中国成立后虽然也为农村居民建立了农村合作医疗以及"五保户"模式的养老体制,但是随着人民公社的解体和农村集体经济的崩溃,这些机制在市场化过程中几乎全部被破坏(特别是农村医疗保险体制)。目前中国政府正在努力建立覆盖城乡的医疗和养老保险体制,目的就是为了修复过去的发展道路中所忽略的问题。我们可以预见,城乡统一的养老和医疗保险体制的建立和完善都有利于老龄化和养老问题的解决,这也是未来中国经济发展道路的目标。

第六,能否通过放弃利用计划生育政策控制人口数量来缓解上述问题还要考虑生育意愿的变化以及城乡之间生育意愿的差异。现有研究所进行的调查显示,由于医疗和教育成本的显著上升,以及社会经济的发展和人们生活水平的提高,现在家庭的生育意愿已显著降低,并且由于城市居民面临着更高的养育成本(包括教育成本和住房成本等)以及享有更完善的医疗和养老保险体制,农村居民的生育意愿比城镇居民的生育意愿更高。在这种情况下放弃利用计划生育政策控制人口总量,一个必然的结果是导致新生人口中的农村居民占主体,而在政府的大部分优质教育资源集中投入在城市以及农村居民投入到子女教育上的资源更少的前提下,新生的农村人口并不都能接受到很好的教育,这将不利于中国人口整体教育程度的显著提高。

当然,随着社会经济的发展和人们生活水平的提高,家庭生育意愿的逐渐降低意味着通过计划生育政策控制人口数量的必要性越来越低。但是这并不能构成我们放弃利用计划生育政策控制人口总量的理由,除了因为我们可以通过其他很多途径来解决上述问题以外,最重要的理由在于人口数量和质量之间存在着替代关系。

第七,根据 Becker 和 Lewis(1973)的"QQ 理论",儿童的数量和质量之间存在替代性，本章第二节的实证研究也证实了农村家庭超生子女的数量会显著降低其子女接受义务教育的概率。基于这一点，我们认为如果新生人口的数量和质量之间存在替代性，那么提高人口的质量要优先于增加人口的数量。一个浅显的道理是：提高中国的人口质量和劳动力的技术创新能力才是维持未来经济持续增长的关键和根本。目前中国经济的比较优势依然在于拥有大量低成本、低技能的廉价劳动力，新增人口固然会有利于增加劳动力，但是它会固化中国在低技能劳动力方面的比较优势，从而不利于中国在全球化过程中参与竞争和参与世界分工，或者提升中国在世界分工链条中的位置。这是因为一个国家的人口质量以及创新能力决定了它的技术水平，从而决定了它在世界分工链条中的相对位置和能够分享到的收益。就中国的情况而言，低技能的劳动力只能推动附加值很低的出口加工贸易，并且已经和正在导致国际贸易的不平衡并招致各种压力，增加低教育的人口只能加强这种趋势。同时，"科教兴国"、科学发展、在全球化过程中成为世界强国等战略目标的实现，都必须依靠人口质量的提高而不是人口数量的增加。

同时我们还必须清醒地认识到，中国经济增长速度固然很快，但是总体发展水平还很低。特别地，政府用于教育的财政支出占 GDP 比重尚未达到 4%，这比其他很多发展中国家的比例还要低，更不用说与发达国家的巨大差距了。在政府教育支出还处于较低水平的情况下，或者在政府教育支出在短期内无法显著改善的情况下，增加人口数量显然更不利于提高人口的质量。

第八，中国现在是否需要或是否可以放弃计划生育控制人口总量的政策，还需要考虑其他方面的约束条件：首先，我们必须清醒地认识到中国是世界第一人口大国，全国 13 亿人口拥有 18 亿亩耕地，在不进口粮食的情况下，平均只能有 1.38 亩耕地来养活一个人。即使我们可以认为通过国际贸易购买粮食而不必追求粮食生产的绝对自给自足，但是农业生产现代化的目标必然要求更多的农村劳动力转移进入城市和工业及服务业部门，在这种情况下放松人口控制政策，必然会加重中国城市化和工业化的压力。另外，由于新中国成立后实施了城市倾向政策，历史欠账导致了城乡居民在公共服务方面的不均等，所以在城乡融合过程中，政府还面临着巨大的财政支出需求，实现现有人口规模下的城乡融合还需要相当长的时间。在上述约束下，放弃人口总量控制政策未必是明智之举。

　　当然我们必须承认,计划生育政策在控制人口数量和提高人口质量方面具有重大意义,但是它也确实还带来了其他一系列社会经济问题。例如,很多社会和经济学家都关注的性别比失衡问题。这一问题之所以重要,在于性别比失衡会对婚姻配对产生影响,并因此而可能推动犯罪率的上升。例如,Lena等(2007)基于中国的省级面板数据的实证研究认为中国的性别比失衡推动了中国犯罪率上升。Wei和Zhang(2009)的研究则认为,由于性别失衡导致婚姻市场上对于女孩的竞争加剧,会推动家庭储蓄的上升以增强在婚姻市场上的竞争力,从而推动全社会储蓄率的上升并不利于经济增长。对于这些问题,还需要考虑辅之以其他系列社会经济政策来解决。总之,我们认为中国现在和未来很长一段时间内的计划生育政策以及与之相关的公共政策还可以"在存量上做文章",只要能够显著提高人口质量,就能够创造经济持续增长的根本动力,中国作为世界第一人口大国,在人口"存量上做文章"同样大有可为。

附录:本章使用的数据中的若干指标与国家统计局指标的对比

附表1　样本农户纯收入和人均耕地与 NBS 数据对比

	纯收入(元)		人均耕地(亩)	
	本章	NBS	本章	NBS
河　北	3 381.9	2 685.16	1.3	1.916 002
辽　宁	3 816.7	2 751.34	3.03	2.705 638
吉　林	3 451.4	2 300.99	4.31	5.796 744
黑龙江	4 473.9	2 405.24	4.39	9.341 18
江　苏	4 872.7	3 979.79	1.08	1.449 79
安　徽	3 054.8	2 177.56	1.37	1.749 556
山　东	4 375.0	2 947.65	1.17	1.638 787
河　南	2 923.0	2 215.74	1.48	1.538 392
湖　北	3 545.2	2 444.06	0.99	1.874 479
四　川	3 458.8	2 107.64	0.95	1.991 868

　　注:NBS(National Bureau of Statistics,国家统计局)人均耕地面积根据《中国统计年鉴2006》上公布的各省耕地面积和《中国农村统计年鉴》(2003)上公布的各省乡村人口数量计算而来。

附表2　样本农户收入的构成与NBS数据对比

	工资性收入比		家庭经营收入比		财产性收入比		转移性收入比	
	本章	NBS	本章	NBS	本章	NBS	本章	NBS
河　北	0.336 7	0.388 7	0.627 4	0.560 9	0.005 2	0.028 9	0.030 7	0.021 6
辽　宁	0.199 0	0.371 0	0.751 6	0.588 3	0.008 8	0.015 5	0.040 5	0.025 2
吉　林	0.092 0	0.169 1	0.878 0	0.811 8	0.010 3	0.000 2	0.019 7	0.019 0
黑龙江	0.112 7	0.156 6	0.817 0	0.773 8	0.024 2	0.039 7	0.046 2	0.029 9
江　苏	0.474 7	0.501 0	0.477 8	0.447 6	0.005 8	0.015 4	0.041 7	0.036 1
安　徽	0.243 0	0.334 2	0.696 5	0.616 2	0.019 0	0.014 7	0.041 6	0.034 9
山　东	0.208 0	0.358 5	0.736 0	0.586 4	0.009 4	0.015 6	0.046 6	0.039 5
河　南	0.241 1	0.255 9	0.686 7	0.699 0	0.035 3	0.146 0	0.037 0	0.030 4
湖　北	0.234 0	0.270 9	0.723 7	0.693 3	0.002 2	0.005 8	0.040 1	0.030 0
四　川	0.234 5	0.337 5	0.725 8	0.615 2	0.007 8	0.012 8	0.031 9	0.034 5

注:NBS数据为农村居民家庭纯收入构成,来自《中国农村统计年鉴》(2003)第304页。

附表3　样本农户的劳动力受教育程度比例与NBS数据对比

	文　盲		小　学		初　中		高　中		中　专		大专及以上	
	本章	NBS	本章	NBS	本章	NBS	本章	NBS	本章	NBS	本章	NBS
河　北	3.50	2.58	21.11	24.39	58.01	57.54	14.61	13.12	1.85	1.82	0.93	0.56
辽　宁	1.61	1.79	26.18	26.01	58.96	60.15	9.66	8.46	2.70	2.51	0.89	1.07
吉　林	2.71	2.93	30.52	30.72	52.21	54.83	12.31	9.25	1.49	1.78	0.75	0.49
黑龙江	2.74	2.34	27.71	29.33	58.33	57.51	7.99	8.31	1.35	1.90	1.87	0.61
江　苏	6.65	7.23	25.05	26.41	51.14	52.26	13.41	11.21	2.08	1.86	1.66	1.04
安　徽	11.85	10.95	24.82	27.42	52.60	51.98	8.52	7.31	1.55	1.87	0.66	0.48
山　东	7.32	5.49	23.76	24.47	50.14	52.56	14.36	13.97	2.70	2.95	1.73	0.55
河　南	6.35	6.61	18.60	21.63	58.86	57.48	13.13	11.88	2.19	1.93	0.88	0.46
湖　北	5.64	5.19	28.72	30.73	48.57	51.17	12.55	10.45	3.61	2.02	0.90	0.44
四　川	9.94	8.62	34.73	38.87	45.83	44.96	7.15	5.91	1.12	1.42	1.23	0.22

注:NBS数据来自《中国农村统计年鉴》(2003)第37页。

附表 4　样本农户消费结构与 NBS 数据对比

	食　品		衣　着		居　住		家庭设备及用品	
	本章	NBS	本章	NBS	本章	NBS	本章	NBS
河　北	40.90	38.92	7.22	7.40	13.95	21.61	6.49	4.65
辽　宁	47.84	45.00	5.97	8.19	16.02	13.88	4.06	3.90
吉　林	43.46	44.09	6.94	6.81	17.21	15.93	4.24	3.83
黑龙江	42.30	41.60	6.24	6.81	19.80	20.86	3.70	3.43
江　苏	40.12	39.89	5.03	5.25	21.08	21.09	4.01	4.94
安　徽	45.31	47.46	5.52	5.12	16.45	18.44	4.09	4.42
山　东	41.00	41.96	6.27	6.52	16.16	16.80	4.29	4.82
河　南	47.42	48.02	7.62	6.46	17.46	18.12	4.99	4.42
湖　北	46.29	49.98	4.47	4.62	15.53	13.50	3.69	4.10
四　川	52.89	53.87	5.71	4.99	12.91	13.47	4.03	3.97

	医疗保健		交通和通讯		文教娱乐		其　他	
	本章	NBS	本章	NBS	本章	NBS	本章	NBS
河　北	8.98	6.72	6.93	7.48	12.86	10.63	2.66	2.61
辽　宁	6.57	6.50	6.34	8.10	11.51	11.70	1.70	2.74
吉　林	6.52	7.86	6.39	7.87	12.73	10.84	2.52	2.78
黑龙江	7.46	7.18	7.72	7.47	10.09	10.31	2.68	2.32
江　苏	5.65	5.44	8.05	7.78	12.87	12.48	3.20	3.12
安　徽	6.34	4.95	7.72	6.14	11.63	10.87	2.96	2.68
山　东	6.31	6.39	8.62	7.80	14.23	12.83	3.12	2.88
河　南	5.70	5.08	5.46	5.33	8.06	9.20	3.35	3.37
湖　北	5.41	5.18	5.45	5.67	14.11	13.34	5.03	3.61
四　川	5.50	4.92	5.24	5.32	10.20	10.97	3.52	2.50

注：NBS 数据来自《中国农村统计年鉴》(2003)第 289 页。

第五章

村民选举与农村公共品的需求与供给

20 世纪 70 年代末开始推行的家庭联产承包责任制一方面显著解放了农村的生产力并促进了中国农村经济的发展,另一方面也为农村的政治发展和农民的政治参与奠定了基础。1982 年颁布实施的《中华人民共和国宪法》明确规定了村民委员会是中国农村基层社会的自治组织,它确立了村民委员会的法律地位。从 1986 年开始,中国的部分省份开始试行村民选举。而随着 1998 年修订后的《村民委员会组织法》的颁布实施,农民的民主权利在制度上得到了更加完善的保障。对于中国这样一个农业人口占多数的发展中大国,村民直接选举村长引起了世界范围内的众多社会学家的关注,他们的研究对于我们理解中国农村基层民主制度的决定因素和它对于社会经济的影响具有重要意义。本章的主要研究目的是从理论角度分析村民选举对于农村公共品供求的影响,并利用农户调查数据进行实证检验。本章之所以要研究村民选举对农村公共品供求的影响,有以下两方面的原因:

第一,随着农村家庭联产承包责任制在中国农村的确立以及人民公社的解体,原来主要由人民公社提供大部分农业生产的公共品的方式逐步发生转变,例如道路、水利灌溉设施、卫生所、小学等基本上都转由村集体作为主要的供给者。同时,20 世纪 90 年代中国农村推行税费体制的改革以减轻农民负担。在这一背景下,基层乡镇政府征收各种费用的权限被限制或取消,农业税和其他相关税收也被相继取消,导致基层政府供给公共品的资金约束变得更紧了。在这种情况下,村民直接选举村长到底对于村集体供给公共品产生了什么样的影响,是一个非常值得研究的重大理论和现实问题。

第二,现有研究所关注的村民是否参加选举的决定因素主要是他们所面临的经济环境以及个人特征,而这些研究所无法回答的一个重要问题是:"村民为什么要参加选举?"这是一个看似浅而又浅但又不得不问的问题,因为它直接关系到我们对于村民选举为什么能够改变被选举的村领导的行为和决策的理解。我们有理由相信被选举的村干部会调整村集体的公共支出结构,但是现有理论却无法回答如下问题:被选举的村干部会如何调整村集体的支出结构? 他们的调整是否一定会有利于大多数村民? 如果投资决策在不同的村民之间有分歧时会出现什么结果? 另外,现有研究虽然发现了各地经济发展状况对于村民选举行为具有重要影响,但是我们却还能观察到如下重要现象(Oi and Rozelle, 2000; Oi, 1996):一是工业化和集体经济程度较高的农村的村民参与选举的热情并不高;二是在那些外出务工人数不多且以土地收成为主的农村,村民参加选举的积极性很高;三是农村的产业结构也会影响村民的选举参与决策。所以,我们希望对实行村民选举制度后的这些现象给出进一步的经济解释。

第一节　村民参加选举的经济激励

一、文献综述

目前国内外有很多学者从经济学、社会学、政治学等不同领域出发对中国的村民选举进行了研究。从经济学的角度看,这些研究主要分成两大领域:村民选举的经济影响以及村民选举行为的决定因素。

经济学家对于村民选举的经济影响的关注点之一在于它是否有利于直接或间接提高村民的福利水平和是否有利于农村社会经济的发展。有很多研究考察了村民选举是否有利于提高或改善村集体对于公共品的供给以及减轻村民的税费负担,并基本上都得出比较积极的结论。比如,Zhang 等(2004)基于浙江省的研究发现:村民选举显著增加了村庄的人均公共支出,同时也显著减少了人均税费筹资额。刘荣(2008)基于1987—2000年的一个面板数据研究了村民选举对村级公共支出和管理效率的影响,发现村民选举能够有效地提高村庄公共支出,并减少管理费用。罗仁福等(2006)的研究也发现:村民选举可以有效地促进农村公共投资的增加。王淑娜和姚洋(2007)运用1986—2002年48个村庄的面板数据研究了村民选举对村委会问责、地方财政以及国家税收的影响,发现村民选举增加了村庄预算中公共支出的比例,减少了行政支出以及上交给乡镇政府的份额。当然,村民选举对于公共品投资的增加并不是无条件的,例如,张晓波等(2003)的研究发现:村民选举有助于村集体收入的增加,且主要来自企业上缴的税收,但是私营企业数目的增多却增加了村集体向企业征税的难度,所以他们认为单靠村民选举不一定能增加村财务支出中公共投资的比例,而只有真正实现决策权的分担以后,公共支出中用于公共投资的比例才会增加。另外,Kennedy等(2004)的研究发现:相对于政府指定候选人,由村民提名候选人的选举所产生的村干部在关于土地分配的决策中对村民更加负责任。另外,也有些研究考察了村民选举对于其他方面的影响。例如,Yao(2006)研究了村民选举对于农村治理和收入分配的影响,发现农村选举虽然有制度上的缺陷,但仍然改善了农村治理状况并提高了农民生活水平,并且能够通过影响公共投资使穷人相对于富人而言受益更多,从而降低了收入的不平等;他们的另一个研究则发现:引进选举制度使得村级基尼系数降低6.4%—8%,并且在首届选举后的第3—6年间,选举降低收入分配差距的效果最显著(沈艳、姚洋,2006);Gan等(2006)的研究则发现:村民选举有助于减少疾病冲击给农民收入带来的负面影响,并且这种效应对较穷的农民更明显。

关于村民参加选举的影响因素,经济学家们的研究大多发现:经济发展水平、产业结构、社会资本、村民的个人特征等都对是否参加选举具有重要影响。例如,O'Brien(1994)的研究发现:农村经济发展水平和农民的选举参与度呈正向关系,在经济状况较好的地区,农民的参与度比经济发展滞后的地区要高,但Lawrence(1994)根据河北省的调查却提出了相反的观点。Oi和Rozelle(2000)的研究则发现:在工业化和集体经济程度高的农村,村民和村干部的选举参与热情都不高,而在那些外出务工人数不多且以土地收成为主的村,村民参加选举的积极性就很高。另外也有研究发现:农村产业结构以及同外界之间的联系也会影响村民的选举参与决策(Oi,1996),还有研究发现社会资本对于村民是否参加选举具有重要影响,例如,孙昕等(2007)的研究发现:村民对基层政府的"政治信任"越高,其参与选举的倾向就会更高。类似地,胡荣(2006)的研究也发现:社团因子和社区认同因子对村民的参与选举起着积极的作用。最后,也有很多研究考察了村民的受教育年限、年龄、性别、是不是中国共产党员等个人特征对于他们是否参加选举的影响(肖立辉,1999;胡荣,2006;胡荣、王泉超,2008)。

二、理论假说的提出

从上面的文献综述中可以看出,关于中国村民选举的研究者实际上还面临着很多重要问题需要进一步回答:村民为什么要(会)参加选举? 为什么工业化和集体经济程度较高的农村的村民选举参与热情不高? 为什么那些外出务工人数不多且以土地收成为主的村的村民参加选举的积极性很高? 为什么农村产业结构也会影响村民的选举参与决策? 在这些问题的背后,其实隐藏着一个重要的机制,就是村民作为理性经济人,他们参加选举的行为背后也一定具有某种经济激励,而这种经济激励的存在可以联通关于村民选举的两大研究领域——什么因素影响村民参加选举、为什么选举会改变被选村干部的行为以及改变的方向是什么,理由在于:具有某种经济激励的村民参加选举,然后通过选举行为来改变被选举村干部的决策,并且被选举村干部的决策必然要针对选民的经济激励作出调整,因为被选举干部也是理性的经济人,如果不对选民的经济激励作出反应,他们会预料到这将影响选举结果。本节将从这一角度出发对上述问题给出一个初步的回答。下面我们首先展开理论分析并提出理论假说。

我们首先可以借助于 Tiebout(1956)的地方财政支出理论来考察村民参加选举的经济激励。[①]这一理论认为:如果作为消费者的选民具有完全的流动性,那么地方政府的财政收入和支出结构就将会根据选民的需求而进行调整。将这一理论应用于分析中国农村的村民选举,我们可以将村集体视为该理论中的地方政府,进

---

① 当然,我们的目的并不是为了直接检验 Tiebout(1956)的理论,而是借助于这个理论的思想来考察村民参加选举的决定因素。

而可以推断：如果选民希望村集体能够提供他们所需要的公共品，那么他们就有激励参加选举，并通过投票来影响村集体对于他们所需要的公共品的投资；反之，如果村民所需要的公共品不能由村集体来提供，他们就没有什么经济激励去参加选举，因为选举的结果不会影响他们所需要的公共品的供给。虽然中国的农民因为户籍制度而没有完全的流动性，但是他们对是否参加选举有完全的自主决策权，在参加和不参加的决策上他们具有完全的"流动性"。所以，从公共品的供给和需求的角度看，村民参加选举的经济激励来自他们对村集体所能提供的公共品有需求，这种需求水平越高，他们就越有激励参加选举，因为只有参加选举，他们才有可能利用自己的选票使得村集体的公共投资或支出来增进自己的福利。

我们都知道，村委会的一个重要功能就是为村民提供公共产品，例如小学（或中学）、诊所、水利设施、道路、治安管理等，而村委会的重要领导——村长是不是被选举出来的，会对村集体的公共品供给决策产生重要影响，这一点早已被大量研究所证实。所以，我们可以基于上述理论分析推断：如果一个村集体不能够为某个村民提供他所需要的公共品，那么这个村民就没有什么经济激励去参加选举，比如，一个大部分家庭成员经常外出打工的农户对于本村的水利设施和道路可能有很低的需求，所以他们的家庭成员可能没有激励去参加村长的选举，作为理性的经济人，他们也没有必要通过自己的选票去改变村集体对于水利设施和道路的投资决策；类似地，一个子女都已经进入了高中阶段的家庭，对于村集体是否提供和提供多少对村小学的公共投资可能并不关心，所以这样的家庭也没有太多的激励通过选票来改变村集体对于小学的投资决策。基于不同村民对村集体的公共品的需求异质性，我们可以推测：对于村集体所能够提供的公共品具有不同的潜在需求会导致不同村民对于是否参加选举具有不同的激励。对村集体所能够提供的公共品的潜在需求水平越高，村民就越有激励参加选举，因为只有通过参加选举来改变被选村领导的行为，才有可能使得村集体更好地满足他们的公共品需求。

基于上述分析，我们将重点分析村集体能够提供的三种公共品的潜在需求水平对于村民是否参加选举的影响：水利设施、医疗机构和学校。为了检验这三种潜在需求的影响，我们在实证中给出如下的度量方法：第一，我们用农户上一年度来自农业的人均收入来度量他们对于村水利设施的潜在需求水平。这样做的理由很简单:一个农户进行的农业生产越多,就越需要公共水利设施为其农业生产提供服务,若农户主要从事非农业生产而不需要本村的水利设施,这个村集体是否提供或提供多少水利设施对他们的福利水平几乎没有什么影响,这样他们自然就没有激励参加选举。第二,我们用农户上一年度的医疗支出来度量他们对于村医疗机构的潜在需求水平。理由在于:一个农户的医疗支出越多,则说明该农户经常有家庭成员患病,所以他们就会对能够提供便利的医疗服务的村医疗机构具有较高的需求水平,反之,家庭成员大都非常年轻而健康的农户(这样的农户有很少的医疗支出),对于村集体是否提供服务于村民的医疗机构可能不会那么关心①。第三,我们用农户有 13 岁以下儿童的数量度量他们对于小学(或小学质量)的潜在需求水平。这是因为:在中国农村,小学一般由所在村的村集体提供(或者提供部分资助用于校舍维护以及学校的日常运转)②,如果农户有或将来会有要上小学的儿童,他们自然会希望村集体加大对于村小学的投资力度,比如维修教室或者发放更高的工资以提高民办教师的待遇,或者吸引更好的教师来教学等,这样,他们的子女将会从这种投资中受益。而没有学龄儿童的农户,对于村集体是否会采取积极措施增加村小学的投资并不会有积极的态度。总之,不同的农户对于村集体所能提供的不同公共品会具有不同的潜在需求,而这些需求必然会给他们是否参加村民选举的行为带来重要影响。

我们可以基于上述理论分析提出理论假说:对于上述三种公共品的潜在需求

---

①　当然,有不少村的卫生所是私营的,因而可能并不存在着村集体对于卫生服务的供给;但是我们认为:有一部分卫生所是村集体所有的,也有部分是村所有而承包给了乡村医生,同时,有些村卫生所对于农村地区的儿童免疫等公共服务还承担着责任。当上述情况存在时,可能会得到村集体的部分资金支持;而且有调查显示,目前依然有一些村卫生所能够得到来自村集体的补贴或资金支持。而且对于被承包的村卫生所而言,它的所有权在集体,村集体在对于是否承包、承包给谁以及对于任何所有权的卫生所的地点的设置等都可能有一定的影响力。因而,我们认为村民依然可以通过选举行为来推动被选举的村干部改变对于卫生所的决策。

②　在调查年份,有相当部分的农村小学由于学龄儿童数量减少而出现撤并的现象,同时,农村义务教育经费管理体制和农村税费体制的改革也使得村集体不再通过对农民征收各种税费来支持村小学。但是,这里我们需要注意的是,农村税费体制和农村义务教育经费体制的改革只是不再对农户征收各种教育附加费,但是在很多地区还继续对乡镇企业、村办企业、私营企业等征收,村委会在农村教育事业附加费的征收方面还承担了相当一部分责任。所以,这个环节的存在还可以保证村民通过选举来影响村集体对于农村义务教育供给的决策。

水平越高的农户，其家庭成员就越有激励参加村民选举，反之则反。下面我们利用一个来自中国的农户调查数据进行实证检验。

三、实证检验

1. 资料来源

本章使用的资料来源于中国人民大学社会学系和香港科技大学社会科学部联合主持的 2005 年中国综合社会调查（China General Social Survey，CGSS）。此次调查采取多阶段分层抽样的方法，在全国 26 个省市、100 多个区县中随机抽取了 10 151 个家庭，然后在每个家庭中选取一个成年人作为被调查者。本节则使用了该调查中的农村样本，其中对应的村信息来自村干部问卷调查数据。

2. 变量定义与统计描述

表 5.1 提供了本节实证分析所需要的全部变量的定义，其中，"*election*"是因变量，即被调查者是否参加了上一轮的村民选举；"*irrigation*"、"*clinic*"和"*pschool*"是我们所关心的三个自变量，它们分别度量农户对于村集体能够提供的三种公共品的潜在需求水平。除了上述三个变量之外，我们将在回归中控制其他两类变量，一类是被调查者的个人特征，包括年龄、年龄的平方、受教育年限、性别、婚姻状态、是否为中国共产党党员等；第二类是被调查者所在村的信息，包括所在村的人均收入水平、到乡镇和县城的距离等。另外，我们还同时控制了被调查农户在上一年度所缴纳的税费及东部和中部地区虚拟变量。之所以控制税费，是因为从理论上讲，村集体和上级政府征收的税费可能是村集体用于公共品投资的重要部分，它的数量会直接影响到村民是否参加选举。

表 5.1　变量的定义

变　量	变 量 定 义
election	被调查的家庭成员是否参加了村民选举（1＝是；0＝否）
irrigation	农户去年的人均农业收入的对数
clinic	农户去年的医疗支出的对数
pschool	农户家中 13 岁以下儿童的数量
age	被调查者的年龄

续表

变　　量	变 量 定 义
age^2	被调查者的年龄的平方
edu	被调查者的受教育年限
gender	被调查者的性别（1＝男；0＝女）
marriage	被调查者是否已婚（1＝是；0＝否）
communist	被调查者是否为中国共产党党员（1＝是；0＝否）
tax	被调查者所在家庭上一年度上缴的税收
distance1	被调查者所在家庭到乡镇的距离（单位：公里）
distance2	被调查者所在家庭到县城的距离（单位：公里）
villavinc	被调查者所在村的人均收入水平（单位：元）
east	被调查者所在省份是否属于东部地区（1＝是；0＝否）
middle	被调查者所在省份是否属于中部地区（1＝是；0＝否）

表 5.2 提供了各个变量的统计描述，从中可以看出：在 2005 年，有 70％的被调查者参加了上一轮的村民选举，他们的平均年龄为 44.5 岁，平均受教育年限将近 6 年，被调查的样本中的男性和女性基本相当，绝大部分被调查者都已婚，7％的被调查者是党员。下面我们利用这个数据来检验前面提出的理论假说。

表 5.2　变量的统计描述

变　　量	均值	标准差	最大值	最小值
election	0.70	0.46	1	0
irrigation	1.80	0.16	2.24	0.87
clinic	6.01	2.18	11.26	0
pschool	0.62	0.80	5	0
age	44.53	13.16	68	18
gender	0.51	0.50	1	0
edu	5.76	3.79	23	0
marriage	0.96	0.20	1	0
communist	0.07	0.25	1	0
tax	134.06	246.07	6 130	0
distance1	5.87	5.33	38	0
distance2	29.72	22.03	115	0
villavinc	1 874.22	1 175.84	7 400	50
east	0.35	0.48	1	0
middle	0.35	0.48	1	0

3. 实证检验

由于被解释变量是被调查者是否参加了村民选举,所以我们将采用非线性的 Probit 模型和 Logit 模型,之所以同时使用两种模型,是因为 Probit 模型要求方程的残差是正态分布,而这个假设往往未必一定能够满足,所以我们也同时使用 Logit 模型以比较计量结果的稳健性。表 5.3 报告了模型的回归结果。

表 5.3　实证模型回归结果

变　量	Probit 模型	Logit 模型
irrigation	0. 338 ** (0. 159)	0. 575 ** (0. 267)
clinic	0. 032 *** (0. 012)	0. 054 *** (0. 020)
pschool	0. 080 *** (0. 012)	0. 133 *** (0. 020)
age	−0. 001 *** (0. 000)	−0. 001 *** (0. 000)
age²	0. 154 *** (0. 055)	0. 263 *** (0. 093)
gender	0. 027 *** (0. 008)	0. 045 *** (0. 013)
edu	0. 270 * (0. 141)	0. 575 ** (0. 267)
marriage	0. 270 * (0. 141)	0. 429 * (0. 229)
communist	0. 231 * (0. 118)	0. 425 ** (0. 212)
tax	−0. 000 ** (0. 000)	−0. 000 ** (0. 000)
distance1	0. 004 *** (0. 001)	0. 006 *** (0. 002)
distance2	0. 002 (0. 005)	0. 004 (0. 009)
villavinc	0. 000 *** (0. 000)	0. 000 *** (0. 000)
east	−0. 262 *** (0. 071)	−0. 429 *** (0. 120)
middle	−0. 061 (0. 066)	−0. 103 (0. 111)
常数项	−2. 799 *** (0. 387)	−4. 682 *** (0. 646)
观察值	2 780	2 780
拟 R^2	0. 051 4	0. 051 6

注:括号中的数值为稳健标准误;*、**、*** 分别表示在 10%、5%、1%的水平上显著。

从表 5.3 中可以看出,无论是在 Probit 模型中还是在 Logit 模型中,我们所关心的三个自变量都至少在 5%的水平上显著,而且其他变量的符号以及显著性在两个模型中的差异也都不大,所以我们可以从这些回归结果中得出如下结论:对于水利设施、学校和医疗机构这三种公共产品有较高潜在需求的村民会更有积极性参加村民选举,所以我们提出的理论假说无法被推翻。

　　另外,我们还可以从其他控制变量的回归结果中得出一些有意义的结果:首先,年龄的一次项显著为负而二次项显著为正,说明年龄与参加选举的概率成 U 型关系,但是由于调查样本的最小年龄也为 18 岁,根据一次项和二次项计算的拐点也远远小于 18 岁,所以这其实表明年龄的增长会显著增加村民参加选举的概率;其次,男性、已婚村民和党员相对于女性、未婚和非党员村民而言,参加选举的概率更高,受教育水平的提高能够提高村民参加选举的概率,这些结果与现有其他研究的结果都保持一致。

　　综合上述回归分析,我们发现本节度量的村民对于三种公共品的潜在需求水平对于他们是否参加选举的都具有显著的促进作用,这一结果蕴涵的启示在于:对于村集体所能够提供的公共品的潜在需求水平越高,村民就越有激励参加选举,因为只有通过参加选举,才有可能改变村集体对于公共产品的供给行为,从而对大多数选民有利。本节的理论分析与实证检验结果直接而清晰地揭示出了村民是否参加选举的经济激励,加深了我们对于村民是否参加选举的决定因素的理解,也同时为我们理解为什么村民选举会影响村集体的公共品供给决策和有利于经济发展提供了证据。

四、小结

　　虽然有很多经济学文献考察了中国农村选举的影响因素及其对于村集体公共品投资的影响,但是却很少有研究回答"村民为什么会参加选举"这一简单而重要的问题。本节首先基于 Tiebout(1956)关于地方政府的财政支出理论提出了一个关于村民选举的理论假说,度量了村民对于村集体所能够提供的三种公共品的潜在需求水平,然后基于 2005 年的 CGSS 调查数据(以下简称 CGSS2005 数据)进行了实证检验,结果发现农户对这三种公共品的潜在需求水平确实能够显著增加他们参加选举的概率。另外,我们的结论也为回答或理解如下问题提供了一个视角:为什么工业化和集体经济程度高的农村的村民选举参与热情不高? 为什么那些外出务工人数不多且以土地收成为主的农村的村民参加选举的积极性很高? 为什么农村产业结构也会影响村民的选举参与? 本节的结论表明:由于工业化或集体经济程度的不同,以及由于外出打工农户比例的不同,导致不同地区的农户对于村集体所能提供的公共品有着不同的潜在需求，那些更多的"离土"或"离乡"的农户对于村集体所提供的水利设施、学校和医疗机构的潜在需求水平更低，所以他们参加村民选举的积极性自然就不同。

本节的研究直接揭示了村民是否参加选举的经济动因，并且联通了这个领域内的两个问题：村民为什么要参加选举以及为什么选举会影响被选举的村领导的公共品投资决策。本节的分析认为，村民因为对村集体提供的公共品的需求而参加选举，从而他们的选票可以影响被选举领导的决策对他们的需求作出反应，所以，村民选举能够对地方经济发展产生积极的影响。这一分析为我们理解村民选举行为的决定因素提供了经验证据，同时也为公共政策的制定和理解中国农村基层民主与经济的发展的进程提供了重要的证据。最后需要说明的是，数据的可获得性地限制了本章的实证研究，如果有农村税费改革前的调查数据，我们可以更容易地揭示村民对于各种公共品的需求的影响机制。尽管如此，我们的理论假设和检验对于其他选举的研究或者在数据可获得的情况下的研究具有重要的启示意义。

第二节　村民选举对增加农村公共品供给的影响

从 1986 年开始的村民选举作为中国农村的一个重要现象，引起了世界范围内众多学者的关注。而村民参与选举能否提高村级公共品的供给水平并改善其供给结构则是众多经济学者关注的焦点问题，但是很少有文献从村民公共品需求异质性的角度展开研究。因此，本节将从村民公共品需求异质性角度出发，利用CGSS2005 数据研究村民参与选举是否会促使公共品供给的增加，而当选村领导是否会对选民的异质性公共品需求作出反应，并作出迎合选民不同公共品需求的供给决策。

在前文的文献综述中我们指出，现有经济学领域的研究基本上都发现了村民选举有利于村集体作出对选民有利的公共品供给决策，但是却没有解释这背后的经济机制到底是什么。虽然一些研究考察了村民参加选举的决定因素，但是这些研究所关注的主要是村民所面临的经济、社会环境以及个人特征，而没有回答一个重要的问题："村民为什么要参加选举?"如果选举产生的村领导没有能够对选民的公共品需求作出反应,那么就可能会削弱村民参加选举的积极性,这会导致他们不参加选举,我们可以将这一决策称为"用脚投票";或者,当选民预期到某些候选人未来可能不会对他们的公共品需求作出反应时,那么他们就可以将选票投给其他候选人,我们可以将这一决策称为"用手投票"。根据上述两种情形,我们从理论上可以得到选民与被选村领导之间的互动关系,而这种互动关系会导致不同的选举行为和后果。在这一互动关系框架下我们知道,不同的选民对于村集体所能够供给的公共品必然会有不同的需求,而现有关于村民选举的理论所没有解释的问题是:当不同的选民对于同一种公共品有不同的需求时,村领导该如何决策? 特别地,当不同选民之间的公共品需求有冲突时,村领导又该如何决策? 这些问题的答案对于我们理解村民选举的影响具有重要意义,而且对于公共政策的制定和中国基层社会民主制度的发展具有重要意义。本节的目的就是实证检验选民对村集体所能提供的公共品的异质性需求对该种公共品的供给是否会产生影响。

一、理论假说与检验方法

Tiebout(1956)的地方财政支出理论认为:如果作为消费者的选民具有完全的流动性,那么地方政府的财政收入和支出结构就将会根据选民而进行调整。我们可以基于这一理论的逻辑来分析中国的村民选举行为。如果村民希望村集体提供他们所需要的公共品,那么他们就有激励参加选举。虽然中国的农民因为户籍制度而没有完全的流动性,但是在是否参加选举行为上,他们有完全的自主决策权,因此他们在是否参加选举上具有完全的"流动性"。所以在村民对于是否参加村民选举具有完全流动性的条件下,他们是否参加选举就是一个完全理性的选择。由于村领导是否由选举产生将直接影响他们对于村集体事务的决策,所以如果村民希望村集体为他们提供某些公共品,他们就会通过"用手投票"来选择能够满足自己公共品需求的候选人;否则,如果村集体或者当选村领导不能提供他们所需要的公共品,他们就可以"用脚投票",即不参加村民选举。从公共品的供给和需求角度看,村民参加选举的经济激励来自他们对村集体所能提供的公共品具有需求。而村民基于这种需求参与选举,会促使村集体对其异质性需求作出相应反应,调整支出结构和作出迎合不同选民需求的供给决策。因此,我们可以基于上述分析提出本节的理论假说:村民基于村集体所能提供的公共品需求而参与选举会促使该种公共品供给增加;而选举产生的村领导会对选民的异质性公共品需求产生反应,作出迎合选民需求的供给决策。

为了检验村民参与选举是否会促使村集体增加他们所需要的不同公共品的供给,我们需要度量选民需要村集体为其提供的公共品以及村集体对不同公共品的投资支出。本节的检验原理及度量方法如下:首先,本节使用的调查数据对每个村都随机抽样了 10 个农户,然后在每个农户中随机抽取一个成年人作为被访者,询问他们是否参加了最近的一轮村民选举。由于是随机抽样,所以这 10 个左右的农户参加村民选举的情况能够代表整个村的村民选举参与情况,同时这 10 个农户对于村集体提供的各种公共品的需求也能代表整个村的村民对于各种公共品的需求水平。其次,这 10 个农户中参加选举的越多,就越有可能通过参加选举的行为促使村集体对他们的不同公共品需求作出反应;反之,参加选举的被访者越少,村集体越有可能不对他们的公共品需求作出反应。基于上述机制,我们将这 10 个农户的不同公共品需求与他们是否参加选举做交互项,然后将这些交互项加总①,来度量这 10 个左右的农户所在村的选民对于不同公共品的需求水平,然后考察选民的公共品需求水平是否会促使村集体增加这些公共品的投资。

二、实证检验

基于 CGSS2005 数据,我们可以度量出选民对于村集体能够提供的三种公共品的需求水平,它们包括:学校、医疗机构和水利设施。类似于上一节的做法,我们首先以被调查农户中 13 岁以下儿童的数量来度量该农户对于所在村的学校这种公共品的需求;其次,我们用农户上一年度的医疗总支出来度量该农户对于所在村的医疗机构这种公共品的需求;最后,我们用农户的耕地面积来度量该农户对于所在村的水利设施这种公共品的需求。有了上述三个度量之后,我们分别将它们与

---

① 由于有的村被调查的农户数目不等于 10,我们先将交互项加总,然后除以该村被调查的农户数并乘以 10,从而将每个村的样本标准化为 10 户,这样可以保证不同村之间的度量指标具有可比性。

该农户是否参加了村民选举交互,再对每个村的 10 个左右的农户交互项进行加总,即得到每个村被调查的 10 户左右居民中选民对于上述三种公共品的需求。然后,我们将考察这三个加总的交互项对于该村的学校、医疗机构和水利设施这三种公共品供给的影响。对于这三种公共品的供给,我们分别用调查所得当年该村用于学校、医疗机构和水利设施的公共建设支出数量来度量。

本节的主要目的是考察村民选举是否会促使村领导在进行村公共品投资决策时对选民的公共品异质性需求作出反应,所以对于村领导的决策而言,其实是在预算约束的条件下实现选民福利最大化,而当不同的选民对于不同的公共品有不同的偏好时,村领导会权衡各种因素对不同的公共品投资分别作出相应的决策。所以我们关心的村集体对于学校、医疗机构和水利设施的投资决策实际上是同时被决定的,而且这三部分投资都受到村财政状况的约束。鉴于这种情况,我们不能够利用 OLS 模型来考察选民需求对于村集体的公共品投资决策的影响,而是需要利用联立方程来进行研究。这个联立方程组由三个方程构成:第一个方程的被解释变量为村集体对于学校的建设支出,我们关心的解释变量为选民对于村小学的需求水平;第二个方程的被解释变量为村集体对于医疗机构的建设支出,我们关心的解释变量为选民对于医疗机构的需求水平;第三个方程的被解释变量为村集体对于水利设施的建设支出,我们关心的解释变量为选民对于水利设施的需求水平。另外,除了控制选民对不同公共品的需求水平外,我们还在三个方程中控制了其他两类变量:第一类变量是所在村的信息,包括村人均纯收入、村到县城的距离等;第二类变量反映了村的财政收支情况,包括村办集体企业数目、村办私营企业数目、村全年财政收入、村除了前述三种公共品之外的其他公共建设开支等。最后,为了能够识别上述三个方程,我们还需要至少三类外生变量作为工具,我们采用的工具变量是所在村的三种公共品存量,包括村学校数目、村学校的教师数目,村医疗机构数目、村医疗机构的医护人员数目,村耕地面积、村有自来水的农户数。由于这些变量对于村领导目前的投资决策而言都是事先已经决定了的,所以我们可以认为它们是外生变量。有了这三类变量后,我们就可以识别出联立方程模型中的三个方程。表 5.4 给出了联立方程模型中所有变量的统计描述。

表 5.4 变量的统计描述

变　　　量	均值	标准差	最小值	最大值
学校建设开支（单位：元）	16 088.18	112 167.30	0	1 800 000
医疗机构建设开支（单位：元）	5 681.65	36 404.23	0	570 000
水利设施建设开支（单位：元）	8 957.39	34 549.89	0	410 000
选民对学校的需求（单位：所）	4.03	2.92	0	18
选民对医疗机构的需求（单位：元）	12 031.59	13 272.95	0	84 500
选民对水利设施的需求（单位：个）	19.36	25.77	0	197
村学校数目（单位：所）	1.24	0.67	1	6
村学校的教师数目（单位：人）	17.32	14.80	1	100
村医疗机构数目（单位：所）	2.04	1.20	1	7
村医疗机构的医护人员数目（单位：人）	4.71	7.46	1	80
村耕地面积（单位：亩）	2 548.65	2 457.77	81	16 100
村有自来水的农户数（单位：户）	226.91	305.48	0	2 600
村到县城的距离（单位：公里）	29.50	21.71	0	115
村办集体企业数目（单位：个）	0.21	0.64	0	5
村办私营企业数目（单位：个）	2.37	4.46	0	30
村人均纯收入（单位：元）	1 899.23	1 228.33	50	7 400
村全年财政收入（单位：元）	373 050.60	1 483 205.00	0	17 400 000
村其他公共建设开支（单位：元）	37 357.32	103 894.60	0	990 000

　　从表 5.4 中可以看出，在被调查年份中，被调查各村在学校、医疗机构、水利设施上的平均支出分别为 16 088.18 元、5 681.65 元、8 957.39 元。平均来说，被调查村参与选举的农户共有 4 个 13 岁以下的儿童，参与选举的农户在上一年的医疗开支平均为 12 031.59 元，参与选举的农户耕地面积共有 19.36 亩。被调查各村学校数平均有 1 所，学校教师数平均有 17 人；村医疗机构平均有 2 所，村医疗机构的医护人员平均有 5 人；村平均耕地面积为 2 548.65 亩，有自来水的农户平均有 227户。村到县城的平均距离有 29.50 公里；村办集体企业平均不到 1 个，最多的村有5 个；村办私营企业平均有 2 个，最多的村有 30 个；平均每个村的人均纯收入为1 899.23 元，全年财政收入为 373 050.60 元，除了前述三种公共品之外村其他公共建设开支为 37 357.32 元。而且从表 5.4 中各个变量的标准差可以看出，这些变量的变异程度还是比较高的。

　　根据前述分析，为了检验本节所提出的假说，我们建立了由三个方程所组成的联立方程模型，表 5.5 报告了我们利用 CGSS2005 的农村调查数据进行回归的结果,其中所有价值变量在回归中都取了对数。

表5.5 联立方程回归结果

	学校建设支出		医疗机构建设支出		水利设施建设支出	
	系数	t值	系数	t值	系数	t值
选民对学校的需求	0.113*	1.771				
选民对医疗机构的需求			0.000	0.648		
选民对水利设施的需求					0.006	0.751
村学校数目	0.297	1.026				
村学校的教师数目	−0.031**	−2.268				
村医疗机构数目			−0.099	−0.696		
村医疗机构的医护人员数目			0.033	1.443		
村耕地面积					−0.000	−1.237
村有自来水的农户数					0.001	0.951
村到县城的距离	−0.011	−1.144	0.002	0.276	−0.002	−0.156
村办集体企业数目	0.080	0.261	0.167	0.611	0.716**	2.244
村办私营企业数目	−0.005	−0.113	0.083**	2.014	0.028	0.580
村人均纯收入	0.490**	2.348	0.108	0.597	0.473**	2.098
村全年财政收入	0.128*	1.806	0.127**	2.021	0.144*	1.951
村其他公共建设开支	0.199***	4.546	0.123***	3.144	0.287***	6.319
常数项	−7.393**	−2.502	−2.329	−0.898	−7.050**	−2.204
观察值	399		399		399	
Wald检验	Prob > χ^2 = 0.00		Prob > χ^2 = 0.00		Prob > χ^2 = 0.00	
R^2	0.109 4		0.092 4		0.199 7	

注:*、**、*** 分别表示在10%、5%、1%的水平上显著。

从表5.5的回归结果中可以看出:在我们建立的由三个回归方程构成的联立方程模型中,我们所主要关心的度量选民对三种公共品的需求水平的回归系数都为正。在第一个回归方程中,选民所在农户中13岁以下儿童的数量对村集体的学校建设支出具有显著增加的作用,这表明选民对于村学校需求越高,越能促使村集体对学校进行更多的投资;在后两个方程中,选民对于医疗机构以及对于水利设施的需求的回归系数都为正,它们不显著可能是由于样本量不大,但正的回归系数也表明选民对于医疗机构和水利设施这两种公共品的需求水平高,会促使村集体对其进行更多的投资。

综合上述回归分析结果我们发现:如果选民对于三种村级公共品的需求水平较高,则会促使村集体增加该种公共品的投资,这可以说明选举产生的村领导会对选民的异质性公共品需求作出反应,作出迎合选民不同公共品需求的决策。这一实证结果验证了本节所提出的理论假说。我们认为这一结果背后的经济机制在于:在中国实施了村民选举之后,由于村民在是否参加选举上拥有完全的自主权,他们可以作出参加和不参加选举的决策。当村民对于村集体能够提供的公共品有需求时,他们所能做的就是"用手投票",利用自己的投票权改变村集体的公共品投资决策,从而有利于提高自己的福利。在这一背景下,村民是否参加选举会和村领导的投资决策之间产生互动关系,促使选举产生的村领导作出有利于选民的公共品投资决策。本节的研究弥补了现有研究的一个缺陷,解释了为什么村民选举会使得村集体提供更多的公共品,以及村领导如何对选民的异质性公共品需求作出反应,从而揭示了为什么村民选举有利于提高乡村公共品供给的数量和改善其结构的经济机制。

三、小结

现有关于村民选举的研究只是发现村民选举有利于村集体的公共品供给并有利于提高其供给数量并改善其供给结构,但是却没有解释这背后的经济机制是什么。本节从村民对公共品需求的异质性角度出发,基于地方财政支出理论提出假说,认为选举产生的村领导会对选民的公共品异质性需求作出反应,并作出迎合他们的不同公共品需求的供给决策。

本章利用 CGSS2005 数据度量了选民对三种村级公共品需求的水平,并建立了由三个回归方程所组成的联立方程模型进行实证检验,发现选民对村学校公共品较高的需求水平会显著增加村集体对学校建设的支出,而选民对医疗机构和水利设施的需求水平对于该村的医疗机构和农田水利设施建设支出也具有正效应。本章的研究表明村民基于某种村级公共品需求激励而参与选举能够为其带来直接的经济效益,并解释了村民的公共品需求通过参与选举这种利益表达机制促进公共品供给数量增加和结构改善的内在经济机制,从而为理解中国农村基层民主发展的影响机制以及相关公共政策的制定提供了依据。

第六章

非正式制度与农村经济发展:社会关系网络的作用

　　无论是在发达经济中还是在发展经济中,都有很多非正式制度在起着重要的作用,例如声誉、家族制、伦理规范、信任等。经济学家对于非正式制度在经济发展中的作用给予了高度评价,认为它是正式制度的重要补充(特别是当正式制度还没有建立起来的情况下更是如此),甚至在有些情况下比正式制度能更有效地降低交易成本、促进交易或者弥补市场失灵。

　　在中国经济的发展过程中也有非常多的非正式制度在起着重要作用。例如,家族的作用深入生活,它能够维护家庭成员的安全、处理家族内部公共事务与家族成员之间的利益纠纷等,其功能非常接近于正式的法律制度,对于社会经济的运转往往能起到重要作用。现代中国常常被认为是一个典型的"关系型"社会,社会关系在每个人每天的生活中几乎都在起作用。而社会关系网络则被社会经济学家认为是一种社会资本,即经济增长的一个投入要素。

　　自从社会资本由社会学家在 20 世纪 80 年代明确提出之后,它到了 20 世纪 90 年代已经进入多个学科的研究前沿。经济学界普遍接受的对于社会资本的定义来自 Putnam 等(1993):"社会资本是能够通过协调的行动来提高经济效率的社会关系网络、信任和社会规范",以后的经济学研究大多遵循这三个维度来对社会资本进行定义和度量。同时,社会资本不仅包括家庭层面的,还包括社区层面的,后者包括社区层面的社会关系网络和信任。社会科学家对于社会资本的性质及作用展开了研究,认为社会资本在社区层面充分发挥了公共品的作用,它能够形成促进信息共享、减少交易成本、促进集体决策的长期非正式制度(Fukuyama, 1995, 2001; Coleman, 1990)。Krishna(2000)则认为社会资本是"能够产生收益流的一系列不同的社会资产,这些资产由社会资本存量构成,而收益由流量构成",人们可以"通过有目的的行为增加其流量甚至存量",社会资本的重要性最好被理解为历史、文化、传统及一个社会独有的社会经济状况综合作用的函数,社会资本是对关系的一种个人投资,在劳动力市场中能带来正的经济收益,还可以带来非经济收益。还有研究发现家庭层面和社区层面的社会资本的作用机制有所区别,家庭层面的社会资本主要是家庭的社会关系网络,家庭直接通过它来获取资源,从而影响就业和家庭福利(Grootaert, 1999; Knight and Yueh, 2002)。从这些研究中可以看出:社会资本的不同维度对经济发展都有重要作用,其中社会关系网络在家庭和社区层面都可能会显著影响经济发展和居民的福利水平。

所以,我们有必要对中国农村经济发展中的社会资本进行研究,而本章的重点则在于分析社会关系网络对于转移农村剩余劳动力、提高农民工工资水平和缓解农户贫困脆弱性的意义。通过这些研究,能够有助于我们理解非正式制度在中国农村经济发展中的重要作用。

第一节　社会关系网络与农村剩余劳动力转移

一、研究问题的提出及文献综述

社会关系网络在劳动力市场中的作用也受到了经济学家和社会学家们的广泛关注,很多学者对成熟市场经济中社会关系网络的作用进行了研究。例如,有研究表明:来自亲戚或朋友的联系通过提供信息或(和)影响对工人与工作岗位的搭配产生效果(Granovetter, 1974; Marsden and Hurlbert, 1988)。也有研究发现:具有相同生产能力的个人可能得到不同的工资,是因为工人通过社会关系获得就业机会的能力不同(Mortensen and Vishwanath, 1994)。但是,关于社会关系网络对于工资水平的影响,现有研究却并没有取得一致的结论,有一些研究发现了社会关系网络对于工人找工作以及工资或收入水平存在正相关关系的证据(Burt, 1992;

Campbell et al.，1986；Flap and Boxman，2001；Lai et al.，1998；Simon and Warner，1992)，也有不少研究发现运用社会关系网络并不能影响到工作机会,对工资水平也不会产生直接影响(Bridges and Villemez，1986；Elliot，1999；Lin，1999；Marsden and Hurlbert，1988；Mouw，2003)。

部分学者针对中国劳动力市场上社会关系网络的作用展开了研究。例如,Knight 和 Yueh(2002)的研究发现:个人层面的社会资本(主要指家庭和个人所拥有的社会关系)在城市私营部门的回报率高于在城市国有部门的回报率。佐藤宏(2004)的研究则发现:初级社会关系网络可以为较高的教育程度所替代,它在克服进入国有部门的制度障碍方面有着重要作用,而且对于外出流动人员收入的影响也因就业性质的不同而有所不同。边燕杰和张文宏(2001)基于 1999 年天津市就业调查数据的研究发现,社会关系网络发挥作用的形式以提供人情为主,以传递信息为辅,并且这些作用在转型经济时代尤为突出。赵延东和王奋宇(2002)的研究发现:社会资本对城乡流动人口的经济地位的影响比人力资本的影响更为明显。Zhang 和 Li(2003)研究了"关系"对于中国农村居民非农就业的影响,发现它对于农民获得非农就业具有显著的影响,而且不同的"关系"对农民选择某种非农就业具有不同的影响。他们认为"关系"在传递劳动力市场上的信息,特别是向年轻农民工传递信息的过程中扮演了重要角色。胡必亮(2004)通过对中国一个村庄的案例分析,说明了农民在当代社会变迁与转型过程中如何利用"关系"这种非正式制度来进行流动与迁移,并认为在中国农村现代化过程中,像"关系"之类的传统因素往往能够起到功能性社会资源的重要作用,有利于促进中国农村现代化的发展。然而,并非所有针对中国劳动力市场的研究都发现社会关系网络能够产生正面影响,例如,赵延东(2002)的研究就发现,那些在求职过程中使用过社会关系网络的职工反而获得了质量更"差"的工作,即工资收入更少、职业声望更低的工作。

从上述研究可以看出,仅就社会关系网络在劳动力市场上的作用而言,无论是基于发达市场经济还是基于中国转型经济的研究并没有得出一致的结论。特别地,这里至少还有如下几个方面的理由,促使我们基于中国的农户调查数据继续研究社会关系网络在劳动力市场中的作用:

首先，虽然中国是一个典型的"关系型"社会，但是随着中国市场化进程的加深，作为一种非正式制度，社会关系网络在市场经济中是否还有作用以及有什么样的作用，来自经济学家或社会学家的实证研究成果还不多。并且，农民工利用自己在农村所拥有的社会关系网络进入城市劳动力市场后，会对他们的工作产生什么样的影响，这一问题也没有得到足够深入的研究。

其次，现有研究在考察社会关系网络在劳动力市场上的作用时，大多直接用家庭所拥有的亲戚朋友的数量来度量社会关系网络，进而直接考察它对于家庭成员的就业和工资的影响，从而忽略了社会关系网络的异质性。这种做法可能存在的问题是：不同类型的社会关系网络在劳动力市场上的作用可能完全不同，这一点已经在 Zhang 和 Li（2003）的研究中得到了证实；同理，同样类型的社会关系网络在不同的场合所起的作用也会不同。所以，在研究社会关系网络的影响机制时，"拥有"社会关系网络与"运用"社会关系网络并不完全是一回事。类似地，这里还存在着家庭的自选择问题，"拥有"社会关系网络的家庭未必一定会"使用"这种关系网络。直接研究家庭拥有的亲友关系的数量对于家庭的某个特定方面的福利的影响时，它便因为家庭的选择行为及关系网络的异质性而成为内生变量，不考虑这些问题可能会导致实证中出现有偏的估计。

第三，从前文的文献综述部分也可以看出：大部分现有研究都是基于发达经济中社会关系网络的作用而展开的，但不同的研究并没有得出一致的结论，针对发展经济中的社会关系网络的作用的研究并不多。而且，社会关系网络又可以区分为家庭层面和社区层面两个维度，现有大部分研究基本上都关注了家庭层面的社会关系网络的作用，却忽视了对于社区层面的社会关系网络的作用的研究。

基于上述理由，本节要基于一个来自中国 10 个省份的农户调查数据展开实证研究以回答如下问题：当农民由农村劳动力市场进入城市劳动力市场后，对于社会关系网络的利用是否会对他们的就业机会和收入水平产生影响？如果有影响，这种影响背后的经济机制是什么？利用家庭层面或社区层面的社会关系网络所起的作用是否有所不同？另外，本节的研究与现有的相关研究还存在如下区别：首先，Knight 和 Yueh（2002）的研究主要是针对城市居民的社会关系网络在城市劳动力市场上的作用而展开的，而本节的研究则关注农民工所拥有的社会关系网络在他们进入城市劳动力市场后对于他们的就业和收入的影响。其次,本节与佐藤宏(2004)及 Zhang 和 Li(2003)的研究比较接近,但是本节研究的不是家庭"拥有"的社会关系网络对于农民工就业及收入的影响,而是"使用"社会关系网络对于农民工就业和其收入的影响,并且我们还比较了家庭和社区层面的社会关系网络对于农民工工作的影响是否具有差异。

二、数据来源

本节使用的数据来源于 2003 年委托国家统计局农调队所做的调查,对这个数据库的详细介绍见第三章。

为了研究农民工利用社会关系网络对于他们在城市劳动力市场中的就业机会和工资水平的影响,我们从这 3 000 个农户中筛选出了其中在 2002 年外出打工的全部劳动力,得到了一个由 1 361 个农民工组成的样本。为了得到农民工外出就业时利用社会关系网络的信息,调查问卷中设计了针对每个外出就业的农民工找工作的方式的问题,找工作的方式被划分为政府组织外出就业、民间团体组织外出就业、亲友介绍外出就业和自发外出就业四种。①其中亲友介绍外出就业方式可以度量农民工是否利用了家庭层面的社会关系网络外出找工作,而前两种方式则可以用来度量农民工对于社区层面的社会关系网络的利用。在后面的实证分析中,我们以"自发寻找"作为比较的基准,将其他三种方式设为虚拟变量,来考察通过前三种外出就业方式对农民工的工作机会及工资水平的影响。

表 6.1 提供了这 1 361 个农民工找工作的方式以及就业地点的统计描述,从中可以看出两个特征:首先,在四种方式中,利用政府组织和民间团体外出找工作的比例比较低,而利用亲友介绍外出就业的有 705 个,自发外出就业的数量稍微少一些,但是这种方式占全部样本的比例也超过了 30%;其次,从就业地点来看,在本乡和外乡就业的比例较低,而在外县和外省就业的较多,在外省工作的比例则最高。

---

① 我们的样本中,每个农民工在外出找工作时只选择了这四种方式中的一种,不存在同时利用两种或两种以上方式的情况。

表6.1 农民工找工作的方式及就业地点

找工作的方式	本 乡	本县外乡	本省外县	外 省	合 计
政府组织	6	8	16	6	36
民间团体	60	33	37	57	187
亲友介绍	117	93	182	313	705
自发寻找	96	38	104	195	433
合 计	279	172	339	571	1 361

表 6.2 提供了这 1 361 个农民工外出就业的地点及行业的描述,从中可以看出:首先,农民工外出就业所从事的行业大多集中在工业和服务业,从事农业的样本只有 265 个;其次,农民工从事非农就业的比重随着他们跨越的距离的增加而上升,这表明当他们跨越了越远的距离去就业时,他们从事非农就业的机会快速增加。①

表6.2 农民工就业地点及所从事的产业

就业地点	农 业	工 业	服务业	非农就业比重
本 乡	221	39	19	20.79%
本县外乡	11	96	65	93.60%
本省外县	10	219	110	97.05%
外 省	23	408	140	95.97%

表 6.3 描述了农民工找工作的方式所对应的行业分布,从最后一列数字可以看出:农民工找到非农就业所占的比例普遍较高,比例最高的是通过政府组织外出就业,而比例最低的则为通过民间团体组织外出就业,通过亲友介绍找到非农就业的比例为 82.55%。当然,通过政府组织外出就业的样本比较少,这说明通过政府组织外出就业在中国农村还没有成为一种普遍形式。

---

① 从绝对意义上讲,到外省工作所跨越的空间距离未必就一定比到本省外县去工作所跨越的空间距离更远,特别是对于那些位于行政区划边界上的居民可能更是如此。但是,由于中国的经济总是与行政区划联系在一起,而且不同行政区划之间的经济分割曾经非常明显,同时,由于中国幅员辽阔,不同行政区划之间受语言、风俗习惯、户籍制度的限制等,所以我们忽略上述因素,而认为到外县工作比在本县工作"更远",到外省工作比在本省外县工作"更远"。

表 6.3　外出就业的方式及其从事的产业

找工作的方式	农　业	工　业	服务业	非农就业比重
政府组织	4	24	8	88.89%
民间团体	51	95	41	72.73%
亲友介绍	123	408	174	82.55%
自发寻找	87	235	111	79.91%

从上述统计描述中我们可以得到如下初步判断：本节所考察的农民工较多地通过亲友介绍和自发外出这两种方式外出打工，并且在通过亲友介绍找到工作的情况下，可以跨越更远的距离，更多地到外县或外省工作；当他们能够跨越更远的距离后，就能够有更多的非农就业机会，但是通过不同方式找工作对于其从事非农就业概率的影响的差异并不十分明显。

三、实证检验

为了考察利用社会关系网络对于农民工在劳动力市场上的影响，我们首先将研究对象界定为已经外出并找到工作的农民工，即前面介绍的 3 000 个农户中的 1 361 个农民工样本①。这样处理相对而言具有多个优点：首先，这样就不再需要考虑家庭所拥有的社会关系网络的数量对于农村居民是否要外出就业的决策的影响；其次，我们明确地知道每个农民工外出找工作的方式，这是对他们是否利用了家庭或社区的某种社会关系网络的准确度量，从而避免了前文所讨论的社会资本的异质性问题和"拥有"社会关系网络与"使用"社会关系网络的区别等问题。

在进行实证检验之前，表 6.4 首先提供了一个对样本若干指标的统计描述。第一个指标即为农民工的月工资②。从中可以看出：工资水平的差异还是相当大

①　在我们的样本中，不存在外出但是并没有找到工作的情况，因为这 1 361 个样本在 2002 年都有大于 0 的就业收入。

②　我们将民工外出就业所获得的回报称为"工资"，其实，工资仅仅是民工收入的一种，有些民工外出可能从事自我雇佣或者合伙经营等工作，他们的劳动回报从严格意义上来说并不属于工资。但是为了统一起见，我们统称他们的收入为"工资"。

的,最高的可以达到 8 400 多元,而最低的还不到 50 元。另外,样本农民工的平均年龄为 30 岁左右,平均受教育年限为 8 年左右。

表 6.4　样本若干指标的统计描述

变　　量	均　　值	标准差	最大值	最小值
月工资	655.87	469.08	8 428.57	44.44
年龄	29.59	10.15	16	74
受教育年限	7.99	1.99	0	14
家庭成员数量	4.33	1.13	1	9
人均耕地面积	1.78	2.00	0	26.25
到县城的距离	21.92	14.02	1	9
到车站的距离	4.53	7.17	0	65
是不是山区	0.06	0.24	0	1
是不是丘陵	0.38	0.49	0	1

　　下面我们首先考察农民工外出找工作的方式对于其就业地点的影响,回答"利用社会关系网络能够帮助农民工到哪里找到工作"这一问题,表 6.5 报告了 OLS 模型回归结果,被解释变量是农民工就业地点到家庭的距离。由于我们的调查中并没有就业的确切地点,而只有就业地点是在本乡、本县外乡、本省外县或外省等信息,所以本节采用两种方法来度量就业的距离:第一,我们在表 6.5 中将四个地点到家庭的距离分别赋予 1、2、3、4,得到"就业距离 1",然后分别赋予它们 1、4、9、16,得到"就业距离 2",用这两个距离作为农民工就业地点到家庭的真实距离的估计值;第二,在表 6.6 中,我们将以在本乡就业为比较基准,分别将其他三个就业地点界定为哑变量。

表 6.5　利用社会关系网络对就业地点的影响(OLS 模型)

变　　量	就业距离 1	就业距离 1	就业距离 2	就业距离 2
政府组织	−0.116 1	−0.147 2	−1.057 9	−1.148 2
	(0.189 4)	(0.187 4)	(0.979 6)	(0.971 6)
民间团体	−0.056 4	0.038 5	−0.288 9	0.193 5
	(0.102 1)	(0.103 8)	(0.528 0)	(0.538 0)

续表

变　　量	就业距离 1	就业距离 1	就业距离 2	就业距离 2
亲友介绍	0.138 9**	0.126 4*	0.615 9*	0.571 5*
	(0.067 3)	(0.066 6)	(0.348 1)	(0.345 5)
男性	−0.035 1	−0.016 9	−0.208 2	−0.120 2
	(0.066 4)	(0.065 5)	(0.343 4)	(0.339 7)
年龄	−0.016 7	−0.018 1	−0.067 7	−0.072 2
	(0.015 5)	(0.015 9)	(0.083 3)	(0.082 3)
年龄的平方	−0.000 2	−0.000 1	−0.001 0	−0.000 9
	(0.000 2)	(0.000 2)	(0.001 2)	(0.001 2)
受教育年限	−0.001 3	0.007 6	−0.030 3	0.014 0
	(0.015 5)	(0.015 4)	(0.080 3)	(0.080 0)
家庭成员数量		0.064 3**		0.351 2**
		(0.026 9)		(0.139 7)
人均耕地面积		−0.014 7		−0.068 3
		(0.020 0)		(0.103 5)
是不是丘陵		0.485 0***		2.287 5***
		(0.077 1)		(0.399 6)
是不是山区		0.172 3		0.383 8
		(0.176 9)		(0.917 3)
到县城的距离		−0.000 5		0.001 0
		(0.002 3)		(0.011 9)
到车站的距离		0.012 7***		0.066 3***
		(0.004 3)		(0.022 1)
常数项	3.682 6***	3.267 3***	13.350 0***	11.041 8***
	(0.305 7)	(0.340 3)	(1.581 1)	(1.764 3)
观察值	1 361	1 361	1 361	1 361
R^2	0.174 7	0.207 9	0.179 9	0.209 1
F 检验	Prob$>F=0.00$	Prob$>F=0.00$	Prob$>F=0.00$	Prob$>F=0.00$

注:括号中的数值为稳健标准误;＊、＊＊、＊＊＊分别表示在10％、5％、1％的水平上显著。另外,限于文章篇幅,本节中所有回归的省份虚拟变量都没有报告。

表6.6 利用社会关系网络对于农民工就业类型的影响

变 量	是否从事非农就业（Probit 模型）			
	模型 1	模型 2	模型 3	模型 4
政府组织	0.764 1	0.707 6	0.680 1*	0.507 1
	(0.487 5)	(0.435 5)	(0.409 9)	(0.315 9)
民间团体	0.321 0	0.231 0	0.207 2	0.093 7
	(0.211 7)	(0.195 1)	(0.186 7)	(0.142 7)
亲友介绍	−0.074 2	−0.081 8	−0.067 2	0.158 7
	(0.140 9)	(0.132 3)	(0.126 8)	(0.097 7)
男性	−0.000 7	0.048 8	0.050 2	−0.015 2
	(0.139 8)	(0.129 8)	(0.124 2)	(0.099 0)
年龄	0.016 9	0.002 2	−0.006 7	−0.027 2
	(0.030 0)	(0.027 5)	(0.026 3)	(0.021 7)
年龄的平方	−0.000 5	−0.000 3	−0.000 2	−0.000 1
	(0.000 4)	(0.000 4)	(0.000 4)	(0.000 3)
受教育年限	0.027 1	0.048 3	0.051 1*	0.024 0
	(0.031 8)	(0.029 9)	(0.028 5)	(0.021 9)
本县外乡	2.447 1***			
	(0.200 6)			
本省外县	2.746 6***			
	(0.184 7)			
外省	2.556 8***			
	(0.151 8)			
就业距离 1		0.920 1***		
		(0.053 0)		
就业距离 2			0.170 4***	
			(0.010 8)	
人均耕地面积	−0.063 9	−0.069 4**	−0.067 8**	
	(0.039 6)	(0.035 4)	(0.033 3)	
是不是丘陵	0.424 6***	0.590 9***	0.645 3***	
	(0.163 1)	(0.148 3)	(0.141 4)	
是不是山区	−0.002 5	0.422 9	0.523 1*	
	(0.369 8)	(0.327 2)	(0.314 8)	
到县城的距离	−0.003 5	−0.001 1	−0.001 4	
	(0.009 0)	(0.004 6)	(0.004 4)	

续表

变　量	是否从事非农就业(Probit 模型)			
	模型 1	模型 2	模型 3	模型 4
到车站的距离	0.000 1	−0.003 8	−0.003 1	
	(0.005 0)	(0.007 9)	(0.007 5)	
常数项	−1.680 7***	−1.999 9***	−0.778 5	1.439 4***
	(0.619 9)	(0.590 0)	(0.549 0)	(0.438 2)
观察值	1 361	1 361	1 361	1 361
拟 R^2	0.564 9	0.483 7	0.432 0	0.432 0

注:括号中的数值为稳健标准误;＊、＊＊、＊＊＊分别表示在 10％、5％、1％的水平上显著。

在表 6.5 的回归模型中,被解释变量是农民工就业地点到家庭的距离,从中我们可以得出如下结论:无论是否控制家庭成员及其他相关的村级特征变量,相对于自发外出就业而言,在其他三种外出就业方式中,只有亲友介绍外出就业这个哑变量是显著为正的。这表明了农民工如果利用家庭层面的社会关系网络外出找到工作,相对于自发外出就业而言,他就可以跨越更远的距离。前两种方式的回归系数都不显著,表明相对于自发外出就业而言,利用社区层面的社会关系网络外出就业对于农民工找工作的距离并没有显著的影响。

下面我们进一步考察社会关系网络对于农民工就业机会和收入的影响,回答"利用社会关系网络能够帮助农民工找到什么样的工作"这一问题。表 6.6 报告了Probit 模型的回归结果。

从表 6.6 的回归结果中我们可以看出:首先,相对于自发外出就业而言,其他三种找工作的方式对于农民工能否找到非农就业几乎都没有显著的影响。就是说,无论是利用家庭层面的社会关系网络还是利用社区层面的社会关系网络外出就业,都不能显著地提高农民工找到非农就业的概率,而且无论是否控制打工的距离以及其他相关村级特征变量,这一结果都是稳健的。其次,在前三个模型中,无论采用三个虚拟变量来度量就业地点到家庭的距离,还是采用不同的赋值方法度量就业地点到家庭的距离,所有的距离变量都显著为正,而且回归系数都在 1％的水平上显著,这表明农民工到更远的劳动力市场上能够以更高的概率找到非农就业。然后，我们将表 6.6 中模型 4 的结果与表 6.6 中的前三个模型进行对比可以发现：在不控制距离变量的情况下，通过亲友介绍外出就业这一变量的回归系数由为负变成为正。回归系数的这一变化表明利用家庭层面的社会关系网络对于农民工找到非农就业具有间接效应。也就是说，利用家庭层面的社会关系网络找工作并不能直接增加农民工找到非农就业的机会，但是它却可以帮助农民工达到更远的劳动力市场，并间接地使他们在这个市场上更容易找到非农就业机会。同样地，相对于自发外出就业而言，利用社区层面的社会关系网络外出就业（政府组织外出就业和民间团体组织外出就业）也都不能直接显著增加农民工找到非农就业的机会。

下面我们继续考察利用社会关系网络是否会对农民工的工资水平产生直接影响。表 6.7 报告了农民工的月工资水平的决定方程，被解释变量是农民工在 2002 年全年平均月工资的对数。我们关心的自变量是他们对于社会关系网络的利用，从而希望考察利用社会关系网络能否直接提高他们的工资水平。

表 6.7　农民工的月工资水平决定方程(OLS 模型)

	模型 1	模型 2	模型 3	模型 4
政府组织	0.004 5			−0.002 1
	(0.092 0)			(0.092 1)
民间团体	0.048 1			0.042 4
	(0.050 7)			(0.050 6)
亲友介绍	−0.047 4			−0.054 2*
	(0.032 6)			(0.032 6)
是否从事非农就业		−0.029 0	−0.023 1	
		(0.047 2)	(0.044 5)	
是否从事工业				0.056 5*
				(0.031 0)
就业距离 1		0.035 2**		
		(0.016 5)		
就业距离 2			0.067 0**	0.004 6*
			(0.003 0)	(0.002 7)

续表

	模型 1	模型 2	模型 3	模型 4
男性	0.134 6***	0.138 4***	0.138 6***	0.128 7***
	(0.031 8)	(0.031 7)	(0.031 7)	(0.032 0)
年龄	0.039 5***	0.040 2***	0.040 1***	0.039 6***
	(0.007 7)	(0.007 7)	(0.007 7)	(0.007 7)
年龄的平方	−0.000 5***	−0.000 5***	−0.000 5***	−0.000 4***
	(0.000 1)	(0.000 1)	(0.000 1)	(0.000 1)
受教育年限	0.015 3**	0.016 1**	0.016 3**	0.015 3**
	(0.007 5)	(0.007 4)	(0.007 4)	(0.007 4)
人均耕地面积	−0.022 5**	−0.020 6**	−0.020 5**	−0.020 0**
	(0.009 9)	(0.009 9)	(0.009 9)	(0.009 9)
是不是山区	−0.293 2***	−0.288 4***	−0.285 6***	−0.293 1***
	(0.086 3)	(0.085 2)	(0.085 2)	(0.086 1)
是不是丘陵	0.054 7	0.029 4	0.029 5	0.036 0
	(0.037 6)	(0.037 6)	(0.037 5)	(0.038 1)
到县城的距离	0.002 3**	0.002 0*	0.002 0*	0.002 2**
	(0.001 1)	(0.001 1)	(0.001 1)	(0.001 1)
到车站的距离	−0.000 8	−0.001 1	−0.001 1	−0.001 6
	(0.002 1)	(0.002 1)	(0.002 1)	(0.002 1)
常数项	5.734 6***	5.596 1***	5.626 8***	5.529 6***
	(0.151 1)	(0.155 8)	(0.152 7)	(0.154 5)
观察值	1 361	1 361	1 361	1 361
R^2	0.201 0	0.200 9	0.201 4	0.206 7
调整 R^2	0.188 4	0.188 9	0.189 5	0.193 0
F 检验	Prob > F = 0.00	Prob > F = 0.00	Prob > F = 0.00	Prob > F = 0.00

注：括号中的数值为稳健标准误；*、**、*** 分别表示在 10%、5%、1% 的水平上显著。

从表 6.7 中可以得出如下结论：首先，根据模型 1 和模型 4 可以看出，无论是利用家庭层面的还是利用社区层面的社会关系网络，都不会直接增加农民工的工资水平，它们的回归系数甚至出现为负的情况，这表明在保持其他条件不变的情况下，相对于自发外出就业而言，利用家庭层面和社区层面的社会关系网络外出就业并不能直接增加农民工的工资水平，而且无论是否控制工作的性质以及其他相关变量，这三个变量的回归系数都不显著。其次，是否从事非农就业这一虚拟变量在表 6.7 的模型 2、模型 3 中都不显著并且回归系数都为负，但是当我们在模型 4 中控制农民工是否从事工业这一虚拟变量时，它是显著为正的。这表明从事工业类的工作可能要比从事农业和服务业工作的工资水平高一些，但是将工业和服务业加在一起考虑时，并不比农业的工资水平显著高。第三，从表 6.7 的模型 2、模型 3 和模型 4 中可以看出，就业距离这个变量都能够显著增加农民工的工资水平，并且都在 5% 或 10% 的水平上显著，这表明农民工如果能够进入越远的劳动力市场，便能够找到工资更高的工作岗位。对于打工到家庭的距离对于工资水平具有正的直接效应这一稳健的回归结果，本节从新经济地理学的角度给出的一个解释是：由于农民工大多来自经济不发达的"外围"——农村地区，因而远离以城市为"核心"的经济增长中心，所以当他们能够利用社会关系网络而增强他们的流动性时，便能够越远地离开"外围"地区并接近"核心"地区，从而能够在这些地区找到更高工资的工作。

到目前为止，我们基于一个来自中国 10 个省份的农户样本实证分析了利用家庭层面和社区层面的社会关系网络对于农民工外出就业的地点、就业类型以及工资水平的影响，考察了农民工所利用的社会关系网络在城市劳动力市场上的作用。由此，我们的研究结论如下：第一，利用社区层面的社会关系网络外出就业（即通过社会团体或政府组织外出就业），不能直接增加农民工从事非农就业的机会，也不能直接增加农民工的工资水平。第二，利用家庭层面的社会关系网络外出就业（即通过亲友关系介绍外出就业），也不能直接增加农民工从事非农就业的机会及直接增加农民工的工资水平，但是利用家庭层面的社会关系网络首先可以增强他们的流动性，使得农民工能够跨越更远的距离，接近"核心"经济增长地区的劳动力市场，从而在距离"核心"经济增长地区更近的劳动力市场上找到更多的机会从事非农就业，以及找到更高工资的工作。这表明对于家庭层面社会关系网络的利用对于农民工工资水平的影响主要体现为间接效应，而不是直接效应。

实际上，上述实证结果与现有的理论研究也是一致的。例如，Schwartz（1973）研究了距离对于移民的影响，并认为距离会从两个方面对移民产生负面影响：随着距离的扩大而导致的物质成本的上升，以及随着距离的扩大而导致的信息的减弱，他通过理论和实证分析之后发现：距离对于移民的负面影响基本上属于信息减弱现象（diminishing-information phenomena），也就是说，随着距离的拉大，阻碍移民的主要因素是由于信息的减弱。所以本节的研究实际上揭示了农民工利用其家庭层面的社会关系网络由农村劳动力市场进入到城市劳动力市场的作用机制：利用亲友关系并不一定能直接增加农民工获得非农就业的机会和工资水平，但是利用这种亲友关系可以增强他们的流动性，使他们能够跨越更远的距离到达距离经济增长的"核心"地区更近的劳动力市场，并在这里以更高的概率找到非农就业和找到更高工资的工作岗位，从而通过这种机制间接地提高了他们的工资水平。

四、小结

本节基于一个覆盖中国 10 个省份的农户调查数据中外出就业的农民工样本，考察了农民工利用家庭层面和社区层面的社会关系网络对他们外出就业的影响，实证分析的结果表明：相对于农民工自发外出就业而言，利用社区层面的社会关系网络外出就业，对于他们从事非农就业的概率和工资水平的影响主要体现为间接效应；利用家庭层面的社会关系网络能够增强他们的流动性，使得农民工能够跨越更远的距离离开农村，并到达距离"核心"经济增长地区更近的劳动力市场，在那里找到更多的非农就业机会，以及找到更高工资的工作岗位。

本节的研究还揭示出了利用家庭层面以及社区层面的社会关系网络对于农村劳动力由农村劳动力市场向外流动过程中的作用机制。我们并没有发现利用社会关系网络能够直接提高农民工的工资水平的明显证据，也没有发现利用社会关系网络能够直接增加农民工获得非农就业的机会的证据。本节区别于现有研究的结果是揭示出了利用家庭层面的社会关系网络对于农民工工资水平产生影响的间接机制。当然这一研究还存在着一定的局限性。比如，我们只是考察利用社会关系网络与农民工工资水平之间的相关性，并没有识别出社会关系网络与农民工工资水平之间是否具有因果效应；同时在回归过程中还可能存在着潜在的内生性问题没有得到很好的解决。最后，由于我们使用的数据中只有农民工的平均月工资水平，它对于农民工工资水平的度量可能会有度量误差，如果有工作小时数信息，用小时工资水平来度量会更精确。

本节的研究能够给我们提供如下政策启示:农村劳动力进入城市劳动力市场后,他们所拥有的社会关系网络这种社会资本可能并不能直接给他们带来更高的工资水平,但是却可以通过提高他们的流动性来间接地提高他们的工资水平;政府如果希望通过促进农村劳动力向城市劳动力市场的转移来促进农民收入的提高,可以不必直接干预劳动力市场,而可以通过向不发达地区的农民提供更多的就业信息,特别是向那些交通和通讯都不便利的欠发达地区的农民提供信息,以增强他们的流动性,消除农村劳动力因为远距离流动而面临的各种障碍,进而使他们有更多的机会进入经济发达的城市劳动力市场获得更多的非农就业的机会和更高工资的工作岗位。这样将有利于提高中国劳动力资源配置的效率,缩小城乡收入差距,并促进城乡二元经济的融合。

第二节 异质的社会关系网络与农民工工资水平

一、研究问题的提出

20 世纪 70 年代末开始的中国农村改革释放了农业剩余劳动力,于是他们便开始逐步向城市劳动力市场流动,根据 2000 年的人口普查显示,有高达 1.44 亿农民工进入城镇,这个数字相当于总人口的 11.6%(国家统计局,2002)。对于发生在中国如此大规模劳动力流动,众多学者研究了它的决定因素,其中有一支文献研究了社会关系网络(包括移民网络)对于移民决策的影响(Zhang and Li, 2003; Zhao, 2003; Chen et al. , 2008)。相对于农民而言,能否进入城市获得比在农村更高的收入具有关键意义,而对于已经进入城市的农民工而言,能否找到一个更高工资水平的工作则具有关键意义。中国城市劳动力市场一方面具有较高的竞争性,另一方面又具有按户籍身份分割的二元特征(Meng and Zhang, 2001;王美艳,2005;严善平,2006),这种劳动力市场分割也是其他拥有大量移民的国家共同存在的现象。另一方面,中国是一个关系型社会(Hwang, 1987; Yang, 1994; Bian, 1997),社会关系网络在日常生活中的作用非常重要。在劳动力市场上,它能够传递关于就业岗位的信息,从而促进劳动力与就业岗位之间的配置,或者帮助求职者找到更好待遇的工作岗位等。关于中国的实证研究大多都发现,农民拥有更多的社会关系网络能够促进他们进入城市打工;但是在二元劳动力市场上,利用社会关系网络对于进入城市的农民工的工资水平是否具有影响,现有研究并没有很好地回答。而对这一问题的研究将有助于理解移民就业市场的运作机制,也可以由此进一步比较社会关系网络对于农民工和城市工人的工资水平的影响有何不同。非正式制度在经济发展中的作用越来越受到经济学家的重视,它被认为在传递信息和弥补市场缺陷方面具有重要作用。研究社会关系网络作为一种非正式制度在中国的城市劳动力市场上的作用,也可以作为一个案例帮助发展经济学家理解非正式制度在市场经济中的作用。

　　实际上,研究社会关系网络对找工作和工资(或收入)的影响的文献并没有取得一致的结论。而对于中国的农民工市场,在此之前只有极少数研究考察了社会关系网络对于他们的工资水平的影响(佐藤宏,2004),基于中国数据的研究大多没有能够很好地考虑社会关系网络的潜在内生性。事实上这也是研究社会关系网络的作用的很多文献共同存在的问题,大部分关于社会关系网络在劳动力市场上的作用的文献只是发现了社会关系网络与劳动者的工作或收入具有相关性(Mouw,2003)。本节利用农民工祖辈的历史背景以及是否来自革命老区作为工具变量仔细地处理了社会关系网络的内生性问题,结果发现:只有非常微弱的证据表明拥有更多的社会关系网络能够直接增加农民工在城市劳动力市场上的工资水平,社会关系网络在具有高度竞争性的城市劳动力市场上的主要作用可能是配给工作,并通过影响农民工的工作类型而间接地影响他们的工资水平。这项研究的含义是:社会关系网络如何起作用取决于市场的性质,在接近于自由竞争的农民工劳动力市场上,社会关系网络的作用并不显著影响劳动力的"价格",但仍然可能影响他们获得工作岗位的机会。

二、文献综述

　　社会关系网络与社会规则、信任一起被认为属于社会资本的范畴(Putnam et al.,1993),它是指个人或家庭所拥有的亲戚、朋友、同事或邻居等构成的关系网络。社会关系网络在劳动力市场中的作用很早就引起了社会学家和经济学家的兴趣,有很多实证研究都发现了社会关系网络能够影响劳动力市场上找到工作的机会和工作类型(Mortensen and Vishwanath, 1994; Munshi, 2003),同时也有大量文献考察了它对于工资水平的影响,但是却并没有得到一致的结论。例如,有些研究发现,社会关系网络对于工人找工作以及工资(或收入)水平存在正相关关系(Burt, 1992; Campbell et al., 1986; Flap and Boxman, 2001; Lai et al., 1998; Simon and Warner, 1992);但也有不少研究没有发现运用社会关系网络能够影响到工作机会(De Graaf and Flap, 1988; Lin, 1999),也不能对工资水平产生直接影响(Bridges and Villemez, 1986; De Graaf and Flap, 1988; Elliot, 1999)。从理论的角度看,我们可以将社会关系网络对于工资水平的影响区分为直接效应和间接效应,间接效应主要体现为如下两个方面:第一,通过关系网络能够获得更高工资的工作机会,当高工资的工作机会是稀缺的时候,它实际上是通过配给机制被分配给了有关系的求职者,而不拥有关系的求职者则无法得到这种更高工资水平的就业岗位;第二,拥有更多的社会关系网络能够为求职者提供更多的就业机会,从而使得求职者能够在更多的选择集中挑选更高工资的岗位。社会资本理论则认为社会关系网络对于求职者工资水平具有直接效应:拥有更多的社会关系网络,能够提升其拥有者在社会阶层中的地位,减少求职者的失业时间从而增加其工作经验,并且还能够对其拥有者的职位带来直接影响,而这些都能够直接提高求职者的工资水平。关于社会关系网络对于工资水的影响机制,Mouw(2003)提供了一个比较全面细致的综述和分析。虽然社会关系网络对于工资水平在理论上的影响机制很清晰,但是现有研究却得出了非常不一致的结论,也使得重新研究这一问题成为必要,而且基于中国数据的研究还能够为理解这一问题提供进一步的证据。

对应于上述文献,同样也有研究发现社会关系网络对于中国的农民工进入城市劳动力市场及劳动力市场结果具有重要影响。例如,Zhang 和 Li(2003)的研究发现"关系"对于农民获得非农就业具有显著的影响,他们认为"关系"在传递劳动力市场上的信息,特别是向年轻的农民工传递信息的过程中扮演了重要角色。Zhao(2003)研究了农民工网络的作用,发现农民工能够通过与其他村民分享信息而提高移民的概率。Chen 等(2008)则研究了村民之间的社会互动通过"同群效应"对其他村民的移民决策的影响,发现同群效应能够显著地提高移民的概率;同时,村民所拥有社会关系网络也有利于提高其外出工作的概率。

　　在中国的城乡二元经济中,农村向城市的移民是非常重要的问题,但是农村移民进入城市之后面临的是一个怎样的劳动力市场? 事实上,中国城市劳动力市场一方面具有较高的竞争性,另一方面又具有按户籍身份分割的二元特征(Meng and Zhang,2001;王美艳,2005;严善平,2006)。在这样的二元分割的劳动力市场上,如果说农民工的经济地位较低,那么在农民工中,拥有更多社会关系网络是否能够帮助他们更好地融入城市劳动力市场从而获得更高的工资呢? 对于此,佐藤宏(2004)基于中国的调查数据对人力资本、政治资本和社会关系网络对于流入城市的农民工找工作和获得收入方面的效应进行了比较研究,发现社会关系网络在克服进入国有部门的制度障碍方面有重要作用,而且它对于外出流动人员收入的影响因就业性质的不同而有所不同。虽然该研究考察了社会关系网络对于农民工工资水平的影响,但是却都没有考虑社会关系网络所可能具有的内生性及所可能导致的估计偏误。正如前面所提到的,如果社会关系网络对于工资水平只具有间接效应,那么现有研究所发现的证据只能表明社会关系网络与工资水平之间仅仅具有相关性,它们之间不具有因果效应;而如果要考察社会关系网络资本对于工资水平是否具有直接效应,则必须考虑社会关系网络的内生性问题。本节的研究发现:的确没有明显的证据表明社会关系网络能够直接提高农民工工资。在考虑了社会关系网络可能具有的内生性问题之后,为什么农民工利用社会关系网络只能够有利于找到工作,而并不能直接提高他们的工资水平? 与此相关的问题是:为什么基于有些国家的研究发现社会关系网络能够直接提高工资水平,而基于其他国家的研究则没有发现明显的证据? 对于文献中并不一致的研究结论,是由于在方法上没有考虑社会关系网络的内生性问题而导致的估计偏误,还是由于不同国家的劳动力市场的不同特征决定了社会关系网络的作用有所不同? 基于本节的研究,研究者可以获得一些相关的启示。

三、资料来源与统计描述

　　本节使用的数据来自中国社科院和国家统计局组织的"2002 年中国居民家庭收入调查"(China Household Income Project Survey 2002,以下简称 CHIPS2002)。

该调查随机抽样了中国的 22 个省、121 个县中的 961 个行政村,最后得到了 9 200个农户及 37 969 个农民的样本。调查的时间是 2003 年 2 月初,此时包括农民工在内的大部分居民都回家团聚和庆祝春节,所以它能够有效地覆盖移民和非移民以保证抽样的随机性。调查数据包含了详细的个人信息,比如性别、年龄、教育、工作等。调查也包括了家庭的信息,比如家庭结构、家庭经济状况,同时还包含了村的信息,如村的地理位置、人口与经济状况等。对于本节的研究最为有利的是,这一调查还获得了关于家庭的社会关系网络与社会交往活动等方面的详细信息。

本节所关心的问题就是农民工的家庭社会关系网络对于他们工资水平的效应,所以我们还需要农民工的定义及社会关系网络的定义和度量。对于农民工的界定,我们借鉴 Zhao(2003)的方法,将一年中离开家庭超过 180 天的农民定义为农民工;同时,根据国家统计局对劳动力的定义,我们只保留了 16—60 岁的男性和16—55 岁的女性,同时删除了在校学生,以及在村外的乡镇企业职工。另外,我们还删除了工作天数等于 0 及某些重要信息(例如受教育程度、性别、工资水平、工作天数、每天的工作小时数等)缺失的样本,最后得到了一个包含 2 047 个农民工的样本。

社会关系网络一般被视为社会资本的一个维度,本节借鉴现有的经济学研究,用家庭所拥有的亲友的数量来度量家庭层面的社会关系网络(Knight and Yueh,2002)。但是,由于 CHIPS2002 并没有直接调查家庭所拥有的亲友数量,所以我们需要为它寻找代理变量。本节基于 CHIPS2002 数据为它找了两个代理变量:

第一,中国农村居民维系各种亲友关系的一种普遍方式就是"礼尚往来",当某个家庭或个人遭受困难或者有婚、丧、嫁、娶活动时(甚至包括生小孩、子女考上大学、建新房、老人生日等重大事件),社会关系网络的其他成员就会给予各种支持,比如赠送礼物或金钱等。基于这一社会契约我们可以预期:一个家庭拥有的社会关系网络规模越大,在保持其他条件不变的情况下,该家庭每年需要赠送礼品的亲友数量就越多。在 CHIPS2002 数据中,我们能够得到家庭在 2002 年曾经赠送过礼品或金钱的亲友数量,所以可以用它作为家庭所拥有的亲友数量的代理变量。在后文的实证分析中,我们将分别考察它的水平值和对数值对于工资水平的影响。

第二,一个家庭拥有多少亲戚和朋友是内生决定的,家庭结交和维持亲友也是一种有目的的投资行为(Astone et al.，1999；Lin，2001；Domínguez and Watkins，2003)。例如,Krishna(2000)认为,人们可以"通过有目的的行为增加其流量甚至于存量",社会资本包含了对关系的一种个人投资。从这个角度看,家庭赠送给亲友的礼品或金钱可以被看作是对于家庭社会关系网络的投资和维持,而一个家庭用于亲友送礼的价值占家庭支出的比例就可以直接反映出家庭拥有的亲友数量的大小。拥有的亲友数量越多,该家庭用于礼品的支出占家庭总支出的比例就可能越高。CHIPS2002 数据为我们提供了这一信息,所以我们用家庭在 2002 年赠送给亲友的礼金价值占 2002 年家庭总支出的比例作为家庭社会关系网络的第二个代理变量。

下面我们针对来自 CHIPS2002 数据清理后的 16 947 个劳动力的特征进行统计描述。首先,农村劳动力样本的平均年龄和受教育年限分别为 34.61 岁和 7.56 年,男性及已婚的比例分别为 55.39% 和 70.01%,而农民工样本的平均年龄和受教育年限则分别为 27.32 岁和 8.03 年,男性及已婚的比例分别为 65.56% 和 46.31%。这表明年轻的未婚男性劳动力更倾向于移民,农民工的平均受教育年限比农村劳动力的平均受教育年限平均高出大约 0.5 年。

表 6.8 提供了一个本节实证分析将要用到的所有变量的定义,表 6.9 提供了这些变量的统计描述,样本为前面定义的 2 047 个农民工。

表 6.8　变量的定义

变　　量	变　量　定　义
$\ln hourwage$	农民工小时工资的对数(被解释变量)
家庭社会关系网络及其相关特征:	
$giftperson$	2002 年赠送过礼金的亲友数量
$\ln giftperson$	2002 年赠送过礼金的亲友数量的对数
$giftshare$	2002 年赠送给亲友的礼金价值占家庭总支出的比例
农民工的个人特征:	
age	年龄
edu	受教育年限
$nonagr\_exp$	从事非农就业的年限
$female$	是否为女性(1 = 女性;0 = 男性)

续表

变　量	变　量　定　义
married	是否已婚(1 = 是;0 = 否)
communist	是否为中国共产党党员(1 = 是;0 = 否)
minority	是否为少数民族(1 = 是;0 = 否)
家庭特征:	
hmalelabor	家庭中男性劳动力的数量
hfemalelabor	家庭中女性劳动力的数量
所在村的特征:	
ln *villavinc_90*	1990 年本村人均收入水平的对数
*distance*1	本村到县城的距离
*distance*2	本村到最近的车站的距离
mountain	本村地势是否属于山区(1 = 是;0 = 否)
hill	本村地势是否属于丘陵(1 = 是;0 = 否)

表 6.9　变量的统计描述

变　量	均值	标准差	最小值	最大值
ln *hourwage*	0.33	0.86	−5.60	3.71
giftperson	8.39	10.45	0	100
ln *giftperson*	1.72	1.07	0	4.62
giftshare	0.05	0.10	0	0.85
age	27.18	8.29	16	60
edu	8.07	2.31	0	16
female	0.45	0.50	0	1
married	0.46	0.50	0	1
communist	0.03	0.17	0	1
minority	0.10	0.29	0	1
nonagr_exp	3.11	3.66	0	29
ln *villavinc_90*	6.86	0.61	5.01	8.83
*distance*1	27.12	20.70	1	140
*distance*2	5.25	7.75	0.50	67
mountain	0.24	0.43	0	1
hill	0.46	0.50	0	1

表 6.10 提供了一个农民工工作特征的描述,从中可以看出:第一,大部分农民工都离开了本省而到其他省份寻找到了工作,跨越出本县的农民工比例高达 87%,并且其中大部分跨越了本省。第二,他们工作时需要忍受高温或面临危险的比例相当高,这两种工作类型加在一起的比例达到 20%,这表明农民工的工作环境相对较差。第三,他们的工作类型大多是普通的被雇用者,属于技术工人、业主或管理者的比例非常低,这些类型加在一起也只达到 6% 左右,这表明农民工大多在低技能的低端岗位上工作。第四,雇用单位的经济性质绝大部分为私营,进入国有和外商直接投资企业比例较低。第五,他们工作的行业最多的是工业,其次是服务业,然后是建筑业,这三类的总比例达到 85%,这表明只有很小一部分农民工在从事农业生产,这与本章前面使用的数据得到的结论保持一致。

表 6.10 农民工在城市劳动力市场上的部分就业分布特征统计描述

工 作 特 征	均 值	标准差
工作地点:外县本省	0.33	0.47
工作地点:外省	0.54	0.50
工作时是否需要忍受高温	0.11	0.31
工作时是会面临危险	0.09	0.28
工作类型:技术工人	0.02	0.14
工作类型:业主或管理者	0.04	0.20
工作单位经济性质:集体所有制	0.03	0.16
工作单位经济性质:国有经济	0.05	0.21
工作单位经济性质:外商直接投资	0.08	0.27
工作行业:工业	0.40	0.50
工作行业:建筑业	0.20	0.40
工作行业:服务业	0.24	0.43

表 6.10 的统计描述表明:农民工大多在私营企业中从事着低技能、高劳动强度的工作,并且工作环境较差,他们一般难以进入国有或外商直接投资这一类工作条件较好、工资水平较高的企业或单位。这一事实与现有其他研究的结果一致。例如,Wang 和 Zuo(1999)基于北京与上海的数据研究发现,农民工大多从事低收

入的低级工作;杨云彦和陈金永(2000)的研究则发现,进入大城市就业的农民工主要分布于职业队列末端、城市本地劳动力供给不足的行业;Dong 和 Bowles(2002)基于大连与厦门的数据研究发现,农民工身份会阻止他们进入外商直接投资公司;王美艳(2005)也证实了农民工的身份会降低他们进入国有单位的机会。这说明,在城市劳动力市场上,按技能和职业分割的二元劳动力市场同时也是按户籍分割的二元劳动力市场。由于处在相对自由竞争的低端劳动力市场,农民工的工资可能更被市场力量所决定,而社会关系网络作为一种非市场力量则可能对工资影响并不显著。例如,图 6.1 提供了农民工家庭社会关系网络的第一个代理变量与小时工资的对数之间的散点图,从中可以直观地看出:家庭赠送礼品的亲友数量与农民工的工资水平之间并没有明显的相关关系。

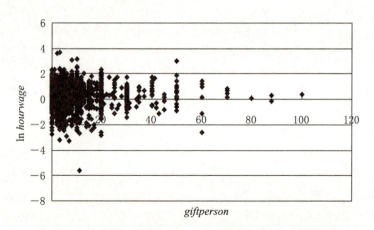

图 6.1　家庭社会关系网络与农民工工资水平之间关系的散点图

四、实证检验

1. 社会关系网络对农民工工资水平的影响:一个初步的检验

根据劳动经济学理论,劳动者的工资水平主要由人力资本、工作经验和工作特征等因素决定,所以我们下面建立以农民工的对数小时工资为被解释变量的 OLS 模型,并关心家庭社会关系网络的代理变量即"$giftperson$"、"$\ln giftperson$"和"$giftshare$"的回归系数,此外还同时控制了其他四类变量:第一,农民工的个人特征,包括性别、年龄及其平方项、受教育年限、婚姻状况、是否为中国共产党党员、是否为少数民族等。其中，劳动者的受教育年限用来度量他们的人力资本水平。由于农民工进入城市后所从事的绝大部分工作都是非农就业，所以我们可以从事非农就业的年限来度量他们的工作经验；根据人力资本投资理论，我们预期它们的回归系数为正。另外，农民工的性别、年龄、婚姻状况、是否为中国共产党党员、是否为少数民族等特征都有可能会对其工资水平产生显著的影响，这在现有的劳动经济学的实证研究中都早已被验证，比如男性普遍比女性获得更高的工资水平，结婚后的劳动者的工资水平往往更高，少数民族劳动者的工资水平可能会更低。第二，农民工所在村的信息，包括1990年该村的人均收入水平的对数、所在村的地形、到达县城和最近的车站的距离等。其中1990年该村的人均收入水平用来度量农民工外出打工的机会成本，如果他们村的人均收入水平较高，那么就说明他们在当地就业就能获得比较高的收入，从而外出打工的机会成本也就越高。这个变量也能同时反映他们在城市劳动力市场上的保留工资，所以我们预期这个变量的回归系数为正。第三，农民工的工作特征，包括职业类型、所在单位的经济性质、工作环境等共计17个变量。由于工作特征会直接决定工资水平，比如外资企业的工资水平普遍较高，从事技术类工作比从事简单的体力劳动类工作的工资水平普遍要高，从事管理类劳动比从事普通劳动的工资要高等。第四类控制变量是省份的虚拟变量，我们用它来捕捉一些与该省农民工有关但是却无法观测的特征。

为了便于分析，我们首先不考虑社会关系网络的内生性，而是直接考察农民工的家庭社会关系网络对于工资水平的影响。表6.11报告了以小时工资的对数为被解释变量的OLS模型回归结果。在表6.11中，模型1以家庭赠送礼品的亲友数量度量社会关系网络，它与模型2的区别在于采用对数值而不是水平值来度量社会关系网络。模型2和模型3对于社会关系网络的度量方法相同，但是模型2控制了工作特征，而模型3没有控制工作特征，这样对比的理由在于：如果社会关系网络能够通过影响农民工的工作特征而间接地影响工资水平，那么在控制和不控制工作特征两种情况下，社会关系网络的回归系数会发生显著变化。模型4与模型1和模型2的区别在于前者采用了家庭赠送礼品占家庭总支出的比例来度量社会关系网络。

表6.11 社会关系网络对农民工工资水平的影响(OLS模型)

	模型1	模型2	模型3	模型4
$giftperson$	0.004**			
	(0.002)			
$\ln giftperson$		0.028	0.033*	
		(0.018)	(0.018)	
$giftshare$				0.020
				(0.170)
age	0.006**	0.006**	0.007**	0.006*
	(0.003)	(0.003)	(0.003)	(0.003)
edu	0.009	0.009	0.014*	0.010
	(0.008)	(0.008)	(0.008)	(0.008)
$female$	−0.083**	−0.083**	−0.113***	−0.078**
	(0.039)	(0.039)	(0.037)	(0.039)
$married$	0.176***	0.177***	0.187***	0.176***
	(0.046)	(0.046)	(0.046)	(0.047)
$communist$	−0.071	−0.070	−0.066	−0.071
	(0.102)	(0.102)	(0.099)	(0.102)
$minority$	−0.063	−0.065	−0.072	−0.065
	(0.072)	(0.072)	(0.071)	(0.072)
$nonagr\_exp$	0.009*	0.009*	0.014***	0.009*
	(0.005)	(0.005)	(0.005)	(0.005)
$mountain$	−0.020	−0.010	−0.023	0.006
	(0.064)	(0.064)	(0.063)	(0.063)
$hill$	−0.071	−0.073	−0.080	−0.071
	(0.051)	(0.051)	(0.051)	(0.051)
$distance1$	0.002***	0.003***	0.003***	0.003***
	(0.001)	(0.001)	(0.001)	(0.001)
$distance2$	−0.003	−0.003	−0.004	−0.003
	(0.002)	(0.002)	(0.002)	(0.002)
$\ln villavinc\_90$	0.179***	0.179***	0.181***	0.186***
	(0.034)	(0.034)	(0.034)	(0.034)
工作特征	是	是	否	是
常数项	0.250	0.255	0.064	0.287
	(0.794)	(0.795)	(0.792)	(0.795)
观察值	2 047	2 047	2 047	2 047
R^2	0.280 3	0.279 6	0.267 4	0.278 7

注：括号里为标准误；*、**、***分别代表在10%、5%、1%的水平上显著。模型1和模型4在不控制工作特征的情况下，其他变量的回归系数的符号和显著性水平都没有发生显著变化。

从表 6.11 可以看出,首先,在模型 1 中变量"$giftperson$"的回归系数显著为 0.004,并在 5% 的水平上显著;其次,在不控制工作特征的情况下,"$\ln giftperson$" 在模型 3 中的回归系数为正并在 10% 的水平上显著,但是控制工作特征以后它在模型 2 中便不再显著。上述控制与不控制工作特征的结果对比,表明社会关系网络可以通过影响工作特征而间接地影响工资水平。而在模型 4 中,在控制工作特征的情况下,变量"$giftshare$"的回归系数为正但不显著,不控制工作特征,它的系数也依然为正但不显著。

实际上,上述回归结果并不能告诉我们社会关系网络对于农民工工资水平是否具有正效应,原因在于:首先,我们选择的代理变量可能会面临着度量误差问题,而这种度量误差可能会导致上述 OLS 回归结果是有偏的。其次,经济学和社会学中的很多研究都发现,人们交朋友并不是随机地或任意地选择,人们建立朋友关系时会具有"物以类聚、人以群分"的特征,所以我们观察到亲友对于某个家庭成员外出打工及其工资水平具有影响时,这可能只是反映了这个家庭成员与亲友具有相似的特征。比如更开放的人、更开朗的人、更富有企业家精神的人会有更多的朋友,他们外出打工的概率或打工收入更高,未必是因为他们拥有更多的朋友,而是由于他们本身的性格更开放、更开朗、更富有企业家精神。但是我们却无法观察或度量这些特征,这些遗漏变量可能会造成社会关系网络的内生性。第三,工资和社会关系网络之间本身也可能存在双向因果关系,一种可能性是收入更高的人更有能力构建社会关系网络,另一种可能性恰恰是那些能力更弱的人希望通过网络构建来提高自己的收入。上述几种问题都可能导致估计的内生性偏误。为了处理这一问题,本节的策略是为农民工的家庭社会关系网络寻找两个工具变量:第一个工具变量是农民工是否来自革命老区,第二个工具变量是户主配偶的母亲在土地改革中的政治成分。下面我们讨论使用它们作为工具变量的理由。

2. 工具变量的作用机制分析与一阶段回归检验

经历了多年的第二次国内革命战争及抗日战争之后新中国才得以成立,所以,在新中国成立后部分地区经国务院批准,有些乡村被民政部和财政部划分为"中国革命老根据地",简称"老区"。在土地革命战争和抗日战争时期,这些革命根据地有很多农民曾经参加过党领导的队伍,战争结束后,这些地区的革命烈士自然会较多，所以相对于非革命老区而言，老区的烈士家庭所拥有的亲戚数量就会减少，进而导致其社会关系网络减少。所以，我们预期"是否来自老区"这一变量对于现在的农民工家庭的社会关系网络具有负效应。同时，第二次国内革命战争及抗日战争对于现代社会的农民工而言完全是外生的，什么地区被划分为革命老区，也是早在新中国成立初期由中央政府确定的。当时划分革命老区的标准是：以生产大队为单位，在第二次国内革命战争时期曾经有党的组织，有革命武装，发动了群众进行了革命战争并建立了工农政权，进行武装斗争半年以上；或者在抗日战争时期曾经有党的组织，有革命武装，发动了群众斗争并建立了抗日民主政权，进行了抗日武装斗争一年以上。所以我们认为这一变量在农民工的工资决定方程中是外生的。同时在后文的一阶段回归中，我们还控制了村的地形及村人均收入等因素的影响，结果依然发现"是否来自老区"对农民工的社会关系网络显著为负。

新中国成立前后，为了稳定经济形势并建立新的社会经济秩序，中国共产党领导人民群众发动了从 20 世纪 40 年代末期开始到 50 年代早期结束的"土地改革"运动。在改革中，政府根据农民的财产和土地将他们被划分成五种政治成分：地主、富农、中农、贫下中农和贫农，然后将地主和富农所拥有的大部分私有土地和财产没收并分配给其他贫农，结果那些曾经位于旧中国社会底层被压迫的贫下中农和贫农获得了土地和部分财产并被视为"红色阶级"，而地主和富农则被视为"黑色阶级"。这种政治成分在当时人们的就业、婚姻、社会交往等方面都产生了非常重要的影响，直到 20 世纪 70 年代中后期，它在社会生活中的作用才逐步消退。本节之所以用户主配偶的母亲是否曾属于"黑色阶级"作为农民工家庭社会关系网络的工具变量，理由在于：第一，在土地改革运动中，那些地主和富农之所以被划分为"黑色阶级"，是因为他们曾处于旧社会的上层，并拥有较高的政治、社会和经济权力，所以我们可以预期，因为"黑色阶级"曾经拥有较高的政治经济地位，他们在土地改革之前就会拥有相对于"红色阶级"更多更广的社会关系网络，而这种更多更广的社会关系网络也会被他们的后代所继承下来。第二，在土地改革中，由于政治成分的重要性，年轻人的婚姻也因此而受到了很大的影响，由于"红色阶级"在土地改革后具有较高的政治地位，所以他们会极力回避与政治地位较低的"黑色阶级"结婚,结果,"黑色阶级"只能与"黑色阶级"结婚。例如,我们基于CHIPS2002数据整理后得到的6 718个家庭样本,用户主的母亲是否属于"黑色阶级"对户主的父亲是不是"黑色阶级"进行Probit回归,结果发现前者对后者的偏效应高达89.52%,并且在1%的水平上显著;用户主配偶的母亲是不是"黑色阶级"对户主配偶的父亲是不是"黑色阶级"进行Probit回归,发现前者对后者的偏效应依然高达85.69%,而且在1%的水平上显著;运用2 047个农民工样本进行的回归所得到的偏效应和显著性水平也都没有发生变化。这表明了在那个年代里的婚姻行为有着非常明显的"群分"和"门当户对"的特征。所以户主配偶的母亲的政治成分还会通过他们当初的婚姻的"群分"行为影响到现在的农民工所在家庭的社会关系网络。第三,中国农村有一个非常重要的传统就是"养儿防老",孙子孙女在小时候可能更多地接受爷爷奶奶的抚养,而不是外婆和外公的抚养,所以这种传统会导致农村的小孩和外公外婆在一起长期生活的概率小于和爷爷奶奶一起长期生活的概率,从而他们在生活中直接和间接受到的来自外婆的影响则更少。所以,外婆的政治成分只会通过影响年轻农民工的母亲的婚姻行为而对其家庭社会关系网络产生影响,但是并不能对年轻的农民工带来直接的影响。第四,本节使用的样本中农民工的平均年龄只有27岁,大部分农民工都是在20世纪70年代中期以后出生的。所以政治成分在他们出生后的绝大部分时间里其实已经不再对社会生活产生任何影响了。基于第三点和第四点,我们认为本节的工具变量不会对农民工的打工决策及工资水平产生直接的影响,而只会通过影响他们的家庭社会关系网络对他们的打工决策及工资水平产生影响。表6.12中提供的农民工所在家庭的户主及户

表6.12　户主及配偶的父母在土地改革中的政治成分分布

	户主父亲	户主母亲	户主配偶的父亲	户主配偶的母亲
全部样本	0.23	0.22	0.17	0.16
	(0.42)	(0.41)	(0.38)	(0.37)
农民工	0.24	0.23	0.16	0.16
	(0.42)	(0.42)	(0.36)	(0.35)
非农民工	0.23	0.22	0.18	0.16
	(0.42)	(0.41)	(0.38)	(0.37)

注:表中的数字为政治成分属于地主、富农和中农的比例;括号中的数字为标准误。

主配偶的父母的政治成分的统计描述为我们提供了进一步的支持。从中可以看出，农民工和非农民工所在家庭的户主和户主父母的政治成分的分布基本保持一致。所以，这在一定程度度上表明户主父母或其配偶的父母的政治成分对于现在的家庭成员是否移民并不会产生直接影响。

我们可以很容易地推断：相对于非革命老区的农民工而言，来自革命老区的农民工的祖父（或爷爷）辈更多地参加了革命队伍和战争并更多地出现烈士家庭，从而烈士家庭拥有更少的社会关系网络。但是事前判断户主配偶母亲的政治成分对于现在家庭社会关系网络的影响方向却并不容易，理由在于：首先，被划分为"黑色阶级"，表明他们在土地改革之前就因为较富裕和较高的政治经济地位而拥有相对较多的社会关系网络；其次，被划分为"黑色阶级"之后，一部分朋友可能会对他们"敬而远之"并脱离他们的社会关系网络，从而削弱他们的家庭社会关系网络，但是这种力量是否会使得他们的社会关系网络相对于其他政治成分的家庭的社会关系网络更少，我们却无法事前判断。本节认为，由于政治成分的划分并没有直接改变与人们的血缘关系，而具有血缘关系的亲戚往往构成了中国家庭的社会关系网络的主体部分，所以，即使有部分家庭被划分为"黑色阶级"而导致社会关系网络降低，他们依然会比其他家庭拥有更多的社会关系网络，从而，他们的后代也就从他们那里能够继承到更多的社会关系网络。

下面，我们分别将上述两个工具变量以"$IV1$"和"$IV2$"来表示，并对工具变量做一阶段回归检验，表 6.13 报告了一阶段回归结果。

表 6.13　工具变量对农民工现在所在家庭的社会关系网络的影响

解释变量	$giftperson$	$\ln giftperson$	$giftshare$
$IV1$	0.603	0.113*	0.029***
$IV2$	−2.823***	−0.374***	−0.016**
观察值	2 047	2 047	2 047
F 检验	Prob > F = 0.00	Prob > F = 0.00	Prob > F = 0.00
R^2	0.227 9	0.266 7	0.107 7
调整 R^2	0.215 0	0.255 4	0.097 5

注：*、**、***分别代表在 10%、5%、1%的水平上显著；限于篇幅，其他控制变量的回归结果都没有报告。

从表 6.13 中可以看出：除了第一个模型中的第一工具变量不显著外，其他工具变量都是显著的；而且针对上述三个模型中的两个工具变量进行的 F 检验值分别为 17.65、21.76 和 7.22。根据 Staiger 和 Stock(1997)提出的判断规则，在只有一个内生变量的情况下，一阶段回归的 F 检验值如果大于 10，则表明不存在弱工具变量的问题。最后我们还可以看出：在保持其他条件不变的情况下，如果农民工所在家庭的户主配偶的母亲曾在土地改革中被划为地主、富农或中农，则这个家庭现在所拥有的社会关系网络在比其他家庭更高，而来自革命老区的农民工确实拥有更少的社会关系网络。

3. 两阶段最小二乘法及过度识别检验

表 6.14 报告了利用上述两个工具变量的 2SLS 回归结果，从中可以看出：在三个模型中，度量家庭社会关系网络的指标对于农民工的工资水平都为正，与表 6.11 的 OLS 估计结果相比，系数的大小都有所提高，但它们都不显著。

虽然前面的检验已经排除了弱工具变量的可能，我们还需要进行过度识别检验以考察工具变量是否具有足够的外生性。根据 Wooldridge(2000)的方法，我们将上述模型中的所有外生变量对 2SLS 模型的残差进行回归，所得到的拟合优度分别为 0.000 1、0.000 1 和 0.000 0，它们与样本量的乘积都远远小于自由度为 1、显著性水平为 5% 的卡方分布的临界值，这表明本节所使用的两个工具变量中至少有一个是内生的原假设被拒绝。这个检验表明本节的两个工具变量具有足够强的外生性。最后，我们还利用 Hausman 检验比较 2SLS 与 OLS 模型的回归结果，结果无法推翻 2SLS 与 OLS 模型的回归系数没有系统性差异的原假设。另外，我们采用其中一个工具变量或者不控制工作特征时，我们关心的三个变量的回归系数的符号和显著性水平都没有发生显著变化。在不存在内生变量的情况下，OLS 回归比 2SLS 回归更有效，所以，基于过度识别检验、内生性检验、弱工具变量检验及 Hausman 检验的结果，我们接受表 6.11 中的回归结果。

前几节研究了家庭的社会关系网络对于农民工工资水平的影响，并利用工具变量考察了社会关系网络是否具有内生性并导致有偏的估计结果，实证结果发现：以家庭在当年赠送礼品的亲友数量度量的家庭社会关系网络对于农民工的工资水平的影响显著为正。但是这一效应从经济学含义上并不大，因为回归系数

表 6.14　社会关系网络对农民工工资水平的影响(2SLS 模型)

解释变量	模型 1	模型 2	模型 3
$giftperson$	0.008		
	(0.019)		
$\ln giftperson$		0.058	
		(0.128)	
$giftshare$			0.902
			(1.485)
age	0.005*	0.005*	0.005*
	(0.003)	(0.003)	(0.003)
edu	0.008	0.008	0.009
	(0.010)	(0.010)	(0.008)
$nonagr\_exp$	−0.092**	−0.091**	−0.083**
	(0.046)	(0.044)	(0.039)
$female$	0.185***	0.187***	0.179***
	(0.047)	(0.048)	(0.049)
$married$	−0.084	−0.081	−0.078
	(0.104)	(0.104)	(0.105)
$communist$	−0.041	−0.046	−0.056
	(0.072)	(0.072)	(0.076)
$minority$	0.009*	0.009*	0.009*
	(0.005)	(0.005)	(0.005)
$mountain$	−0.050	−0.028	0.006
	(0.142)	(0.098)	(0.064)
$hill$	−0.074	−0.078	−0.065
	(0.051)	(0.052)	(0.054)
$distance1$	0.002***	0.003***	0.003***
	(0.001)	(0.001)	(0.001)
$distance2$	−0.003	−0.003	−0.003
	(0.002)	(0.002)	(0.002)
$\ln villavinc\_90$	0.174***	0.174***	0.189***
	(0.050)	(0.049)	(0.034)
工作特征	是	是	是
省份虚拟变量	是	是	是
常数项	−1.254***	−1.309***	−1.372***
	(0.331)	(0.283)	(0.288)
观察值	2 047	2 047	2 047
Hausman 检验	$Prob > \chi^2 = 1.00$	$Prob > \chi^2 = 1.00$	$Prob > \chi^2 = 1.00$

注:括号里为标准误;*、**、*** 分别代表在 10%、5%、1%的水平上显著。

仅仅为0.004,这表明家庭每增加一个礼尚往来的亲友,仅能使农民工工资增加
0.4%,而样本家庭当年赠送礼品的亲友平均仅为8个。当我们以家庭当年赠送礼
品的亲友数量的对数来度量家庭社会关系网络时,在控制了工作特征的情况下,它
对于工资水平不显著,而若不控制工作特征,它则在10%的水平上显著为正。这表
明它对于工资水平不具有直接的正效应,但是它可以通过影响农民工的工作特征
而对工资水平产生间接效应。虽然在表6.11的模型1中"$giftpersen$"的回归系数
显著,但是一般的实证分析往往更倾向于对以数量为单位的变量采取对数形式,所
以我们更倾向于接受模型2和模型3的回归结果。综上所述我们认为,仅仅有非
常微弱的证据表明拥有更多的家庭社会关系网络能够直接提高农民工在城市劳动
力市场上的工资水平,它主要是通过影响工作特征而间接地影响农民工的工资
水平。

五、小结

　　本节基于来自CHIPS2002中22个省的农户调查数据,检验了农民工所拥有
的家庭社会关系网络对于他们在城市劳动力上的工资水平的影响,并同时利用工
具变量考察了社会关系网络是否具有内生性并导致有偏估计,结果发现只有非常
微弱的证据能够表明更多的家庭社会关系网络可以直接提高农民工在城市劳动力
市场上的工资水平。基于本节相同数据的研究以及其他类似的研究,都发现了利
用社会关系网络能够显著影响到农民工在城市劳动力市场所能够找到工作的类
型,同时本节的研究也发现它主要是通过影响农民工的工作特征而间接地影响工
资水平,我们认为这一结果是由农民工的特征及劳动力市场的特征决定的。首先,
由于农民工大多具有低受教育程度和低技能的特征,同时,雇用他们的企业有很多
也都是劳动力密集型的,所以,这就决定了他们只能够从事低技能的工作;其次,在
2002年,中国城市劳动力市场所具有的一个普遍特征就是农民工的供给大于需
求。这两个特征决定了他们所面临的劳动力市场具有较高的竞争性,而在这样一
个劳动力市场上,利用社会关系网络这种非正式制度就几乎不能直接改变市场上
的均衡工资水平。由于这样的劳动力市场上信息不对称的问题也并不严重,因此,
社会关系网络克服信息不对称的功能也不显著。所以社会关系网络在城市农民工

劳动力市场上的作用实际上是起到了配给工作岗位的作用，它能够直接影响农民工找到的工作特征，并间接地影响农民工的工资水平，却不能直接改变市场上均衡的劳动力价格。基于本节的研究，我们可以为理解文献中有关社会关系网络对于工资（或收入）的影响的实证研究的不同结论提供一些启示。我们的理解是，从研究方法上来说，是否考虑社会关系网络的内生性是得到不同研究结论的可能原因之一。此外，劳动力市场的性质也是决定社会关系网络的作用的重要因素。如果劳动力市场是接近充分竞争的，有关劳动力市场的信息不对称问题并不严重，那么工资作为价格机制更多地发挥着调节劳动力市场供需的作用，社会关系网络在克服信息不对称方面所起的作用也有限，但是社会关系网络却仍然可能作为非市场力量而改变不同的人获得不同工作的可能性。

本节的研究加深了我们对社会关系网络这种非正式制度在转型经济的劳动力市场中的作用的理解，几乎所有的研究都发现社会关系网络有利于农民工在城市劳动力市场上寻找到工作，所以这种非正式制度的存在有助于促进城乡之间融合和缩小城乡收入差距。但是，社会关系网络对于农民工工资水平的影响却非常微弱。而对中国城市劳动力市场的研究却发现，找工作的网络有利于劳动力通过进入收入较高的行业而提高收入（陈钊等，2009）。相比之下，本节的证据表明：农民工进入高收入行业的可能性非常低。在未来的中国城市劳动力市场上，随着外来劳动力的增多和城市化进程的推进，移民和城市居民在社会关系网络拥有方面的差异完全可能成为一个加剧劳动力市场分割的因素，这是一个值得进一步研究的问题。

第三节 社会关系网络对缓解农户贫困脆弱性的意义

一、研究问题的提出

近年来"贫困脆弱性"逐渐成为贫困研究领域内的一个前沿热点，由于它考虑了风险冲击对家庭福利的影响而富有政策含义，所以受到了研究者和发展中国家政策制定者的广泛关注，但是目前对于它的度量方法以及它的决定因素的研究都还很缺乏，基于中国数据的理论和实证研究则更少。所以本节将首先基于一个来自中国农村的面板数据，利用一个相对比较准确的方法度量贫困脆弱性，然后考察农户拥有的社会关系网络和风险冲击以及它们之间的交互对于农户贫困脆弱性的影响。

对于贫困脆弱性的定义与度量，一种比较广泛的方法是将它作为对家庭未来福利的一种前瞻性的反映，因为这种前瞻性能够有助于提前识别那些在未来可能会陷入贫困的家庭，从而可以帮助政府瞄准这些家庭以主动消灭或减少未来贫困的发生，所以这一方法就将风险与风险管理引入到了政策设计的核心。然而经济学家们所面临的最大困难在于他们只能观察到家庭现在或过去的收入或消费水平，他们需要利用这些可观测到的信息来预测未来的贫困，并同时将未来的风险冲击和家庭应对风险冲击的能力等因素考虑在内。本节将基于中国健康与营养调查（China Health and Nutrition Survey，CHNS）数据中 1989 年、1991 年和 1993 年的农村样本，用一个相对比较精确的度量方法和前两年的数据来预测出农户在 1993 年的贫困脆弱性并进行校正，然后实证分析它的决定因素以及农户所遭受的风险冲击的影响。

本节的另一个研究动机在于将社会资本与贫困脆弱性研究结合起来。虽然目前关于社会资本的作用的研究很多，但是还没有文献能够将这两者结合起来进行分析，关于家庭的未来贫困与社会关系网络之间关系的研究中，还有一系列重要问题需要回答：当一个家庭面临着负向的冲击时，那些抵抗力低的家庭是否会变得脆弱而在未来更易于陷入贫困？特别地，当家庭拥有社会关系网络时，是否会运用它们来抵御这种冲击，从而降低家庭的未来贫困脆弱性呢？本节的研究目的就是为了回答这些问题。这些问题是现有关于贫困和社会资本的研究都没有回答的。另外，关于贫困脆弱性的研究都认识到，负向的冲击会使那些抵抗力低的家庭变得脆弱而易于陷入贫困，但是家庭是否会运用所拥有的社会资本来抵御这种冲击，从而降低家庭的贫困脆弱性呢？例如，现有关于家庭消费的研究都表明，家庭会运用各种方式，例如信贷、保险、变卖资产等来应对收入的冲击以平滑消费。既然如此，我们也有理由相信，当面临某种负向的冲击时，家庭也会运用其所拥有的社会资本对这种冲击的负向作用进行防御，从而会对其未来的福利状况产生影响。对于这一问题,当拥有面板数据的时候,就可以直接考察家庭所遭受的负向冲击与家庭所拥有的社会资本之间的互动关系,以及它们与家庭的未来贫困之间的关系。

二、贫困脆弱性的定义与度量方法

1. 贫困脆弱性的定义

根据 Alwang 等(2001)的总结,我们可以把贫困脆弱性的定义大致划分为三类:由于风险或冲击所导致的收入或消费的波动、由于风险或冲击对家庭福利所造成的影响、由于风险或冲击而导致的在未来跌落到贫困线以下的概率。关于这三类定义的文献综述可以参见 Zhang 和 Wan(2006)的研究。如果我们认为贫困脆弱性是前瞻性的,那么在任何时点和给定数据的情况下它都是无法观察的,所以一个可行的定义方法就是估计对家庭福利造成影响的风险或冲击使家庭陷入贫困的概率。有很多研究都认识到,贫困脆弱性是风险及家庭对风险的反应的函数,从而将贫困脆弱性定义为一个家庭因为遭受到风险或冲击而陷入贫困的概率。例如,Dercon(2005)将贫困脆弱性定义为陷入贫困的威胁和威胁的程度;Kühl(2003)则沿用了 Foster 等(1984)对贫困的度量方法,将贫困脆弱性定义为一个家庭遭受一个重大的福利冲击并将其带到一个社会可接受的最低福利水平之下的概率。Zhang 和 Wan(2006)也将一个特定的家庭在时间 t 的贫困脆弱性定义为在时间 $t+1$ 时收入水平降低到贫困线以下的概率。Christiaensen 和 Subbarao(2005)则将个人的贫困脆弱性定义为两部分的乘积,第一部分是其消费水平在未来降低到贫困线以下的概率,第二部分以消费降低到贫困线以下的相对缺口作为权重的概率。Chaudhuri 等(2002)则将一个家庭在时间 t 时的贫困脆弱性定义为它在时间 $t+1$ 时陷入消费贫困的概率。类似地,Pritchett 等(2000)也用类似的方式来定义贫困脆弱性,认为贫困脆弱性是家庭在不远的将来将要遭受至少一个阶段的贫困的概率。McCulloch 和 Calandrino(2003)则沿用了 Pritchett 等(2000)的方法,将贫困脆弱性定义为一个家庭在任意给定年份里跌落到贫困线以下的概率。Mansuri 和 Healy(2001)也将贫困脆弱性定义为一个家庭在未来的 T 个时间段内遭受至少一个时间段的贫困的概率。在本节中我们也接受这种以未来陷入贫困的概率定义贫困脆弱性的方式。

2. 贫困脆弱性的度量方法

对应于上述三种定义,对于贫困脆弱性的度量方法也可以分为三类:第一类方法用家庭的消费或收入的变动性来度量。尽管这种方法考察了贫困脆弱性与一些风险之间的关系,但是它实际上是一种静态的度量,而且它的主要目的不在于预测未来的贫困,也没有直接将未来的冲击考虑在内。第二类方法则用未来的消费支出(或者未来消费支出的效用)与贫困线(或者贫困线的预期效用)之间的差来度量。第三类方法则运用未来陷入贫困的概率来度量,这显然是一种动态的度量方法。本节采用比较流行的第三种度量方法。

为了捕捉未来收入或消费的潜在不确定性,我们假设家庭在 t 时的收入或消费的概率分布函数为 $f_t(Y_{i,t+1})$,用 V_{it} 来表示家庭的收入或消费水平低于贫困线的概率,并用下式来度量家庭在 t 时所面临的在 $t+1$ 时的收入或消费跌落到贫困线以下的概率:

$$V_{it} = \int_{-\infty}^{z} f_t(Y_{i,t+1}) \mathrm{d}(Y_{i,t+1}) \tag{6.1}$$

其中,$Y_{i,t+1}$ 表示家庭 i 在 $t+1$ 时的人均收入或消费,z 为贫困线。如果这个概率超过 50%,我们就认为这个家庭是脆弱的,反之则认为它不是脆弱的。在计算 V_{it} 之前,我们需要首先推导出未来收入或消费的概率分布函数 $f_t(Y_{i,t+1})$。

为了得到这一概率分布函数,现有研究主要采取了两种方法:第一种方法是所谓的"蒙特卡罗自导法",它是基于家庭的可观察特征以及可观察到的"类似家庭"的收入或消费的波动来生成一个未来收入或消费的可能分布,然后用这个生成的分布代替所要推导的概率分布。Kamanou 和 Morduch(2002)与 Kühl(2003)的研究就采用了这一方法。

第二种方法则相对简单和直观,即直接假设未来的消费或收入服从某种分布,例如正态分布,然后估计出未来收入或消费的均值和标准差,从而计算贫困脆弱性。例如,Rajadel(2002)基于 Sharpiro-Wilk 的正态分布检验[①],采用了人均食品

---

① 具体请参见 Shapiro 和 Wilk(1965)的研究。

消费呈对数正态分布的假设,然后根据家庭的特征估计出食品消费的事前的均值和标准差,进而在此基础上计算贫困脆弱性。另外,Chaudhuri 等(2002)、Christi-aensen 和 Subbarao(2005)以及 Zhang 和 Wan(2006)等也都将他们的度量方法建立在家庭的消费或收入服从对数正态分布的基础上。McCulloch 和 Calandrino (2003)的研究则是假设每个家庭的跨期消费(inter-temporal consumption)为正态分布,但是不同家庭的消费的分布有着不同的均值和方差,然后他们运用面板数据估算每个家庭的跨期消费的均值(inter-temporal mean consumption expenditure)和标准差。Pritchett 等(2000)的研究则假设家庭目前的消费与未来消费之间的差服从正态分布。Mansuri 和 Healy(2001)将他们的研究建立在一个更强的假设基础之上,即历史上所有对于支出产生影响的冲击以及任何度量误差都服从正态分布。

在预测家庭未来陷入贫困的概率时,无论是事先假设未来收入或消费服从某种分布,还是通过蒙特卡罗自导法来推导未来收入或消费的分布,都会基于未来消费或收入的均值和方差来建立概率分布函数。为了得到均值和方差,现有研究又采取了两种办法:一种办法是通过回归分解将观察到的收入分解成永久性收入和暂时性收入,其中的永久性收入被作为未来收入的均值的估计值,而根据永久性收入所计算出的收入或消费的方差则作为未来收入或消费的方差的估计值;另一种方法则是基于时间序列数据直接计算观察到的收入的均值和方差,并将它们视为未来收入的均值和方差的无偏估计量。基于万广华和章元(2009)以及万广华等(2011)的研究,我们知道在蒙特卡罗自导法的效率比其他方法的精确性略低,而将直接计算的过去若干年的简单算术平均数作为永久性收入的度量比通过回归方法得到永久性收入的方法更精确,所以本节的度量技术路线为:首先计算 1989 年和 1991 年收入水平的算术平均值作为家庭永久性收入的度量,然后计算家庭的收入水平方差并作为家庭未来收入水平的方差的代理变量,最后基于式(6.1)度量贫困脆弱性。然而基于这一方法所预测出的贫困脆弱性依然会有很高的误差,在本节中我们采取了一种简单的方法加以弥补:根据 1993 年农户是否陷入贫困的真实情况来校正预测结果,凡是预测结果与 1993 年实际结果不一致的,我们都以 1993 年的实际发生情况为准。

三、资料来源

本节所使用的数据来自 CHNS 数据,这是一个由北卡罗来纳大学的人口研究中心(Carolina Population Center at the University of North Carolina)、国家营养与食品安全局(National Institute of Nutrition and Food Safety)以及中国疾病控制与防治中心(Chinese Center for Disease Control and Prevention)联合组织的调查①。尽管这个调查不是以收入为主要目的,但是问卷中也设计了与收入相关的部分,从而可以使我们能够计算出家庭的收入。到目前为止,CHNS 先后于 1989 年、1991 年、1993 年、1997 年、2000 年、2004 年和 2006 年执行了 7 次调查,每一轮调查覆盖了分布在中国 9 个省份中的大约 4 000 个家庭中的 15 000 人。

本节遴选出 1989 年、1991 年和 1993 年这三轮中都出现过的农户构成一个面板,这个面板中包含了 2 339 个分布在 9 个省份中的农户。之所以没有采用后面年份的数据,其中的一个重要考虑是后续年份的调查数据相对于早期数据而言会产生样本流失②。同时,由于后续年份的调查之间相间隔时间比较长,中间发生的变异使得我们不能够简单地根据预测结果与实际结果进行对比以判断预测的准确性。当然,我们所使用的样本并不能代表整个中国农村居民。由于本节的主要目的并非为了全面预测中国农村居民的贫困脆弱性,而是为了度量和分析贫困脆弱性的影响因素,所以这个样本可以服务于这一研究目的。本节所使用的数据的关键优势就在于它是一个面板数据,从而可以允许我们考察风险冲击对于未来的贫困脆弱性的影响。另外,CHNS 还搜集了各地关于物价水平方面的详细信息,并且用搜集到的价格信息将农户的收入水平进行了平减(以 1988 年的人民币物价为基准),这个指数比统计局公布的各省的物价指数能够更准确地反映出不同地区间的物价水平的差异,所以用这个指数调整出来的收入数据会更准确。与贫困脆弱性度量相关的另一个问题是贫困线的选择。现有大部分关于贫困问题的研究都批评说由中国统计局制定的官方贫困线相对于国际标

---

① 对 CHNS 数据感兴趣的读者可以参考如下网站:www. cpc. unc. edu/projects/china。
② 关于样本流失所产生的问题,可以参见 Kamanou 和 Morduch(2002)的深入讨论。

准贫困线而言太低，从而会大大低估真实的贫困状况。所以本节就采用了国际标准贫困线，即每天 1 美元和每天 2 美元，并用世界银行公布的购买力平价进行折算。

四、实证分析

基于本节所使用的 CHNS 数据，我们用家庭在过去的一年中所接受的来自亲友的赠予礼金（品）价值来度量家庭层面的社会关系网络。[①]在考察农户的贫困脆弱性的决定因素时，我们将重点放在家庭成员所面临的来自健康方面的冲击上。在本节所使用的数据中，对于健康方面的冲击用家庭成员的疾病或伤害的程度来度量。[②]对于家庭成员的疾病或伤害情况，是由被提问者对每个有疾病或受伤害的成员用"不严重"、"稍微严重"、"十分严重"来评价。为了将每个家庭成员所承受的疾病或伤害的度量转化为对于整个家庭的影响的度量，我们将家庭成员的疾病或受伤害程度进行了加总。为了得到稳健的结果，我们采取了两种加总方法：第一种方法分别给"不严重"、"稍微严重"、"十分严重"三种情况以 1、2、3 的权重，第二种方法分别给"不严重"、"稍微严重"、"十分严重"三种情况以 1、4、9 的权重。例如，如果一个家庭中有两个成员受到一个严重的伤害而另一个成员只承受了一种并不严重的疾病，那么用第一种方法来度量，这个家庭承受的冲击为 $7 = 1 + 3 \times 2$，用第二种方法来度量，这个家庭承受的冲击为 $19 = 1 + 9 \times 2$。严格来说，这种度量方法所给予的权重是具有主观性的。但是，由于 CHNS 数据中并没有关于各种受伤害或疾病的详细信息，所以我们只能采取这种粗略的方式来度量。但是，后文中度量方法所得到的结果的显著性没有显著变化。

为了考察农户贫困脆弱性的决定因素，并且特别关注家庭成员所遭受的负向冲击及家庭层面的社会关系网络的影响，本节建立了如下的 Probit 模型：

---

① 数据来自 CHNS 中 1989 年问卷的问题 127、问题 129 和问题 130。问题 127：在过去的 12 个月里，你的家庭或家庭中的某个成员是否获得过来自家族成员或朋友的捐赠？问题 129：在过去的 12 个月里，你的家庭或家庭的某个成员是否获得过来自子女、父母、其他亲戚、朋友或其他非家庭成员的食物、衣服之类的赠送？问题 130：如果这些食物和衣服等必须购买，它们值多少钱？

② 家庭成员所遭受的负向冲击的数据来自 CHNS 中的 1989 年问卷的问题 224 和问题 226。问题 224：在过去的四个星期里你是否生过病或受过伤？问题 226：病情或伤害是否严重？

$$P(PV_{i,91} = 1) = \Phi(\alpha + \beta_1 socialk_{i,89} + \beta_2 shock_{i,89} + \beta_3 socialk_{i,89} \cdot shock_{i,89}$$
$$+ \beta_4 employee_{i,89} + \beta_5 \ln fixasset_{i,89} + \beta_6 land_{i,89} + \beta_7 hhsex_{i,89}$$
$$+ \beta_8 hhage_{i,89} + \beta_9 hhedu_{i,89} + \beta_{10} hhcadre_{i,89} + \beta_{11} hhmin_{i,89} + \mu_i)$$

$$(6.2)$$

式(6.2)里的下标 i 表示第 i 个家庭,下标 89 和 91 分别表示 1989 年和 1991 年;模型的被解释变量是被预测并被校正后的贫困脆弱性。方程右边控制了影响贫困脆弱性的变量,对这些变量的定义参见表 6.15。在这个模型中,我们重点关注家庭成员遭受的风险冲击、家庭的社会关系网络的度量以及它们之间的交互项的回归系数。

表 6.15 未来贫困决定因素的自变量的定义

变 量	变 量 定 义
$PV1$	1993 年的贫困脆弱性,贫困线 = 每天 1 美元
$PV2$	1993 年的贫困脆弱性,贫困线 = 每天 2 美元
$shocka$	家庭成员所遭受的负向冲击,以 1、2、3 为权重
$shockb$	家庭成员所遭受的负向冲击,以 1、4、9 为权重
$socialk$	来自亲友的捐赠的价值
$socialk \cdot shocka$	$socialk$ 与 $shocka$ 的交互项
$socialk \cdot shockb$	$socialk$ 与 $shockb$ 的交互项
$employee$	家庭成员中被雇用的数量
$\ln fixasset$	家庭所拥有的农业生产性固定资产价值的对数
$land$	家庭所耕种的土地面积
$hhcadre$	户主是否为干部
$hhmin$	户主是否为少数民族
$hhsex$	户主性别(女=1,男=0)
$hhage$	户主年龄
$hhedu$	户主受教育年限

表 6.16 报告了上述模型的回归结果,从中可以得到如下结论:

第一,变量"$socialk$"对于农户的贫困脆弱性的偏效应都显著为负,无论采取什么权重来度量家庭成员所遭受的负向冲击,以及无论采用高贫困线还是低贫困线,这一结果都没有发生改变。这就给出了一个稳健的结论:家庭层面的社会关系网络能够显著的降低贫困脆弱性。这一点也补充了现有研究关于社会资本能够减少贫困的结论，也就是说家庭层面的社会资本不仅有利于减少当期的贫困，而且还会有利于减少未来的贫困。

第二，两种不同权重度量的负向冲击与社会关系网络的交互项，即"$socialk \cdot shocka$"和"$socialk \cdot shockb$"对家庭贫困脆弱性的偏效应也都显著为负[1]，而且无论采用高贫困线还是采用低贫困线来度量贫困脆弱性，这一结果都不发生改变。这一稳健的结果表明：家庭层面的社会关系网络确实可以有助于抵御家庭所遭受的负向冲击的影响，家庭层面的社会关系网络不仅能够直接降低家庭的贫困，而且还能够通过抵消负向冲击的影响而间接降低家庭的贫困脆弱性。

第三，采用两种权重度量的负向冲击，即"$shocka$"和"$shockb$"对于用两条贫困线度量的家庭未来贫困的偏效应都为正，但不显著。这表明在保持其他条件不变的情况下，家庭成员所遭受的负向冲击可能会增加家庭的脆弱性，但是它的效果并不显著。本节对于这一结果的解释是：在有交互项存在的情况下，这一偏效应是指在存在社会关系网络对负向冲击的抵御作用的前提下，负向冲击本身对于家庭未来贫困的偏效应，所以，由于社会关系网络已经抵御了负向冲击的影响，而冲击本身在模型中就不能够对家庭的贫困脆弱性产生显著的影响了。

第四，从其他控制变量的偏效应中还可以看出贫困脆弱性的其他决定因素：户主的年龄、性别、受教育程度、是否为干部这几个变量对于贫困脆弱性的偏效应都是显著的。其中，户主的受教育年限和是否为干部都能够显著地降低贫困脆弱性，这表明了以户主受教育程度度量的人力资本和以户主是否为干部来度量的政治资本都能够降低贫困脆弱性；户主若为女性，则会比户主为男性的家庭有更高的贫困脆弱性；户主的年龄越大，贫困脆弱性更高。另外家庭的耕地面积对于贫困脆弱性的偏效应都显著为正，这表明土地对于样本农户已经不再是一种有利于增加收入的资本。这一点在中国是有其特殊背景的。我们都知道，新中国在重工业优先发展的经济战略目标之下实行了城市倾向政策，农业利润被以价格剪刀差的形式转移到城市部门以支持重工业和城市部门的发展。近年来的改革虽然已经在逐步扭

---

[1] 现有大部分研究在非线性模型中使用交互项的文章，几乎都没有正确估计非线性模型里交互项的偏效应和标准差。在本节中，这一问题则得到了解决。

转对于城市部门的倾向,同时农村剩余劳动力逐步向城市部门转移,但是农产品与工业产品的贸易条件对于农村部门依然不利,即使有大量的农村剩余劳动力进入城市,往往总是那些拥有更高的人力资本的劳动力会先转移到城市部门从事非农生产活动,从而获得相对于从事农业更高的收入。所以,对于农村家庭,耕种了更多土地的家庭往往是那种没有机会从事非农生产活动的农户。虽然目前中国政府也正在试图逐步扭转城市倾向政策,但是这种政策对于城市部门的倾向还依然存在。所以在这种情况下,从事农业活动更多的家庭,即耕地面积更多的农户,其贫困脆弱性反而更高。

表 6.16 家庭层面的社会关系网络对贫困脆弱性的偏效应

自变量	因 变 量			
	PV1		PV2	
socialk	−0.000 2**	−0.000 1**	−0.000 3***	−0.000 3***
	(0.000 1)	(0.000 1)	(0.000 8)	(0.000 1)
shocka	0.003 1		0.003 57	
	(0.005 2)		(0.011 36)	
shockb		0.000 2		0.000 0
		(0.003 1)		(0.005 9)
socialk · shocka	−0.000 7**		−0.000 3***	
	(0.000 4)		(0.000 1)	
socialk · shockb		−0.000 2**		−0.000 2***
		(0.000 1)		(0.000 1)
employee	0.004 0	0.004 1	0.025 4***	0.025 5***
	(0.004 2)	(0.004 3)	(0.008 7)	(0.008 7)
ln fixasset	−0.004 2**	−0.004 4**	−0.003 6	−0.003 6
	(0.001 8)	(0.001 9)	(0.003 6)	(0.003 6)
land	0.004 0**	0.004 2**	0.009 1***	0.009 1***
	(0.001 8)	(0.001 8)	(0.003 5)	(0.003 5)
hhsex	0.033 9**	0.035 6**	0.077 5***	0.077 7**
	(0.001 7)	(0.012 6)	(0.031 2)	(0.031 1)
hhage	0.001 6***	0.001 6**	0.004 0***	0.004 1***
	(0.000 5)	(0.000 5)	(0.000 9)	(0.000 9)
hhedu	−0.005 9***	−0.006 1***	−0.022 7***	−0.022 7***
	(0.001 6)	(0.001 6)	(0.003 2)	(0.003 2)

续表

自变量	因　变　量			
	PV1		PV2	
hhcadre	−0.057 8*	−0.060 4***	−0.194 7***	−0.194 0***
	(0.015 0)	(0.015 4)	(0.047 0)	(0.046 9)
hhmin	−0.004 5	−0.004 5*	0.030 1	0.029 0
	(0.013 4)	(0.014 0)	(0.028 3)	(0.028 2)
拟 R^2	0.063 6	0.062 2	0.070 6	0.071 3
对数似然值	−657.09	−658.09	−1 396.70	−1 395.67
模型卡方检验	89.25	87.25	212.07	214.14
观察值	2 338	2 338	2 338	2 338

注：括号中为标准误；*、**、*** 分别代表在10％、5％和1％的水平上显著。

五、小结

本节首先基于一个能够比较准确地预测贫困脆弱性的方法以及 CHNS 数据预测了农户的贫困脆弱性，然后对预测结果进行了校正，并实证分析了农户的贫困脆弱性的决定因素，特别地，我们还着重考察了社会关系网络对于家庭贫困脆弱性的影响。结果表明：家庭层面的社会关系网络不仅能够直接有助于降低家庭的贫困脆弱性，而且还能够有助于家庭应对负向冲击的影响，从而间接地降低家庭的贫困脆弱性；另外，家庭所拥有的人力资本、户主是否为干部以及所拥有的农业生产性固定资产的价值这些变量都能显著地降低家庭的贫困脆弱性。本节的研究为制定反贫困政策提供了有用的启示：家庭所拥有的人力资本、社会资本和物质资本对于其贫困脆弱性具有重要影响，特别是家庭层面的社会关系网络对于降低贫困脆弱性不仅具有直接效应，还能够通过抵消负向冲击而间接地降低贫困脆弱性。所以，政府制定扶贫政策时还可以从增加社会资本（比如各种社会关系网络）的角度进行考虑。

第七章

户籍制度、城乡收入差距与城乡融合

第一节 户籍制度的建立及其功能

新中国成立后的国内国际政治经济形势使得中国政府选择了重工业优先发展的战略,而由于发展重工业需要大量的资本,并且当时中国工业生产的基础和技术水平都很落后,为了迅速推动工业化,在无法获得外援的情况下,中国就只能依靠内部积累来进行工业化。所以,中国政府就采取了城市倾向政策剥夺农业利润补贴工业,并同时给城市国有企业的工人提供众多免费的公共服务,包括医疗、教育、住房等。在这种体制下,政府必须有一个劳动力管理体制限制劳动力从农村自由流动进入城市,中国的户籍制度正是在这种形势和背景下产生的。

中国政府于1958年颁布了《中华人民共和国户口登记条例》,并以该条例为依据在全国实行户籍管理制度,它标志着中国户籍制度的正式形成。该条例对户籍管理的宗旨、主管户口登记的机关、户口簿的作用、户口登记的范围、户口申报与注销、户口迁移及手续、常住人口与暂住登记等方面作了全面而详细的规定。它确定的主要管理措施至今依然在沿用,是目前中国城乡融合中阻碍人口迁移和劳动力流动的最根本性的制度框架。王美艳和蔡昉(2008)认为中国的户籍管理制度显著不同于西方成熟市场经济体制下的户籍管理制度:它本来只是政府对其居民的基本状况进行登记和相关管理的行政管理制度,目的只是维护社会治安和提供人口统计资料，但中国的户籍制度是为了推行重工业优先发展战略而制定和实施的，其目的是把城乡人口的分布和劳动力配置固定，已经远远超出了通常意义上的职能。它的更深远影响是：户籍已经成了居民"身份"的标志。有了某地的户籍，就意味着能够享受本地政府为其提供的一系列福利待遇，而没有本地户籍的人只能望其项背。

从历史的角度看，中国的户籍制度在经济发展的初期阶段曾经对中国的工业化起到了重要作用。如果没有户籍制度对于劳动力流动的限制，单单凭借市场力量，中国不可能采取不平衡的发展战略在短期内迅速建立起完善而庞大的工业部门，所以它对于中国由一个农业人口大国迈入工业化轨道具有重要作用。然而，随着中国市场经济体制的建立和完善，农村改革和农业生产技术进步解放的农村剩余劳动力不断增加，工业化和城市化进程对农村剩余劳动力产生的需求也逐步上升，户籍制度越来越成为一个束缚经济增长的障碍：第一，限制了劳动力的自由流动，从而扭曲了劳动力资源的配置效率；第二，加剧了城乡二元社会的长期分割状态；第三，与户籍制度相联系的城市倾向政策加剧了城乡收入差距的持续扩大；第四，造成了农村剩余劳动力进入城市劳动力市场就业时遭受到各种歧视，不利于通过劳动力流动缩小城乡收入差距，不利于农村居民分享到工业化、城市化以及由此而到来的经济增长的成果；第五，造成了城市劳动力市场的分割，降低了城市劳动力市场配置资源的效率；第六，上述问题还引导出不利于经济增长和扭曲资源配置效率的间接机制。例如，农村居民更少地分享到工业化和城市化带来的经济增长的成果，会反过来降低他们进行人力资本积累的积极性，以及推动城镇居民和财政分权体制下的城市地方政府继续维护现有的城市倾向政策以及相关的福利制度（例如，不愿意向流动人口平等地提供公共服务以降低财政支出），从而对未来的城乡融合以及城市内部的融合产生阻碍作用。

因此，中国要逐步废除户籍制度对于劳动力自由流动的限制以及与之相联系的城市倾向政策，逐步扭转过去60多年的不平衡工业化道路，坚持科学发展观，这样才能够走出一条可持续的、和谐的经济发展之路。

第二节　城乡收入差距、农民工进城与犯罪率上升

一、研究问题的提出及文献综述

改革开放 30 多年来中国经济持续快速增长,社会经济的很多方面都取得了显著进步。然而,我们可以观察到一个显著而重要的社会经济现象:以各种统计指标度量的犯罪率也保持着持续上升的趋势。如图 7.1 所示,无论是侵财案件、刑事案件,还是凶杀与伤害案件,中国的犯罪率在过去的 30 多年里都保持着明显的增长趋势①。从图 7.1 中我们还可以明显看出:每 10 万人侵财案件数和每 10 万人刑事案件数在 2000 年前后有一个极其明显的跳跃,这一显著的上升被称为中国的"第五次犯罪高峰"②。中国社科院发布的《2010 年中国社会形势分析与预测》指出:2009 年 1 月至 10 月,全国公安机关所立各类刑事犯罪案件比 2008 年同期上升14.8%,全国有 25 个省市的刑事案件立案数与 2008 年同期相比有所上升。也就是说,这一犯罪高峰到目前为止已经持续了将近 10 年,至今不但没有任何下降的

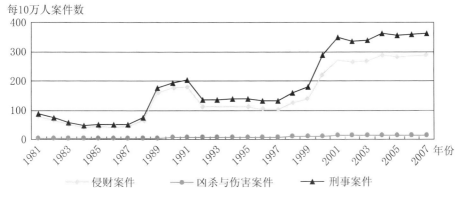

图 7.1　中国历年各类案件的数量(1981—2007 年)

---

①　图 7.1 中 1983 年的数据缺失,我们取 1982 年和 1984 年的平均值弥补。

②　犯罪率在 2000 年开始出现的显著的跳跃是否为中国的"第五次"犯罪高峰,在法学界还存在争论,有的法学研究者认为它是中国的"第四次"犯罪高峰。我们撇开这个争论,暂且称它是中国的"第五次犯罪高峰"。

趋势，反而打破了 2000 年以来一直保持的稳态而出现较大增长。犯罪活动对于社会稳定和经济发展的破坏性历来受到政府、社会各界及研究者的重视。特别是中国这些年来犯罪率的持续上升，与中国构建和谐社会的目标更是互相冲突的，所以这次犯罪高峰的产生更是引起了各方面的高度重视。

针对这一重大社会经济现象，有很多研究从不同的角度给出了解释。仅就社会学、法学和经济学领域的研究而言，目前比较流行的观点认为改革开放以来城乡收入差距的扩大是导致中国犯罪率上升的重要原因[1]，很多法学研究和政府部门的报告也将农民工进城导致的流动人口增加作为中国犯罪率上升的重要原因。从学术研究的角度看，目前国内关于这一重大问题的成果还不是太多，而且可能还有深层次的原因没有被挖掘出来。所以我们利用 1988 年至 2008 年的省级面板数据从经济学的角度重新检验了城乡收入差距的扩大是不是导致各省犯罪率上升的重要因素，同时还考察了犯罪率的其他影响因素。

"不患寡而患不均，不患贫而患不安"。从理论上讲，收入差距的扩大确实有可能会导致社会的不安定及犯罪率的上升。例如，我们把全国的城乡收入差距与每 10 万人侵财案件数放在图 7.2 中进行对比[2]，可以看出两者所表现出来的波动模式非常相似，所以我们有理由认为城乡收入差距的扩大可能是中国犯罪率上升的一个重要影响因素。然而图 7.2 仅仅是一个简单而直观的描述，要深入考察两者之间的关系，还需要进一步的实证分析。

收入差距的扩大与人类对于公平和平等的追求背道而驰，而且会对社会经济的发展带来严重的负面影响，它对于犯罪率的影响历来受到了各国研究者的关注，因而产生了基于不同国家数据的大量实证研究。例如，Kennedy 等（1998）利用美国的数据研究表明：收入差距与枪支和暴力犯罪有着很强的相关性。Kelly（2000）的研究也发现收入差距对美国的暴力犯罪有着强稳健的影响，并且弹性大于 0.5。

[1] 在现有的文献中，有的用"收入差距"，有的用"贫富差距"，有的则混用而不加区别。大部分研究所强调的其实是收入差距，贫富差距与收入差距具有不同的含义，并且准确度量贫富差距的统计数据较难获得。

[2] 用各年《中国统计年鉴》提供的城镇居民可支配收入与农村人均纯收入之比度量城乡收入差距。

图 7.2　中国的城乡收入差距与侵财案件数的对比(1981—2007 年)

Tsushima(1996)基于日本的数据系统地考察了贫困、收入差距和失业对谋杀、破门行窃、偷窃犯罪的影响,发现收入差距和偷窃具有正向关系,而失业率与谋杀和破门行窃显著正相关,贫困水平只与谋杀显著正相关,但是当控制了失业率、年轻男子的比例以及工业化水平时,这种相关关系就不存在了。Fajnzylber 等(2002)使用 UNWCS(United Nations World Crime Surveys)1970—1994 年发展中国家和发达国家的蓄意谋杀和抢劫率的面板数据研究发现,收入差距扩大显著增加了犯罪率。但是,并不是所有的研究都得出了这样的结论,例如,Brush(2007)分别用美国各州的截面数据和时间序列数据考察了收入差距对犯罪率的影响,结果发现二者在横截面数据分析中正相关,在时间序列数据分析中却负相关。

　　当然,基于发展中国家的实证研究还需要考虑一个重要因素,就是报案率与实际犯罪率之间的差异所导致的度量误差。例如,Soares(2004)分析了各国犯罪率的异质性,发现发达国家的报案率更高,前人所发现的经济发展与犯罪率的正相关关系大部分是由于报案率造成的,而不平等的降低与经济增长率的提高和教育的增加有利于犯罪率的降低。另外,Demombynes 和 Özler(2005)检验了南非的收入差距对侵财犯罪和暴力犯罪的影响,发现破门行窃案发率在最富裕的警察分管区要平均高出 25%—43%,他们没有发现不同种族之间的收入差距会增加冲突,但是却发现了种族的异质性与犯罪高度正相关。

在国内学术界，人们也热衷于谈论收入差距与社会稳定的关系，政府决策者也同样特别关心这个问题，然而我们并没有看到有学者利用中国的资料对这一问题作出很有说服力的经验研究（李实，2003）。这一状况在近年来有所改变，例如，胡联合等（2005）的研究发现：全国居民收入差距、城乡居民收入差距、地区间收入差距的扩大都与违法犯罪活动的增加密切相关，收入差距的扩大对于侵财犯罪的增加尤其明显。白雪梅和王少瑾（2007）的研究也得出了收入差距扩大会增加犯罪的结论。黄少安和陈屹立（2007）研究了收入分配、教育、失业以及城市化和贫困等因素对犯罪率的影响，结果发现：全国范围内、城市内部、农村内部以及城乡之间的收入差距扩大对犯罪率都有着显著的影响，失业和农村贫困也对犯罪率有显著影响，而改革开放以来的城市化进程也大大提高了犯罪率。与上述研究不同的是，陈春良和易君健（2009）利用中国 1988 年至 2004 年的省级面板数据进行了实证研究，结果也发现城乡收入差距扩大是导致犯罪率上升的重要因素，在控制了跨省人口迁移、政府的福利支出水平、失业率等因素以后，城乡收入差距每上升 1% 会导致刑事犯罪率上升 0.37%—0.38%。另外，Edlund 等（2007）的研究发现中国的性别比失衡也构成了推动犯罪率上升的一个重要因素。陈硕（2010）考察了政府的司法投入对于降低犯罪率的作用，发现司法投入的增加并没有取得预期的效果，并认为不断增长的犯罪率更大程度上是转型期中国的多种社会经济特征所致。

与城乡收入差距扩大密切相关的一个问题是中国农村剩余劳动力随着改革开放的深入而大量进入城市劳动力市场导致城市流动人口增加。随着以农民工为主体的城市流动人口迅速增加①，流动人口犯罪也逐渐成为城市管理的一个难题。有大量的调查研究发现：在城市犯罪分子中流动人口确实占有相当大的比重。例如，根据北京市公安局的统计，流动人口在被抓获的犯罪嫌疑人中所占的比例在1996 年为 56%，2000 年为 58%，2005 年为 61%，从 1996 年到 2005 年，北京市的流动人口数量增长了 2.8 倍，而流动人口犯罪的数量却增长了 3.6 倍（王大中等，

---

① 农民工和流动人口这两个范畴有所区别，在中国的背景下，农民工是城市流动人口的主要构成部分，但是流动人口也包括其他部分，例如旅游、探亲者等，我们对于这两者不做特别的区分。

2007);王桂新和刘旖芸(2006)基于搜集的上海市 2003 年 1 月至 2005 年 6 月的 945 个案例的分析发现,上海市的犯罪人口中流动人口也占到 60％左右。所以,有 很多研究都对中国的流动人口犯罪现象给予了关注,并将其归结为中国犯罪率上 升的重要原因(许承余,2008;王大中等,2007;陈如、肖金军,2004;麻泽芝、丁泽芸, 1999;王桂新、刘旖芸,2006)。

上述研究和调查对于我们理解收入差距扩大的负面影响以及流动人口增加对 于城市治安状况的压力有着重要意义,同时也给我们理解社会矛盾的演化以及政 府制定公共政策提供了可能的依据。然而中国城乡收入差距扩大以及农民工进城 对于犯罪率的影响可能并非如此简单,下面我们将展开初步的理论分析并给出对 于这一重大现象的经济解释。

二、理论分析

虽然国内的研究大多认为城乡收入差距的扩大以及农民工进城导致的流动人 口增加对中国犯罪率的上升具有显著影响,但是,我们认为还有如下几个理由使得 再次研究这一问题成为必要。

1. 城乡收入差距扩大与中国犯罪率上升之间具有因果关系吗?

从前文的文献综述中可以看出,现有研究其实大多只是发现了城乡收入差距 的扩大与中国犯罪率的上升具有相关关系,但是并没有证明它们具有因果关系。 我们认为,现有研究并不一定能够证明中国城乡收入差距的扩大必然会导致犯罪 率的上升,理由在于:第一,如果这一理论成立的话,那么一个自然的推论就是城乡 收入差距扩大使得处于收入阶梯下端的农民更多地走向犯罪。但是中国社会的一 个重要特征在于城乡之间的长期分割以及公民具有较低的社会流动性,城市居民 收入更高是一个长期存在的事实,农村居民可能认为这与他们完全无关,对于那些 偏远地区的农民而言,他们甚至并不知道城市居民到底过着一种什么样的富裕生 活。在这种情况下,他们为什么必然会更走向犯罪? 第二,与中国城乡收入差距扩 大并存的一个事实是城乡居民的财富差距也在扩大,特别是在城市房地产市场和 金融市场快速增长的情况下,城市居民所拥有的财富会更加迅速地增长。财富差 距的扩大也同样可能促进犯罪,而财富差距和收入差距之间又是高度相关的,所以这便导致收入差距在实证研究中往往具有内生性。甚至，在理论上我们还无法区分是收入差距还是财富差距会推动犯罪，或哪一个更明显地推动犯罪。第三，即使城乡收入差距的扩大可能导致农村居民走向犯罪，这里也需要区分犯罪的类型。从理论上讲，收入差距的扩大可能会使得低收入群体走向侵财犯罪，但是未必会走向其他暴力犯罪；如果说一定要在收入差距与暴力犯罪之间建立联系的话，一个可能的机制就是低收入者的"仇富"心理，但是目前并没有证据表明这种心理确实普遍存在并促使有这种心理的人更多地走向犯罪。第四，在中国经济背景下，城乡收入差距的扩大会吸引更多的农村剩余劳动力进入城市就业，而当更多的农民工被吸引到城市劳动力市场上并得到更高的机会收益时，他们的犯罪率完全可能会下降而不是上升。实际上，上述反思将我们对这个问题的探究引到了流动人口犯罪的问题上，于是就产生了我们想要回答的第二个问题：农民工进城导致的流动人口增加是导致中国犯罪率上升的重要原因吗？

2. 农民工进城导致流动人口增加会推动中国的犯罪率上升吗？

根据逻辑关系，如果说农民工进城增加了犯罪率，那么我们就应该能够观察到农民工的数量与犯罪率之间具有相关关系。图 7.3 直观地提供了中国在过去若干年中的农民工规模，从中可以看出农民工数量的增长与波动趋势。我们把图 7.3 和图 7.1 进行对比则可以发现：第一，1994 年前后中国就已经出现了农民工进城的高潮，然而犯罪率在此时却保持着非常平稳的趋势。第二，从图 7.1 中可以看出，1989 年和 1992 年的犯罪率有显著的跳升和下跌。前面的跳跃是因为 1989 年公安机关纠正立案不实的现象，使得刑事立案陡增（魏平雄等，1998），而后面的下跌是因为 1992 年公安部门提高了盗窃案的立案标准。如果忽略两次调整导致的波动，那么中国的犯罪率在 2000 年前的增长速度其实还是很平缓的。但是在这个过程中，中国的农民工已经由 20 世纪 80 年代初期的不足 100 万迅速增长到 2000 年人口普查时的 1.44 亿[①]，也就是说，农民工的规模在 2000 年前如此快速的膨胀并没有带来犯罪率的膨胀。第三，关于农民工进城导致犯罪率上升的理论还无法解释

[①] 根据蔡昉等（2003）的估计，1983 年的民工数量只有几十万，根据农业部固定观察点的统计，1986 年外出打工的农村劳动力也只有 50.35 万；而根据 2000 年的人口普查，民工的数量达到 1.44 亿（国家统计局，2002）。

的一个重要事实是,通过图 7.1 我们可以观察到中国的"第五次犯罪高峰"大致从 2000 年开始,但是我们并没有观察到农民工进城数量在 2000 年的急剧跳升。同时,在中国的"第五次犯罪高峰"出现和持续时,农民工的数量一直很稳定而没有明显的上升趋势。例如,根据国务院研究室的调查发现,2004 年共有 1.2 亿外出农民工(国务院研究室课题组,2006);根据全国农村固定观察点的 30 个省近 2 万农户的调查监测,2004 年全国外出就业的农村劳动力达到 10 260 万人(陈晓华等,2005);而据国家统计局 2008 年 2 月公布的第二次全国农业普查数据显示,2006 年全国农村外出从业劳动力为 1.32 亿(国家统计局综合司,2008)。所以,这些事实表明外出农民工数量的上升与犯罪率上升的模式有很大的不同,或者说犯罪率的增加与农民工进城市带来的流动人口数量之间并不存在简单的线性关系。

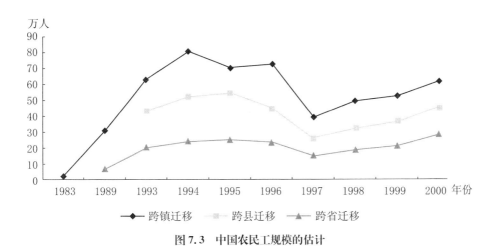

图 7.3　中国农民工规模的估计

资料来源:蔡昉等(2003,第 268 页)。

除了上述因素外,我们还有其他理由质疑农民工进城数量的增加会推动犯罪率上升的理论。绝大多数农民工进城的目的是为了就业,他们就业后的收入比在农村而言会有较大的上升,于是这里就产生了一个问题:进城农民工的收入水平比留在农村时得到了更大的改善,他们的犯罪倾向会比在农村时更高吗? 同时,根据 Becker(1968)的犯罪经济学理论,我们可以推断:现代科技在城市的广泛应用(例如摄像头)会提高犯罪被发现的概率,城市中的高楼及防盗门和防盗窗会增加盗窃犯罪的难度,投入城市中的警力密度也相对较高,这些因素都会起到降低犯罪率的作用。同时,即使我们假设某些农民工在没有进入城市之前就已经是潜在的犯罪分子,或者假设农村的潜在犯罪分子更容易流动到城市,进入城市使得他们改变了犯罪地点,他们的流动一方面会增加城市的犯罪率,但是同时也会降低农村地区的犯罪率,然而我们并不清楚他们进城对于总体犯罪率的净影响是正还是负。总之,现有研究并没有证明农民工进城规模的上升必然会推动犯罪率的上升,流动人口在城市犯罪分子中的比例较高只是一个静态的事实,这并不能被用来解释中国犯罪率的上升趋势。另外,我们还需要思考的问题是:即使证明了农民工会增加流入地城市的犯罪率,我们是否就能够将农民工的数量与犯罪率直接而简单地联系起来? 这中间的机制到底是什么? 如果我们接受现有理论的解释,那么为什么图7.3中1994年前后出现的农民工数量高速增长没有带来犯罪高峰的出现,而2000年后的农民工进城却导致了"第五次犯罪高峰"?

3. 现有研究在方法上是否存在一定的局限性?

除了上述问题外,现有的一些研究在方法上可能还存在某些局限性:第一,在实证研究中,很多文献都没有能够采取很好的策略来解决变量的内生性问题,例如前面提到的,与收入差距密切相关的贫富差距也可能是促进犯罪率上升的重要原因。为了解决这一内生性问题,我们将利用工具变量来解决。第二,有很多重要变量在现有的研究中没有加以控制。例如,在我们使用数据的时间段内,公安部门曾于1996年和2001年分别实施了两次"严打";另外,公安机关还在1989年对立案不实进行了调整,1992年对盗窃立案标准也进行了调整。第三,现有大部分研究都是利用时间序列数据,由于统计数据的缺乏,时间序列数据大多是小样本,并且会存在时序自相关等问题,而基于省级面板数据的研究则更具优势。

4. 什么是中国犯罪率上升及"第五次犯罪率高峰"更深层次的原因?

如果上述几个方面的质疑成立的话,即城乡收入差距和(或)农民工进城规模的增加并不一定导致中国犯罪率的上升,那么还有什么因素推动中国犯罪率的上升? 特别地,是什么原因导致了"第五次犯罪高峰"的出现? 我们认为它与20世纪90年代城市失业率的上升有关:一方面,城镇登记失业率的上升意味着城市劳动力市场上就业岗位的绝对或相对减少,这意味着农民工失业率可能也在同时上升,这两类失业人员的增加会直接推动犯罪率的上升。另一方面,城市失业率的上升,会推动城市地方政府采取对农民工更加严厉的歧视性就业政策以保护城市居民的就业和再就业,这种歧视性政策导致农民工失业替代了城市居民失业,被形象地称为"腾笼换鸟"(杨云彦、陈金永,2000)。而失业的农民工由于缺乏各种社会保障和保险而比失业的城市居民更加脆弱,从而具有更高的犯罪倾向,这于是便会更加显著地推动犯罪率的上升。我们认为上述力量综合在一起推动了中国"第五次犯罪高峰"的出现与持续。图 7.4 提供了城镇登记失业率与犯罪率的直观描述,从中可以看出二者的波动趋势高度相关,下面我们对上述机制进行更详细的阐述。

图 7.4　中国城镇登记失业率与每 10 万人刑事案件数对比(1981—2007 年)

20 世纪 90 年代中国城市部门的民营化改革打破了城镇居民的"铁饭碗"并带来了大量的城镇失业,由于这些改革使得部分城市居民的福利受到了损害,从而使得社会矛盾激化。所以我们有理由相信,部分城市居民会因为失业而走向犯罪,从而直接推动犯罪率的上升。其次,城市失业率的上升也意味着城市劳动力市场上的就业机会绝对或相对减少,这便意味着农民工的失业率可能也在上升,而农民工失业率的上升也会直接推动犯罪率的上升。同时,城市失业率的上升还会通过如下机制间接地推动犯罪率的上升:新中国成立后实施的重工业优先发展战略加剧了城乡二元社会的分割,在这一背景下,城市政府会有激励更加注重保护本地居民的就业。例如,蔡昉(2000)从政治经济学的角度对城市政府为解决城市居民的失业问题而对农民工就业采取各种限制政策进行了详细的分析。实际上,中央政府也希望城市政府优先解决城镇居民的失业问题。例如,1994 年 11 月 17 日劳动部颁布了《农村劳动力跨省流动就业管理暂行规定》,该规定的第 5 条的内容是:"只有在本地劳动力无法满足需求,并符合下列条件之一的,用人单位才可跨省招用农村劳动力:经劳动就业服务机构核准,确属本地劳动力普遍短缺,需跨省招用人员;用人单位需招收人员的行业、工种,属于劳动就业服务机构核准的,在本地招足所需人员的行业和工种;不属于上述情况,但用人单位在规定的范围和期限内,无法招到或招足所需人员。"从这一规定中可以明显看出中央政府也希望或默许地方政府对于外来劳动力采取歧视性的就业政策。

特别地,中国城市部门的改革催生的城镇登记失业率在 20 世纪末开始出现了一个跳升,图 7.4 提供了一个直观的描述:城镇登记失业率在整个 20 世纪 90 年代都保持着缓慢上升的趋势,但是在 2000 年出现了一个非常明显的跳跃,而在这个跳跃的背后,恰恰是城市政府从 20 世纪末开始针对农民工就业采取更加严厉的歧视性政策。例如,北京市的劳动管理部门多年来都在制定和公布《本市允许和限制使用外地务工人员的行业工种》,而到了 2000 年,限制农民工进入的行业从 1999 年的 5 个增加到 8 个,限制性工种从 34 个增加到 103 个①。袁志刚等(2005)的研究也发现,由于本地就业压力加大,上海市自 1996 年以来就加大了对外来劳动力的清退与限制力度,并要求从 2000 年起,需要新招用外来劳动力的单位先进入上海职业介绍网络招用本地劳动力,在招不到的情况下才可招用外来劳动力,招到外来劳动力后,须由单位统一办理就业证。为了进一步限制企业对外来劳动力的使用,还要求各单位按实际使用外地劳动力的人数缴纳务工管理费和管理基金,以提高使用外来劳动力的成本,降低对外地劳动力需求。类似地,南京市政府于 1999 年发布了《南京市外来劳动力劳动管理规定》,要求"用人单位应当严格控制使用外来劳动力,优先使用本市城镇劳动力。用人单位未经批准,不得擅自招用外来劳动力"②。

① 蔡昉等(2003)的专著《劳动力流动的政治经济学》第 166 页提供了一个对北京市政府限制外来劳动力的政策沿革的详细介绍。
② 参见南京市劳动局劳动监察处、南京市劳动监察大队颁布的《劳动保障监察工作手册》,转引自殷京生的文章《城市流动人口:中国社会转型期亟待关注的弱势群体》,详见 www.tecn.cn/data/detail.php?id=3375。

另外,也有城市于 1999 年出台了文件,并规定金融、保险等 5 个行业、34 个工种限制使用农民工,规定"商业、旅游业以及住宅小区的物业管理等第三产业招用下岗职工的人数不得低于使用外地务工人员人数的 50%。其他各类企业招用下岗职工的人数不得低于使用外地务工人员人数的 30%"①。从上述例子中可以看出,各地政府特别是农民工主要流入地的东部城市地区政府,确实在 20 世纪末先后开始采取对于农民工更加严厉的歧视性就业政策以更多地保护城镇居民的就业。所以我们有理由相信,当城市失业增加时,政府的这种"腾笼换鸟"的歧视性就业政策使得农民工失业替代了城镇居民失业。下面我们提供一些关于农民工失业替代城市失业的证据。

一个最有力的证据来自 2008 年发生的次贷危机。中央农村工作领导小组办公室主任陈锡文于 2009 年 2 月 10 日透露,2008 年全国大约有 2 000 万农民工受金融危机影响而失业返乡,这就意味着有大约 15.3% 的农民工失业②;然而,这个数字可能低估了农民工的真实失业率,这是因为调查地是在农村而不是城市,必然还有一部分失业了但是并没有返回农村的农民工没有被包括在样本内。然而,我们却可以看到 2007 年中国的城市登记失业率为 4%,而到了 2008 年则仅仅上升到4.2%(国家统计局,2009),即使是 2009 年,人力资源社会保障部公布的城镇登记失业率也仅仅上升到 4.3%。但是,我们知道中国经济增长的特征之一是出口导向型的,并且出口主要由外商直接投资带动,而外商直接投资部门所雇用的农民工的比例并不高。例如,根据由国家统计局和中国社科院组织的"中国居民家庭收入调查(CHIPS)"中的 22 个省的 9 200 个农户样本,我们发现只有大约 8% 的外出农民工在外商直接投资部门就业。按照这个比例我们可以推理:外商直接投资的主要劳动力应该是城镇居民,那么外生的次贷危机带来的负面冲击理应最终体现为城镇居民失业的显著增加,而不是农民工失业的显著增加。但是,实际结果却是农民工更多地承受了失业。类似地,中国从 1997 年到 1999 年的城镇登记失业率一直保持在3.1%,也就是说,1997 年的东南亚金融危机竟然也没有导致中国的城镇登记失业率

---

① 转引自朱海就和周颖(2000)的文章。

② 2009 年 2 月 10 日新华社报道,《两千万失业农民工返乡之后——川豫鲁皖四省调查》,http://www.gov.cn/jrzg/2009-02/10/content_1226480.htm。

上升。而造成这一结果的一个重要原因应该归咎于城市政府的歧视性就业政策。

同时，我们还认为城市失业率的上升所直接和间接推动的犯罪率上升主要是由失业农民工造成的，其中的关键原因在于城市倾向的失业保险和社会保障政策：20世纪90年代城市部门的改革催生了大量城市失业，为了解决由此而产生的社会矛盾，各地政府在各部委和中央政府的支持下逐步建立起了覆盖城市居民的最低生活保障制度，失业的城镇居民可以进入"再就业服务中心"并领取一定的生活补贴，但是这些保障措施并没有覆盖失业农民工。所以我们可以预料，由于这种歧视性的制度安排，失业农民工比失业的城镇居民更具有脆弱性。城市居民失业后至少可以领取最低生活保障，并且继续享有某些医疗和社会保障等，然而失业的农民工在城市里却得不到任何最低生活保障。农民工为了增加收入来到城市劳动力市场，他们一旦失业后，不但没有任何收入，却还要支付生活费、交通费、住宿费以及城市政府可能征收的各种管理费等。而且，由于所拥有的社会网络主要在农村地区而不在城市地区，他们在城市劳动力市场上失业时利用社会网络来对抗失业的负面影响的能力非常有限。正是由于他们的这种脆弱性，才会更容易地走向犯罪并导致中国犯罪率的上升。

由于数据的约束，目前我们还无法分离出城市失业率上升推动犯罪率的直接效应和间接效应，但是我们可以提供一些证据：第一，有很多调查和研究发现，从20世纪末到21世纪初，中国东部城市的流动人口犯罪比例呈明显上升的趋势。例如，广州市的流动人口犯罪占刑事案件总数的比例从2001年的84.5%上升至2004年的87.5%，天津市的流动人口犯罪比例由1999年的35.6%上升到2005年的42.3%（丛梅，2007）。另外，根据王志强（2006）对天津市当年入狱罪犯的调查，流动人口罪犯占当年入狱罪犯的比重从2002年的26.7%上升到2005年的42.5%。第二，有调查发现，20世纪末以后的城市流动人口犯罪大多是失业的流动人口，而并非一般的农民工或流动人口。例如，王大中等（2007）对北京市的调查发现，2006年上半年流动人口犯罪总数中无业和职业不固定人员占64.2%，在珠江三角洲的调查发现这一现象更为突出，在整体城市犯罪总量中流动人口中无业人员、无证（缺证）人员几乎占到99%，而广州市犯罪总量中流动人口中无业人员、无证（缺证）人员占80%。陈如和肖金军（2004）基于南京市公安局提供的数据也得出了类似的结论:犯罪的流动人口主要集中于收入较低的单位用工,如建筑、搬运、经商服务者,收旧拾荒者以及无业人员,收旧拾荒者与无业人员占犯罪的流动人口比例从 1998 年到 2002 年达到 40% 左右并有上升的趋势。

　　上述数据为我们提供了两方面的清晰证据:第一,流动人口犯罪在城市犯罪中的比例恰恰是从 20 世纪末开始普遍上升,特别是在农民工的主要流入地的东部地区城市尤为突出;第二,流动人口中的罪犯在 20 世纪末以后主要是失业或半失业的农民工,而不是普通的农民工。所以,我们可以得出如下结论:流动人口犯罪的增加并非是因为农民工进城数量的增加,而是因为农民工失业的增加。总之,我们认为中国犯罪率的上升与农民工进城而产生的流动人口数量增加并不存在简单的线性关系,主要原因在于:在歧视性的社会保障和社会保险政策背景下,失业的农民工更加脆弱从而更容易走向犯罪;同时,在城市地方政府实施更加严厉的歧视性就业政策的情况下,脆弱的农民工失业会替代城市居民失业;特别地,中国的"第五次犯罪高峰"是因为城市失业率在 20 世纪末的急剧上升并通过上述机制的推动而出现的。下面我们利用中国的省级面板数据进行检验。

三、实证研究的数据及变量介绍

　　为了检验本节的解释,并同时考察犯罪率上升的其他影响因素,我们利用 1988 年到 2008 年的省级面板数据展开计量分析。下面先简要介绍资料来源及部分关键变量。模型的被解释变量是各省的犯罪率,这里我们采用了各省当年每万人刑事犯罪的数量以及每万人被刑事起诉的数量来度量[①],它们来自相关年份的《中国检察年鉴》。

　　本节所关心的第一个自变量是城乡收入差距,我们直接用城市居民的人均可支配收入和农村居民的人均纯收入之比来度量。本节所关心的第二个自变量为城

---

① 直接用实际发生的犯罪率和起诉率来度量中国的犯罪情况,可能面临着度量误差问题,这是因为实际发生的案件可能要比报告给公安和检察机关的案件更多。对于这个问题的讨论,可以参见胡联合和胡鞍钢(2006)的研究。在本节的实证研究中我们尚无法处理这种度量误差。但是,观察中国不同地区的犯罪率可以发现,东部和西部省份的犯罪率较高,而中部省份的犯罪率则较低,而且本文使用的是刑事犯罪的指标,在现实生活中,刑事犯罪被漏报的可能性较低,所以我们推断认为实际发案与报案之间的度量误差并不是一个严重的问题。当然,如果这种度量误差是随机的,那么它并不会导致实证分析中的回归系数的偏误。

镇登记失业率①。另外，本节的实证分析还将控制其他一系列重要变量：第一，我们用公检法的支出占财政支出的比重度量政府对打击犯罪的投入力度；公安部门还曾于 1983 年、1996 年和 2001 年先后实施了三次"严打"，本节控制了后面的两次"严打"；另外，中国于 1989 年和 1992 年调整了立案标准，所以我们也将它们设成虚拟变量加以控制。第二，我们还同时控制了各省的人均 GDP、工业 GDP 的比重、城市化程度、农村人口平均耕地面积、农村或城市居民收入水平等变量用以反映各地经济发展状况，以及从本省迁移出去和从其他省份迁移进入的户籍人口数量。第三，我们还控制了是否属于直辖市、少数民族省份、西部地区和中部地区这四个虚拟变量以及时间趋势变量。在本节中，未明确交代资料来源的变量都来自各年的《中国统计年鉴》。表 7.1 提供了后文实证分析中相关变量的定义。

表 7.1　实证分析中变量的定义

变　量	变　量　的　定　义
被解释变量	
逮捕率	每万人中刑事犯罪的数量（对数形式）
起诉率	每万人中被刑事起诉的数量（对数形式）
基本控制变量	
inequality	本省城市人均可支配收入与农村人均纯收入之比
unemploy	城镇登记失业率（单位：%）
urbanization	城镇人口占全部人口的比重（单位：%）
police	公检法支出占全省财政支出的比重（单位：%）
avgdp	人均 GDP（单位：元）
change89	1989 年对立案不实的状况进行调整（1989 年为 1）
change92	1992 年调整盗窃案立案标准虚拟变量（1992 年以前为 1）
attack1	1996 年"严打"虚拟变量（1996 年为 1）
attack2	2001 年"严打"虚拟变量（2001 年为 1）
city	是否属于直辖市（1 = 是；0 = 否）
middle	是否属于中部地区（1 = 是；0 = 否）
west	是否属于西部地区（1 = 是；0 = 否）

---

① 由于中国城市就业体制的特殊性，城镇登记失业率可能会低估真实的城市失业率，所以这在实证研究中会导致度量误差。但是我们认为它的波动也依然能够反映出真实失业率的波动，可以把它看作是真实的城市失业率的"晴雨表"。

续表

变　量	变　量　的　定　义
minor	是否属于少数民族省份(1=是;0=否)
timetrend	时间趋势变量
其他控制变量	
avland	农村人口平均耕地面积(单位:亩)
ruralinc	农村居民人均纯收入(单位:元)
urbaninc	城镇居民人均可支配收入(单位:元)
mig_in	迁入本省的户籍人口数量
mig_out	迁出本省的户籍人口数量
工具变量	
ruraltax	农业特产税占财政收入的比重(单位:%)

　　另外,由于统计数据的缺乏,少数年份的某些指标会出现缺失,本节采用了常用的数据弥补方法,如果在两个年份之间有缺失数据,我们就用这两个年份的均值来代替缺失值。最后,我们得到1988—2008年除港澳台及重庆之外的省级面板数据。

　　表7.2提供了本节的实证研究中主要变量的统计描述,为了直观起见,其中报告了没有取对数的犯罪率的统计描述,从中可以看出,在本节研究的时间段内,每万人被逮捕或被起诉的平均数量比6稍高一些。

表7.2　实证分析中连续变量的统计描述

变　量	均　值	标准差	最大值	最小值
逮捕率	6.12	2.42	18.24	1.06
起诉率	6.36	2.98	21.20	1.11
inequality	2.71	0.73	5.16	1.02
unemploy	3.05	1.17	7.7	0.30
police	0.07	0.02	0.13	0.01
urbanization	0.43	0.20	0.89	0.13
ruraltax	0.03	0.03	0.11	0.00
ruralinc	2 290	1 773	11 986	345
urbaninc	6 049	4 418	26 738	504
avland	3.26	2.34	10.4	0.69
mig_in	91 332	66 640	391 970	4 000
mig_out	81 090	58 032	344 253	4 566
avgdp	9 019	10 399	677.24	75 267

四、实证检验

下面我们利用上述数据展开实证检验。首先，为了便于对比，我们不考虑变量的内生性，而采用现有研究的普遍做法，并控制现有研究所大多控制的自变量（即表7.1中的基本控制变量），然后看能否得出与现有研究一致的结果。表7.3报告了分别以逮捕率和起诉率为被解释变量的随机效应和固定效应模型回归结果，从中可以看出，城乡收入差距对于逮捕率和起诉率的回归系数都至少在1‰的水平上显著为正，这与现有研究的结果一致。另外，我们还可以看出失业率对于逮捕率的回归系数竟然为负，假设这个结果是无偏的话，那么在理论上是无法给出合理解释的。

然而，对于这一结果我们必须保持谨慎，这是因为模型中至少还存在如下几个问题：第一，即使固定效应模型有助于解决某些变量的内生性，但是它只能解决不随时间而变化的遗漏变量所导致的内生性问题，所以我们并不能简单地根据上述结果判断城乡收入差距扩大必然会显著增加犯罪率。第二，面板数据常常面临着时序相关性问题。第三，本节的数据只有630个观察值，这是一个小样本，如果内生性和自相关问题确实存在的话，那么表7.3中的回归结果将是有偏的。所以，我们继续采用其他计量方法来解决这些问题。

由于城乡收入差距会受到各种制度或环境因素的影响，而这些制度或环境有可能会直接影响犯罪率，所以这些遗漏变量会导致内生性问题。我们通过工具变量来解决。一个合适的工具变量必须满足两个条件，它必须能够对内生变量产生直接影响，并且与模型的残差项不相关。我们利用农业特产税占全省税收总量的比例作为城乡收入差距的工具变量，理由在于：新中国建立后，中央政府采取了重工业优先发展的战略，因而需要大量的资本积累发展重工业，为了解决资本不足的问题，政府通过工农业产品价格剪刀差的形式剥夺农业剩余支持城市工业部门的发展。同时，还对农业生产进行征税，这其中便包括农业税和农业特产税，前者主要针对粮食生产征税，后者则主要是针对经济作物征税，它们包括烟草、水果、茶叶、蚕茧、水产品、林业、牲畜和食用菌等。随着中国经济的发展和城市倾向政策的逐步转变，这一税收到2006年便不再征收。有大量基于微观数据的实证研究发

表 7.3　随机效应和固定效应模型回归结果

变　量	随机效应模型		固定效应模型	
	逮捕率	起诉率	逮捕率	起诉率
inequality	0.093***	0.095***	0.102***	0.114***
	(0.026)	(0.029)	(0.027)	(0.030)
unemploy	−0.003	0.010	−0.005	0.006
	(0.012)	(0.014)	(0.012)	(0.014)
police	2.269***	2.273***	2.232***	2.300***
	(0.561)	(0.637)	(0.569)	(0.644)
avgdp	0.000***	0.000***	0.000***	0.000***
	(0.000)	(0.000)	(0.000)	(0.000)
urbanization	−0.133*	−0.142*	−0.138*	−0.159**
	(0.068)	(0.077)	(0.071)	(0.080)
change89	0.105***	0.070	0.105***	0.071
	(0.039)	(0.044)	(0.039)	(0.044)
change92	0.065**	0.138***	0.069**	0.146***
	(0.030)	(0.034)	(0.030)	(0.034)
city	0.414***	0.497***		
	(0.149)	(0.153)		
minor	0.004	−0.036		
	(0.160)	(0.164)		
attack1	0.169***	0.252***	0.170***	0.255***
	(0.035)	(0.040)	(0.035)	(0.040)
attack2	0.181***	0.142***	0.181***	0.143***
	(0.035)	(0.040)	(0.035)	(0.040)
middle	−0.241**	−0.255**		
	(0.099)	(0.101)		
west	0.055	0.082		
	(0.179)	(0.184)		
timetrend	0.014***	0.025***	0.014***	0.025***
	(0.003)	(0.003)	(0.003)	(0.003)
常数项	−26.132***	−47.874***	−26.166***	−47.787***
	(5.906)	(6.715)	(5.942)	(6.728)
观察值	630	630	630	630
P 值	Prob$> \chi^2 = 0.000$	Prob$> \chi^2 = 0.000$	Prob$> F = 0.000$	Prob$> F = 0.000$
R^2	0.514 2	0.551 9	0.232 5	0.284 6

注:括号中的数值为标准误;*、**、***分别表示在 10%、5%和 1%的水平上显著。

现，中国农村的贫困和低收入农户的收入来源大多是粮食而并非经济作物，如果政府来自农业特产税的税收越多，在保持其他条件不变的情况下，一方面会扩大城乡收入差距，另一方面因为贫困农户从事的经济作物种植较少，所以农业特产税不会显著加剧农村贫困。比如，我们基于一个来自世界银行的中国各省 1988—1989 年、1991 年和 1996 年的贫困发生率以及贫困发生率的变化进行了检验，结果发现无论是在固定效应模型还是在随机效应模型中，这个工具变量对于各省的贫困发生率和贫困发生率的变化都没有显著的影响；另外，我们也检验了这个变量对于户籍人口迁移数量的影响，结果也都不显著。所以，我们认为这个工具变量只能通过影响城乡收入差距来影响犯罪率。

表 7.4 报告了使用工具变量的两阶段模型回归结果。同时，由于我们使用的数据可能存在自相关问题，所以报告了对于任意自相关都稳健的回归结果；同时，由于样本量小，我们报告了小样本稳健的回归结果。

从表 7.4 中可以看出：首先，工具变量在所有的一阶段回归模型中都高度显著，这表明农业特产税能够显著增加城乡收入差距，与理论预测保持一致。其次，城乡收入差距的度量在所有的模型中都不显著，这表明中国各省内的城乡收入差距并没有明显地增加犯罪率。第三，我们所关心的自变量"unemploy"在所有的模型中基本上都显著为正，即使我们省略了"严打"和公安机关调整立案标准等变量，结果依然稳健，这表明城市失业率的上升确实显著地推动了犯罪率的上升。这一结果初步支持了本节关于失业率在 20 世纪末的跳升推动了中国"第五次犯罪高峰"的解释。

我们必须承认，由于无法得到农民工数量和城市犯罪构成的数据，所以我们无法明确地甄别城市失业率的提高分别对农民工犯罪和城市居民犯罪的影响。我们的分析表明城市失业率的上升会直接和间接地推动失业人口走向犯罪。其中，城市失业率的上升还会推动城市地方政府采取歧视性就业政策，使得农民工失业替代城市失业。在社会保障和救助体系没有覆盖农民工的前提下，失业农民工比失业城市居民更加脆弱，而这种脆弱性构成了推动中国犯罪率上升和"第五次犯罪高峰"出现的重要力量。同样在面临数据约束的情况下，相对于现有研究而言，我们的分析揭示了农民工的数量与犯罪率之间可能并没有简单的线性关系，农民工进

表 7.4　2SLS 模型回归结果

变　量	逮　捕　率			起　诉　率		
	1	2	3	1	2	3
inequality	0.062	0.082	0.073	−0.086	−0.063	−0.069
	(0.087)	(0.087)	(0.088)	(0.096)	(0.095)	(0.096)
unemploy	0.030*	0.029*	0.027#	0.044**	0.042**	0.040**
	(0.018)	(0.017)	(0.017)	(0.019)	(0.018)	(0.018)
police	3.423***	3.229***	3.478***	2.641***	2.418***	2.643***
	(0.831)	(0.804)	(0.800)	(0.910)	(0.873)	(0.874)
avgdp		−0.076	−0.081		−0.011	−0.014
		(0.077)	(0.076)		(0.083)	(0.083)
urbanization	−0.019	0.000***	0.000***	0.054	0.000***	0.000***
	(0.078)	(0.000)	(0.000)	(0.085)	(0.000)	(0.000)
*change*89			0.102**			0.068
			(0.046)			(0.051)
*change*92			0.027			0.066
			(0.048)			(0.053)
city	0.521***	0.410***	0.400***	0.536***	0.407***	0.403***
	(0.083)	(0.076)	(0.076)	(0.090)	(0.082)	(0.083)
minor	−0.030	−0.005	−0.000	−0.034	−0.006	−0.003
	(0.065)	(0.062)	(0.062)	(0.071)	(0.067)	(0.068)
*attack*1			0.173***			0.234***
			(0.048)			(0.054)
*attack*2			0.191***			0.147***
			(0.048)			(0.053)
middle	−0.245***	−0.208***	−0.203***	−0.229***	−0.186***	−0.184***
	(0.042)	(0.040)	(0.040)	(0.046)	(0.043)	(0.043)
west	0.093	0.109	0.119	0.218**	0.236***	0.243***
	(0.086)	(0.083)	(0.083)	(0.094)	(0.090)	(0.090)
timetrend	0.019***	0.006	0.008	0.036***	0.021**	0.025***
	(0.006)	(0.008)	(0.007)	(0.006)	(0.008)	(0.008)
常数项	−37.076***	−10.630	−15.630	−70.216***	−39.779**	−48.803***
	(11.172)	(14.876)	(14.589)	(12.223)	(16.125)	(15.930)
观察值	630	630	630	630	630	630
Centered R^2	0.485	0.507	0.532	0.548	0.575	0.662
P 值	$P=0.00$	$P=0.00$	$P=0.00$	$P=0.00$	$P=0.00$	$P=0.00$
一阶段回归检验	6.5767***	6.3990***	6.4246***	6.5767***	6.3990***	6.4246***
	(0.9835)	(0.9664)	(0.9850)	(0.9835)	(0.9664)	(0.9850)

注:括号中的数值为标准误;*、**、*** 分别表示在 10%、5% 和 1% 的水平上显著;# 表示在 11.4% 的水平上显著。

城数量的增加并不必然导致犯罪率上升。城市失业率的上升和因此而实施的歧视性就业政策以及针对农民工的歧视性社会保障和社会保险政策,是中国犯罪率上升和"第五次犯罪高峰"出现与持续的重要影响因素。

最后,为了检验上述结果的稳健性,我们在表7.5中分别报告了控制其他一系列新变量的情况下的回归结果。从表7.5的回归结果可以看出,当我们省略或额外控制了一些其他可能影响犯罪率的变量后,城乡收入差距和失业率的回归系数的符号和显著性水平基本上都没有发生变化。

五、小结

本节利用中国1988—2008年的省级面板数据重新考察了城乡收入差距和城市失业率对犯罪率的影响。在同样面临着无法获得充分的统计数据的约束下,相对于现有的研究而言,我们得出了如下结论:首先,我们并没有发现明显的证据支持省内城乡收入差距的扩大会增加该省的犯罪率。其次,我们并不能简单地将农民工进城导致的流动人口增加与犯罪率的上升联系起来。中国犯罪率的上升与"第五次犯罪高峰"的出现和中国在2000年前后出现的城市失业率的跳升有关。它一方面会直接推动失业者走向犯罪,另一方面会导致城市地方政府在城市劳动力市场上对农民工采取更加严厉的歧视性政策,间接地使得农民工失业替代了城市居民失业。在城市劳动力市场上没有任何最低生活保障和社会保险的农民工失业后会比城市失业者更加脆弱,从而更加倾向于走向犯罪并推动中国犯罪率的上升。

虽然说本节的结论也表明了中国的"第五次犯罪高峰"与农民工进城有关,但是它与现有文献关于流动人口犯罪的论断有着本质的区别。我们认为:如果不出现城市失业率的上升,如果城市政府不对农民工实施歧视性就业政策,或者失业农民工也能得到社会救助或一定的失业保障,"第五次犯罪高峰"未必会出现和持续。因此,我们的政策建议也完全不同于前人,前人的政策建议是加强对流动人口的法制教育和管理[①],或者采取措施控制流动人口的规模,而本节得出的政策建议则包

---

① 例如,根据2006年9月19日《新京报》的报道,北京市人大常委会2006年通过了《关于贯彻实施法制宣传教育第五个五年规划的决议》,将流动人口确定为五五普法的重点之一。

表7.5　2SLS模型回归结果稳健性检验

变量	逮捕率 1	2	3	4	5	起诉率 1	2	3	4	5
inequality	0.062 (0.087)	0.161 (0.120)	0.111 (0.102)	0.113 (0.101)	0.116 (0.097)	−0.086 (0.096)	0.026 (0.129)	−0.008 (0.109)	−0.005 (0.107)	−0.033 (0.105)
unemploy	0.030* (0.018)	0.029* (0.017)	0.026# (0.017)	0.034** (0.015)	0.042** (0.018)	0.044** (0.019)	0.041** (0.018)	0.040** (0.018)	0.049*** (0.016)	0.056*** (0.020)
police	3.423*** (0.831)	4.176*** (0.906)	4.066*** (0.902)	3.963*** (0.917)	2.925*** (0.849)	2.641*** (0.910)	3.677*** (0.974)	3.602*** (0.966)	3.488*** (0.975)	2.107** (0.922)
avgdp		−0.000 (0.000)	0.000*** (0.000)	0.000 (0.000)			0.000 (0.000)	0.000** (0.000)	0.000 (0.000)	
urbanization	−0.019 (0.078)	−0.320** (0.147)	−0.257* (0.133)	−0.329*** (0.122)	−0.018 (0.081)	0.054 (0.085)	−0.344** (0.158)	−0.302** (0.142)	−0.394*** (0.130)	0.064 (0.088)
avland		0.032** (0.016)	0.022* (0.013)	0.031*** (0.011)			0.042** (0.017)	0.035** (0.014)	0.047*** (0.012)	
ruralinc		0.000** (0.000)					0.000 (0.000)			
urbaninc				0.000* (0.000)					0.000** (0.000)	
mig_in					0.000*** (0.000)					0.000** (0.000)
mig_out					−0.000*** (0.000)					−0.000*** (0.000)
change89		0.098** (0.046)	0.101** (0.046)	0.092** (0.046)	0.103** (0.047)		0.065 (0.051)	0.067 (0.051)	0.055 (0.050)	0.068 (0.052)
change92		0.065 (0.054)	0.031 (0.049)	0.011 (0.052)	0.088* (0.053)		0.095 (0.059)	0.072 (0.053)	0.047 (0.056)	0.120** (0.058)

续表

变量	逮捕率					起诉率				
	1	2	3	4	5	1	2	3	4	5
city	0.521*** (0.083)	0.453*** (0.090)	0.447*** (0.090)	0.509*** (0.078)	0.561*** (0.093)	0.536*** (0.090)	0.484*** (0.096)	0.480*** (0.096)	0.558*** (0.083)	0.586*** (0.101)
minor	−0.030 (0.065)	−0.049 (0.075)	−0.055 (0.078)	−0.078 (0.072)	−0.022 (0.066)	−0.034 (0.071)	−0.089 (0.080)	−0.093 (0.083)	−0.123 (0.077)	−0.029 (0.072)
attack1		0.126*** (0.047)	0.166*** (0.048)	0.147*** (0.050)	0.175*** (0.050)		0.195*** (0.052)	0.222*** (0.052)	0.197*** (0.054)	0.235*** (0.055)
attack2		0.178*** (0.047)	0.191*** (0.048)	0.199*** (0.048)	0.152*** (0.049)		0.139*** (0.052)	0.147*** (0.052)	0.158*** (0.052)	0.109** (0.054)
middle	−0.245*** (0.042)	−0.232*** (0.050)	−0.258*** (0.057)	−0.258*** (0.057)	−0.229*** (0.044)	−0.229*** (0.046)	−0.256*** (0.054)	−0.273*** (0.061)	−0.273*** (0.061)	−0.205*** (0.048)
west	0.093 (0.086)	0.120 (0.082)	0.096 (0.089)	0.100 (0.090)	0.058 (0.097)	0.218** (0.094)	0.222** (0.088)	0.207** (0.095)	0.212** (0.095)	0.186* (0.105)
timetrend	0.019*** (0.006)	−0.008 (0.013)	0.006 (0.008)	−0.009 (0.008)	0.020*** (0.007)	0.036*** (0.006)	0.012 (0.014)	0.021** (0.009)	0.001 (0.008)	0.038*** (0.007)
常数项	−37.076*** (11.172)	16.202 (25.779)	−10.608 (16.210)	19.625 (15.548)	−39.605*** (13.309)	−70.216*** (12.223)	−22.464 (27.684)	−40.608*** (17.332)	−0.855 (16.547)	−74.521*** (14.446)
观察值	630	630	630	630	630	630	630	630	630	630
Centered R^2	0.4845	0.7504	0.5300	0.5337	0.4976	0.5482	0.6137	0.6057	0.6124	0.5538
P值	$P=0.00$	$P=0.00$	$P=0.00$	$P=0.00$	$P=0.00$	$P=0.00$	$P=0.00$	$P=0.00$	$P=0.00$	$P=0.00$
一阶段回归结果	6.5767*** (0.9835)	4.7207*** (0.8623)	5.6104*** (0.97111)	5.6383*** (0.9280)	6.1400*** (1.0311)	6.5767*** (0.9835)	4.7207*** (0.8620)	5.6104*** (0.9711)	5.6383*** (0.9280)	6.1400*** (1.0311)

注:括号中的数值为标准误;*、**、***分别表示在10%、5%和1%的水平上显著;#表示在11%的水平上显著。

括三个方面:第一,要尽快建立覆盖农村居民的社会保障(例如最低生活保障)与救助体系,特别是针对在城市失业的农民工的救助体系,以降低他们在城市劳动力市场上失业后的脆弱性与犯罪动机。第二,城市政府看似可以很简单地颁布一些就业政策以使得农民工失业替代城市居民失业,以"腾笼换鸟"的方式实现"城镇登记失业率不上升"的目标,甚至还可以针对雇用农民工而设立各种收费制度来增加地方政府的收入,但是这种政策却把脆弱的失业农民工推向了犯罪的边缘,在实现了城镇居民就业目标的同时却必须承受高犯罪率的代价。所以,中央政府要推动城市政府消除在劳动力市场上对于农民工就业的歧视,促进城市劳动力市场更好地发育,取消城市政府针对农民工就业而设立的收费、各种证件等管理制度。第三,从长远来看,通过各种途径增加城市的就业岗位是降低失业率和降低由于失业率上升而导致的犯罪率上升的最根本途径。只有从根本上解决了失业问题,才能够消除推动中国犯罪率的上升和持续的一个重要力量。

除了上述政策建议,我们还可以基于本节的研究结果引申出对未来中国社会经济发展的一些展望。首先,从本节的解释中可以看出,让农民工进城就业其实正好是缓解社会矛盾的重要"阀门":如果允许更多的农民工进入城市就业,就会增加他们的收入水平并缩小城乡收入差距,缓解社会矛盾和降低犯罪;而如果实行僵硬的户籍制度将他们阻挡在城市劳动力市场之外,使得他们没有机会更多地分享到经济增长的成果,或者在城市劳动力市场上继续采取歧视性就业政策,在针对他们的歧视性社会保障和社会保险制度存在的情况下,则反而会激化社会矛盾和增加犯罪,这些都是与我们建立和谐社会、保障民生和实现城乡融合的发展目标背道而驰的。其次,我们还必须意识到,在中国经济的发展过程中,工业化和技术进步的一个必然结果是资本替代劳动,投资的就业弹性降低,农业劳动生产率的提高会继续释放更多的剩余劳动力,这一趋势给政府通过创造就业岗位而降低失业率带来了巨大的挑战和压力。虽然说中国的"刘易斯拐点"是否已经到来还有争议,但是中国城市的失业率在过去10年内维持在高水平上却是一个不争的事实,所以它将构成未来中国经济发展在一定阶段内不得不面临的一个极其重要的深层次矛盾。同时,与这一问题密切相关的并且需要引起中央政府的注意的是:在现有的财政分权体制下,地方政府的主要目标是为了增加 GDP,从而不可能将降低外来农民工的失业率作为自己的目标。通过创造足够多的就业岗位以降低失业的成本必然较高,而要将有限的工作岗位优先分配给城市失业者则是一件很简单的事情,这只需要颁布一些管理条文或简单的政策即可以实现。所以,关于地方政府解决农民工失业这种深层次矛盾的激励约束机制问题必须引起中央政府的重视。

最后再次强调的是,虽然我们没有发现省内的城乡收入差距扩大会显著增加犯罪,但这并不代表收入差距扩大不重要或者不值得引起我们的重视;而且,我们并没有证明不同区域间的城乡收入差距扩大(特别是东部城市地区与西部农村地区之间的收入差距)不会推动犯罪率的上升,也没有证明区域间的收入差距扩大不会增加犯罪。同时,与中国收入差距扩大相关的是贫富差距的扩大,这二者之间是互相促进和互相影响的,在城市房地产市场和资本市场迅速增长的情况下,城乡之间的财富差距对于社会的负面影响甚至有可能比收入差距的负面影响更大。在拥有数据的情况下,这些问题也构成了未来的重要研究方向。

第三节　城市劳动力市场对农民工的户籍歧视与地域歧视

一、文献综述

新中国成立后实施的重工业优先发展战略加剧了城乡二元社会的分割,从而使中国成为一个典型的城乡二元经济。而伴随着中国的工业化和城市化进程,虽然有大量农村剩余劳动力进入城市和工业部门就业,但是农民工因为户籍身份在城市劳动力市场上受到了歧视。对农民工的歧视既会导致城市劳动力市场的低效率,也扩大城市劳动力市场上农民工和城市劳动力之间的收入差距,进而也会对城乡二元社会的融合产生阻碍作用。因而,研究城市劳动力市场对于农民工的歧视就具有重要的现实意义和政策含义。

对于农民工在中国城市劳动力市场上的就业和工资待遇等问题,现有文献已经进行了深入的研究。例如,Meng(2000)基于 Blinder(1973)、Oaxaca(1973)和

Cotton(1988)分解方法的研究发现,农民工与工人工资差距的 50% 左右不能用他们的劳动生产率差异来解释[1],她利用 Brown 等(1980)分解方法的结果则发现,有超过 100% 的职业内工资差距是由歧视导致的。王美艳(2003)利用 Oaxaca 分解方法的研究发现,农民工和城市劳动力的工资差异中只有 24% 能用个人特征的差异来解释,剩余的 76% 则是由歧视导致的。她的另一个研究利用 Brown 分解方法考察了农民工与城市劳动力的行业内与行业间工资差异,发现他们工资差异中的 59% 是行业间差异,41% 则属于行业内差异,并且工资差异的 43% 是由歧视等不可解释的因素造成的(王美艳,2005)。谢嗣胜和姚先国(2006)也运用 Blinder-Oaxaca-Cotton 工资差异分解方法,发现农民工和城市劳动力工资差距中的一半以上是由歧视造成的。另外,Meng 和 Miller(1995)、Knight 等(1999)、Meng(2000)、Meng 和 Zhang(2001)、蔡昉(2000)、杨云彦和陈金永(2000)、姚先国和赖普清(2004)、王美艳(2003,2005)、钟笑寒(2006)等的研究也得出了农民工在城市劳动力市场上遭受到相当程度的歧视的结论。

然而,上述研究虽然注意到了城市劳动力市场上由于户籍制度而给农民工带来的歧视,却很少考虑到城市劳动力市场的二元性。二元劳动力市场理论最早由 Doeringer 和 Piore(1971)提出:按照就业岗位和工资水平等特征,可以将劳动力市场分割为两大非竞争性部门:一级市场(primary market)和二级市场(secondary market)。一级市场的工资水平较高,就业稳定,工作环境良好以及拥有被提升的机会,而二级市场只能提供较低的工资、不稳定的就业和较差的工作条件,并且没有被提升的机会。有大量的研究提供了中国城市劳动力市场具有二元性的明确证据。例如,杜鹰(1997)的研究发现,大多数农民工进入了城市的非正规部门,他们的工作时间长且常常没有节假日,劳动强度大,福利待遇低,工作环境差,就业合约不稳定,基本上没有什么社会保障;而对于国有企业、现代公司制企业等正规部门,城市政府则采取各种歧视性制度将农民工排除在外。蔡昉(1998)的调查也发现,农民工主要分布在自我雇佣、私人企业、集体企业和三资企业中,而他们在国有企

---

[1] 不同的研究采用了不同的称呼,例如外来劳动力、农民工、移民与城镇劳动力、工人、本地劳动力等,为了简便起见,我们统一将非农户口劳动力简称为工人,将农业户口劳动力简称为农民。

业中的比重远远低于城镇居民的比重，并且大多在从事着脏、险、累的工作。Knight 等(1999)的研究发现，具有相同技能的农民工相对于城市劳动力而言，获得好工作的可能性较低。Meng(2000)利用 1995 年上海市居民和外来人口调查数据的研究发现，如果不存在对于农民工的歧视，他们成为白领的比例将会从 3% 上升到 9%。王美艳(2005)利用 2001 年全国五个城市的调查数据研究发现，如果没有歧视，农民工中自我雇佣者的比例将会下降 30% 以上，他们进入公有单位的比例将会提高近 30%，而城市劳动力中自我雇佣者的比例将会提高 45% 以上，他们进入公有单位的比例将会降低 50%。

二、研究动机与理论假说的提出

上述两方面研究为我们提供了农民工在城市二元劳动力市场上被歧视的明确证据。然而现有研究显然没有考虑农民工在城市二元劳动力市场的两个子市场上所受到的歧视是否有所不同，而这一问题对于理解城市劳动力市场对农民工的歧视以及制定降低歧视的政策显然都具有重要意义，因为它直接牵扯到政府是否需要针对不同的劳动力子市场采取不同的政策来降低歧视。

我们知道，二元劳动力市场上的竞争程度是不同的，工作条件较好的一级市场对于农民工存在着很明显的进入"门槛"，并且具有垄断性质的大型国有企业也几乎都属于一级市场；同时，二级市场上的工作岗位大多是劳动力密集型的，对于拥有较低人力资本和技术的农民工而言，他们大多只能在二级市场上进行竞争。所以，这就决定了二级市场上的竞争程度要高于一级市场。而根据 Becker(1957)的研究，如果一个雇佣者仅仅因为歧视而拒绝雇用一个有生产率的工人，那么他将失去一个有价值的机会，所以歧视对于他来说是有成本的。但是，在不同产业之间的竞争程度更高时，歧视将会减少，这是因为有歧视的厂商或公司相对于没有歧视的厂商或公司将会失去部分市场份额。同时 Becker 还提供证据证明：在一个更多管制从而更少竞争的产业中会出现更高的歧视。另外，从理论上讲，竞争之所以能够降低歧视，还在于被歧视的劳动力可以通过"用脚投票"来选择其他的企业，或者竞争会迫使利润最大化的厂商取消对于未被歧视劳动力的过度支付(在歧视存在的情况下，厂商会对被歧视者支付低于其边际劳动生产率的回报，而对其他劳动力支

付高于其边际劳动生产率的回报)。因而我们可以根据上述理论机制提出如下理论假说:

假说 7.1 在中国城市二元劳动力市场上,农民工在二级市场上所受到的工资歧视要低于一级市场上所受到的工资歧视。

另外,在对农民工在城市二元劳动力市场上受到的歧视进行度量时,现有研究在数据处理过程中普遍存在着两大问题:

第一,大部分研究几乎都是将被调查者的可支配工资作为雇佣者支付给他们的劳动力价格,而忽略了雇佣者和劳动力所缴纳的失业保险金、基本医疗保险金、基本养老保险金(以下简称"三金")。实际上,这些被忽略的部分应该是劳动力价格的重要组成部分。同样道理,个人所得税缴纳数量的不同也会导致可支配工资水平与实际劳动力价格之间产生巨大的差异。在研究工资歧视时,应该使用还原了"三金"和个人所得税的工资水平,而不应该使用劳动力的可支配工资水平。另外,由于农民工和城镇劳动力在工作小时数上有着显著的差异,所以衡量劳动力价格的更准确指标应该是小时工资而不是月工资。

第二,现有研究大多简单地将劳动力分为两类:本地劳动力与外来劳动力,或者工人与农民,然后把外来劳动力或者农民当作被歧视的对象;然而在城市劳动力市场上的外来劳动力中,除了外来农民工以外,也有相当数量的外来工人,在劳动生产率一致的情况下,他们在城市二元劳动力市场上获得的工资水平与本地工人的工资水平很有可能也存在差异,而这种差异显然不是由于对农业户口的歧视而导致的。同样地,在城市劳动力市场上还有来自城市郊区的农民,在劳动生产率一致的情况下,他们与外来农民工的工资水平也可能有差异,而这种差异与对农业户口的歧视没有关系。所以,在劳动生产率一致的情况下,我们将由于户籍来源地的不同而导致的本地工人与外地工人的工资差异、本地农民与外地农民的工资差异定义为地域歧视。因而在研究工资歧视时,还需要明确界定研究的目的是为了度量户籍歧视还是地域歧视,或者是将两者混合在一起而不加区分。

基于上述理由,我们进一步提出如下扩展的理论假说:

假说 7.1 的扩展 在中国二元城市劳动力市场上,农民工在二级市场上所受到的户籍歧视和地域歧视都要分别低于一级市场上所受到的户籍歧视和地域歧视。

我们下面将基于 2005 年全国 1‰ 人口抽样调查的上海市 10 000 个家庭样本展开实证研究。

三、数据来源与变量的统计描述

本节使用的数据来自 2005 年 1‰ 人口抽样调查,该调查由国家统计局统一组织,因而其抽样方法和数据质量无疑都是值得信赖的。本节的样本是上海市的 10 000 个家庭,共计 28 717 个居民。由于人口调查包含了城镇居民和外来人口,并且包含了他们的就业情况以及工资水平,所以它能够满足本节的研究需要。在删除了小于 18 岁大于 60 岁、在校学生、丧失劳动能力、生活来源靠家庭其他成员或社会保障的样本后,我们得到了一个包含 12 435 个劳动力的样本。

由于我们要研究的是城市二元劳动力市场上的农民工歧视问题,所以首先需要划分一级劳动力市场和二级劳动力市场。在现有研究中,严善平(2006)曾明确给出了区分二元劳动力市场的标准。他认为一级市场主要由正规部门和公共部门组成,而二级市场主要由非正规的中小企业构成他给出的分类标准为:(1)正规部门:在国有企业或职工人数 30 人以上的集体、三资和私营企业工作的全部人员;(2)公共部门:在行政机关、大学、研究所等事业单位工作的全部人员;(3)非正规部门:个体工商户、居民的家政服务人员、职工人数不满 30 人的各类企业就业人员。相对于他的这个标准,我们依据人口普查的数据信息对两级劳动力市场的划分标准如表 7.6 所示。

表 7.6 二元劳动力市场的分割

一 级 市 场	二 级 市 场
国家机关、党群组织、企业、事业单位负责人 专业技术人员 在机关团体事业单位、国有及国有控股企业、集体企业内工作的全部职工	在私营、个体工商户、私营、其他类型、其他工作单位就业的下列职业: 办事人员和有关人员 商业、服务人员 农、林、牧、渔、水利业生产人员 生产、运输设备操作人员及有关人员 土地承包者

本节对于农民工的定义是：具有农业户口、户口不在上海、离开户口登记地的目的是为了务工经商的劳动力。表7.7提供了对两级劳动力市场上的劳动力特征的对比，变量的含义如下：签订劳动合同的比例是指签订了固定期和无固定期两种合同的劳动力所占的比例；2005年的人口普查在调查教育情况时，询问了被调查者的受教育程度而不是受教育年限，我们将其受教育程度折合成受教育年限①；已婚虚拟变量则包括初婚有配偶、再婚有配偶、离婚和丧偶等四种情况。另外，人口普查还询问了被调查者上个月的平均收入以及上周工作的小时数。由于不同类型劳动力的工作小时数有很大差异，所以，我们还计算了平均小时工资，它能够考虑工作时间的差异并相对于月工资而言更准确地反映劳动力的价格。在进行小时工资折算时，我们在月工资的基础上除以被调查者的周工作小时数和4.2857（即30/7）的乘积。

表7.7　二元劳动力市场特征的统计描述

	一级市场	二级市场
工人数量	3 496	1 483
农民工数量	1 082	3 021
年龄	38.97	32.50
受教育年限	10.52	8.48
男性比例	0.63	0.56
已婚比例	0.84	0.71
签订劳动合同的比例	0.84	0.45
有失业保险金的比例	0.71	0.25
有基本养老保险金的比例	0.79	0.40
有基本医疗保险金的比例	0.80	0.43
月工资（调整后）（元）	2 697.71	1 457.88
小时工资（调整后）（元）	15.27	7.69
每周工作小时数	43.23	47.61

注：数据来源为2005年1‰人口抽样调查上海市10 000个家庭样本；调整后是指将"三金"和个人所得税还原后的工资水平；以下同。

---

① 我们采用的受教育年限折算标准为：未上学＝0；小学＝5；初中＝8；高中＝11；大学专科＝13；大学本科＝15；研究生及以上＝20。

另外，由于我们特别关注因为缴纳"三金"而导致企业支付给劳动力的价格与劳动力实际得到的可支配工资的差异，我们需要根据每个劳动力拥有的社会保险金信息还原出企业支付给他们的实际劳动力价格。我们的还原方法是：根据上海市劳动局制定的标准，对于机关、事业单位、国有及国有控股企业、集体企业的劳动力，假设企业和个人缴纳的基本养老保险金为他们月平均工资（工资超过缴纳基数的则以基数为准，以下同）的 30％，失业保险金的比例为 3％，基本医疗保险金为 14％；而对于其他劳动力，则按如下标准：基本养老保险金为 30％，失业保险金为 3％，基本医疗保险金为 8％。同时，我们也以他们的月收入为税后收入，并依据第三次修正之前的《中华人民共和国个人所得税法》规定的税率和起征点进行还原。

从表 7.7 提供的统计描述可以清晰地看出城市二元劳动力市场的特征：农民工更多地在二级市场上就业；一级市场上的劳动力的年龄、受教育年限、男性和已婚的比例都更高；一级市场上签订了劳动合同以及拥有各种社会保险的劳动力的比例都比二级市场上的比例更高，他们的工作时间更短，月平均工资和小时平均工资水平更高，这表明二级市场上的工作条件和福利待遇更差。

表 7.8 进一步提供了两级劳动力市场上农民工和工人的特征对比：第一，无论是在一级还是在二级市场，农民工拥有各种社会保障和签订劳动合同的比例都明显低于工人，月平均和小时工资也明显更低。第二，对于农民工而言，他们在一级市场上的工作条件和待遇比在二级市场上的工作条件和待遇更好（只有一个例外，就是他们在一级市场上的每周工作小时数比在二级市场上的每周工作小时数略长）。第三，一级市场上的工人的工作条件及待遇也比二级市场上的工人的工作条件和待遇更好。上述统计描述再次揭示了二元劳动力市场的特征以及农民工得到的更低待遇的事实。但是，上述统计描述并不能告诉我们工资差异在多大程度上是由歧视导致的，以及在一级和二级市场上的户籍歧视和地域歧视分别是多少，下面我们就利用这个数据展开实证检验。

表 7.8　二元劳动力市场上农民工和工人的特征对比

	一级市场		二级市场	
	农民工	工　人	农民工	工　人
年龄	34.17	40.45	30.33	36.91
受教育年限	7.64	11.41	7.69	10.10
男性比例	0.68	0.61	0.56	0.56
已婚比例	0.85	0.83	0.68	0.76
月工资(调整后)(元)	1 563.33	3 048.39	1 128.05	2 129.78
小时工资(调整后)(元)	7.68	17.63	5.56	12.03
每周工作小时数	50.71	40.92	50.10	42.54
签订劳动合同的比例	0.51	0.89	0.32	0.70
有失业保险金的比例	0.13	0.89	0.03	0.69
有基本养老保险金的比例	0.20	0.97	0.15	0.92
有基本医疗保险金的比例	0.23	0.97	0.18	0.93

四、实证检验

1. 度量方法

为了度量农民工在城市二元劳动力市场上所受到的户籍歧视和地域歧视,我们采取如下策略和方法:首先,通过如下回归方法来度量歧视:

$$\ln hourwage_i = \beta_0 + \beta_1 \cdot D_i + \sum \beta \cdot X_i + u \tag{7.1}$$

其中,X_i 是决定劳动生产率的系列外生变量,D_i 是农民工的虚拟变量,β_1 是对农民工歧视程度的度量。现有利用回归方法度量歧视的研究也大多采用了上述方程。

其次,为了分别度量城市劳动力市场对于外来农民工的户籍歧视和地域歧视,我们采取如图 7.5 所示的策略。

图 7.5　对外来农民工的歧视

图 7.5 中，在控制了决定劳动生产率的所有因素后，如果本地工人的工资水平还比外地农民的工资水平高，那么这个高出的部分就可以度量外来农民工相对于本地工人而受到的歧视。由于外地农民具有两个特征：拥有农业户口和拥有外地户口，所以这里保持劳动生产率一致情况下的工资差异其实反映了他们所受到的户籍歧视以及地域歧视。

在图 7.6 中我们将城市劳动力市场中的劳动力进行分类，基于这种分类，在保持劳动生产率一致的情况下，如果本地农民比外地农民的工资水平还要高，那么这个高出的部分就可以用来度量对于外地户口的歧视。类似地，如果保持劳动生产率一致，本地工人的工资水平还要比本地农民高，那么这个高出的部分就可以度量对于农业户口的歧视。

图 7.6　对农业户口和外地户口的歧视

基于上述策略，我们在表 7.9 中分别报告了采用不同子样本进行 OLS 回归的结果，从中可以看出，只有利用本地农民和外地农民的子样本进行回归后，外地户口在一级市场中受到的歧视比在二级市场中受到的歧视高，而且高出的幅度并不明显。然而这种简单的 OLS 回归还面临着内生性问题。

在模型中，我们直接将不同的子样本根据表 7.6 的标准拆分后进行回归。但实际上，每个劳动力能否进入一级市场还可能与其他不可观测的因素有关，或者存在着自选择问题，所以简单的 OLS 回归可能会带来有偏的结果。

2. 内生性问题的解决

对于上述内生性问题，我们采用工具变量和转换模型（switching model）来解决：我们首先找到外生的、能够直接影响一个劳动力能否进入一级市场的变量，并用这个变量预测每个劳动力能否进入一级市场，最后根据预测的结果来分别回归两个子市场的工资方程。

表 7.9　城市二元劳动力市场上的工资方程(OLS 模型)

	本地工人和外地农民		本地农民和外地农民		本地农民和本地工人	
	一级市场	二级市场	一级市场	二级市场	一级市场	二级市场
农业户口					−0.251***	−0.278***
					(0.030)	(0.026)
外地户口			−0.289***	−0.207***		
			(0.051)	(0.025)		
外地农业户口	−0.420***	−0.521***				
	(0.033)	(0.023)				
年龄	0.006	0.023***	0.014	0.016***	0.008	−0.000
	(0.007)	(0.006)	(0.013)	(0.006)	(0.008)	(0.009)
年龄的平方	−0.000	−0.000***	−0.000	−0.000***	−0.000	−0.000
	(0.000)	(0.000)	(0.000)	(0.000)	(0.000)	(0.000)
已婚	0.051*	−0.015	−0.010	−0.007	0.062*	0.028
	(0.031)	(0.024)	(0.067)	(0.027)	(0.032)	(0.039)
受教育年限	0.113***	0.082***	0.084***	0.047***	0.116***	0.095***
	(0.003)	(0.003)	(0.007)	(0.004)	(0.003)	(0.005)
男性	0.130***	0.153***	0.187***	0.202***	0.147***	0.143***
	(0.019)	(0.016)	(0.036)	(0.017)	(0.019)	(0.023)
外出时间	0.021***	0.033***	0.045***	0.033***	0.001	0.031***
	(0.005)	(0.004)	(0.007)	(0.004)	(0.006)	(0.009)
常数项	0.727***	0.554***	0.828***	0.296***	0.811***	0.420**
	(0.157)	(0.113)	(0.244)	(0.105)	(0.164)	(0.164)
行业虚拟变量	是	是	是	是	是	是
观察值	4 545	4 493	1 522	4 080	3 915	2 543
R^2	0.485	0.447	0.276	0.307	0.397	0.544

注：*、**、***分别表示在 10%、5%、1% 的水平上显著。

我们使用的工具变量包括劳动力户籍所在省份的省会城市到达上海市的铁路距离以及劳动力户籍所在省份的平均收入水平(分别为 2004 年对应省份的城镇居民可支配收入以及农村居民纯收入)。使用它们作为工具变量的理由在于：首先，从农民工户籍所在省份省会城市到上海市的铁路距离是一个地理变量,它不会直接影响农民工的个人特征,也不会直接影响农民工在城市劳动力市场上的工资水平,但是它会对农民工掌握劳动力市场的信息产生直接影响,距离越远,了解和掌握劳动力市场信息的程度就越低,从而进入条件比较好的一级市场的可能性就越低。其次,农民工户籍所在地的收入水平也不会直接影响他们在上海市的工资水平,但是它可以看成是农民工的保留工资,因而会直接影响农民工的选择。比如,假设在二级市场上被支付的工资低于他们能够在家乡获得的收入(考虑了交通成本等因素以后),那么他们就可以选择回家乡就业,或者选择工资更高的一级市场就业;家乡收入作为农民工的一种保留工资,会直接影响他们在上海市的就业选择,但是从劳动力的需求方来看,雇佣者并不会根据农民工所在地的收入水平来支付不同的工资,而是要根据他们的劳动生产率来支付工资水平。所以农民工家乡的收入水平在工资方程中是外生的。第三,虽然从理论上我们无法完全排除上述两个工具变量在工资方程中的内生性,但是由于有两个工具变量,我们可以进行过度识别检验。表 7.10 报告了检验结果,结果发现过度识别检验的 P 值都远远大于 10%,这表明这两个工具变量在工资方程中具有内生性的原假设被拒绝,因而满足了工具变量外生性假设。另外,表 7.10 中还报告了工资方程中的弱工具变量检验结果,从中可以看出 F 值都非常高,因而也不存在弱工具变量问题。

表 7.10　转换模型中工具变量的适用性检验

	本地农民和外地农民	本地工人和外地农民
弱工具变量检验	$F = 38.92$	$F = 21.76$
过度识别检验	$P = 0.406\ 3$	$P = 0.737\ 7$

表 7.11 报告了使用上述两个工具变量的转换模型回归结果,其中 M1、M2 和 SM 分别表示一级市场、二级市场和转换模型的回归结果。

从表 7.11 的回归结果中可以看出:第一,在使用本地农民和外地农民子样本的情况下,"外地户口"在一级市场中的回归系数为−33.5%,而在二级市场中的回归系数为−15%。这表明一级市场上的地域歧视要比二级市场上的地域歧视高出18.5 个百分点。第二,在使用本地工人和本地农民子样本的情况下,"农业户口"在

表 7.11 农民工遭受的户籍歧视和地域歧视

	本地农民和外地农民			本地工人和本地农民			本地工人和外地农民		
	M1	M2	SM	M1	M2	SM	M1	M2	SM
外地户口	−0.335***	−0.150***	−0.521***						
	(0.085)	(0.027)	(0.111)						
农业户口				−0.435***	−0.165***	−0.541***			
				(0.435)	(0.165)	(0.541)			
外地农业户口							−0.651***	−0.510***	−0.838***
							(0.053)	(0.028)	(0.104)
距离			−0.059***						−0.182***
			(0.014)						(0.039)
家乡收入			0.041***						0.031***
			(0.010)						(0.010)
年龄	0.010	0.015**	0.030*	0.016*	−0.010	0.029**	0.007	0.028***	0.047***
	(0.015)	(0.006)	(0.016)	(0.007)	(0.010)	(0.013)	(0.008)	(0.006)	(0.013)
年龄的平方	−0.000	−0.000***	−0.000	−0.000	0.000	−0.000	−0.000	−0.000***	−0.000*
	(0.000)	(0.000)	(0.000)	(0.000)	(0.000)	(0.000)	(0.000)	(0.000)	(0.000)
已婚	0.088***	0.051***	0.011	0.075**	−0.033	0.194***	0.037	−0.030	0.159***
	(0.007)	(0.004)	(0.009)	(0.031)	(0.025)	(0.052)	(0.031)	(0.025)	(0.052)

续表

	本地农民和外地农民			本地工人和本地农民			本地工人和外地农民		
	M1	M2	SM	M1	M2	SM	M1	M2	SM
受教育年限	-0.023	-0.040	0.349***	0.140***	0.078***	0.104***	0.122***	0.089***	0.072***
	(0.095)	(0.029)	(0.075)	(0.035)	(0.042)	(0.062)	(0.004)	(0.004)	(0.006)
男性	0.235***	0.191***	0.312***	0.218***	0.123***	0.185***	0.167***	0.168***	0.172***
	(0.067)	(0.018)	(0.041)	(0.004)	(0.006)	(0.007)	(0.020)	(0.016)	(0.032)
外出时间	0.038***	0.024***	0.063***	0.007	0.026**	0.023*	0.023***	0.031***	0.051***
	(0.015)	(0.004)	(0.010)	(0.032)	(0.032)	(0.046)	(0.006)	(0.004)	(0.008)
常数项	1.025	0.264**	-2.581***	-0.329*	0.772***	-3.045***	0.599**	0.418***	-2.480***
	(0.772)	(0.110)	(0.283)	(0.185)	(0.180)	(0.281)	(0.244)	(0.114)	(0.247)
行业虚拟变量	是	是	是	是	是	是	是	是	是
观察值		5 602			6 458			9 038	
方程独立性检验		$P = 0.00$			$P = 0.00$			$P = 0.00$	

注：*、**、***分别表示在10%、5%、1%的水平上显著。

一级市场中的回归系数为-43.5%,而在二级市场中的回归系数为-16.5%。这表明一级市场上的户籍歧视要比二级市场上的户籍歧视高出 27 个百分点。第三,当使用本地工人和外地农民子样本进行回归时,"外地农业户口"这个变量在一级市场中的回归系数也比二级市场中的回归系数更高。当然,此时两者之间的差距没有利用前两个子样本得到的回归系数的差距那么大,这是因为使用的样本不同,被解释变量的变异程度不同。根据上述结论,前面提出的理论假说无法被推翻。

五、小结

现有关于城市劳动力市场上对于农民工的歧视的研究大多忽视了劳动力市场的二元性,本节则从城市二元劳动力市场的不同特征出发,提出了一个理论假说:相对于一级市场,政府对于二级市场的管制更少,就业岗位之间的替代性强,所以二级市场上的竞争程度比一级市场上的竞争程度更激烈,从而会使得一级市场上对农民工的工资歧视高于二级市场上的工资歧视。然后,我们利用一个来自 2005年 1% 人口抽样调查的上海市 10 000 个家庭样本进行了实证检验,并同时将对农民工的歧视区分为户籍歧视和地域歧视,结果发现一级市场上对农民工的户籍歧视和地域歧视都明显更高。

本节的研究结论还蕴涵着一系列重要的政策含义:首先,竞争程度的不同对于歧视程度有显著影响,所以,凡是有利于增强劳动力市场竞争程度的政策或措施都可以成为政府降低歧视的可选工具,或者,政府还可以取消或降低各种管制以增强竞争,从而也可以达到降低歧视的作用。其次,城市二元劳动力市场的一级市场和二级市场对于农民工的歧视程度不同,并且在一级市场上的歧视程度明显更高,这意味着政府降低歧视的主要努力方向在于降低一级市场上对于农民工的歧视。第三,根据本节表 7.10 中转换模型的回归结果,我们可以看出,拥有外地户口或者农业户口,使得劳动力进入一级市场的概率降低至少 50% 以上,这是一个非常巨大的效应,所以,降低农民工进入一级市场的制度性或体制性障碍,也是政府降低城市劳动力市场对于农民工的歧视和促进城市二元劳动力市场融合的努力方向。

第八章

农村经济发展：中国的经验

中国经济持续30多年的快速增长创造了一个"中国奇迹"，而中国农村经济也在此过程中得到了快速的发展，尽管农村部门的发展速度明显慢于城市部门，但仅就其自身的发展而言无疑也是成功的。前面几章分别讨论了农村经济发展过程中的若干重要的正规制度，包括家庭联产承包责任制、计划生育政策、户籍制度、村民选举等对于劳动力、耕地、长期投资、人力资本等各种生产要素的影响，讨论了作为非正规制度的社会关系网络对于劳动力流动、农民工在城市劳动力市场上的就业状况的影响，同时也讨论了市场化和工业化的渗透效应对农民收入和农业生产的影响，总结了减少农村贫困的成功经验。这些研究为我们理解中国农村经济快速发展背后的各种重要制度与经济发展过程中的分配问题提供了理论和实证基础。然而，我们相信中国农村经济发展成功背后还有更一般性的机制可以总结出来，这种总结无论是对于未来中国经济发展道路的调整，还是对未来各种发展政策的制定与发展战略的调整都具有重要意义，同时也能够为其他发展中国家的农村经济发展提供有益的借鉴。所以，本章将在第一节中基于中国1990年的农户面板数据总结出农村经济发展的若干基本事实，探索农村经济发展背后的要素配置变动情况；第二节则基于这些基本的事实总结中国农村经济发展的经验。

第一节 中国农村经济发展的若干基本事实

这一节基于"CERC/MoA 中国农村居民问卷调查数据库"对粮食生产与劳动力、耕地的配置情况进行统计分析,从微观的角度找出关于中国农村经济发展的最基本事实并为后文的经验总结奠定基础。

一、主要粮食的平均亩产量和投入成本

表 8.1 和表 8.2 首先提供了"CERC/MoA 中国农村居民问卷调查数据库"中800 多个农户的玉米、冬小麦、早籼稻、中晚籼稻和粳稻等五种主要粮食作物的平均亩产量和亩均成本的信息。

表 8.1　主要粮食作物的平均亩产量(500 克)

年份	玉米	冬小麦	早籼稻	中晚籼稻	粳稻
1993	765.47	610.40	799.32	793.56	930.29
1994	778.68	628.03	846.97	858.33	943.19
1995	833.14	665.41	717.25	871.27	1 013.78
1999	821.61	674.24	709.27	875.57	997.49
2000	725.35	695.66	771.44	875.53	1 016.98

表 8.2 报告了样本农户对于主要五种农作物投入的亩均成本。其中的投入成本是指直接投入到粮食生产过程中的各种要素的成本,包括种子、灌溉、化肥、农药、地膜、租用机械及畜力、使用自家机械和畜力、雇工、脱粒、运输等费用,但是不包括承包和租用土地的租金及上缴给国家和村集体的各种税费,也不包括各种农业生产性固定资产的折旧。

表 8.2　主要粮食作物的亩均成本(元)

年份	玉米	冬小麦	早籼稻	中晚籼稻	粳稻
1993	77.58	81.44	57.69	47.86	63.90
1994	53.06	84.92	87.40	80.34	104.46
1995	77.78	108.87	106.37	97.57	138.22
1999	67.42	127.77	108.46	104.89	153.26
2000	75.10	132.83	100.00	92.03	173.59

从表 8.1 和表 8.2 中可以看出两个基本事实：第一，五种粮食作物的平均亩产量在大多数年份里都保持着上升的趋势；第二，到 2000 年，绝大多数粮食作物的亩均投入成本是 1993 年的 2 倍左右，相对而言，粮食作物亩均投入成本在此阶段内上升的幅度远远大于平均亩产量的上升幅度。另外，本节使用的数据中包含了关于这些粮食作物在当地集贸市场上的价格信息，我们发现所有五种粮食的市场销售价格在这个时间段内上升的幅度基本上都不到 20%。所以，虽然产量和价格有所上升，但是由于成本的上升幅度更大，会导致粮食生产的单位纯收入完全可能会下降而不是上升。

二、粮食生产的各种要素投入

下面我们来分析农户对于粮食生产的各种要素投入变动情况。表 8.3 提供了对于五种主要粮食生产的人力、机械动力、畜力、农药、化肥的投入数量，其中化肥是各种化学肥料数量的简单加总。

从表 8.3 中可以得出如下结论：第一，亩均投入到粮食生产上的人力保持着明显的下降趋势，这说明农户在使用越来越少的人力进行粮食生产。第二，与更少地使用人力所对应的是，粮食生产的机械动力亩均投入却一直保持着上升趋势，而且上升的速度相当快。第三，与使用机械动力快速上升对应的是，农户使用的畜力投入基本上都保持着下降的趋势。这一点和第二个结论的对比说明：农户在越来越多地使用效率较高的机械动力，越来越少地使用效率较低的畜力。第四，粮食生产亩均使用的农药数量也呈明显上升趋势。第五，粮食生产所投入的化肥数量呈现出波动状态，在调查的前一阶段（1993—1995 年），化肥的投入量基本上都呈明显上升趋势，而到了后一个阶段（1999—2000 年），化肥的投入量则基本上呈下降趋势。我们认为，这可能与农户粮食生产的积极性以及化肥价格的上升有关，当粮食生产的比较利润越来越低以及化肥的价格越来越高时，农户使用化肥的积极性会降低。

另外，由于表 8.3 中对于化肥投入的度量采取的是各种化肥数量的简单加总平均，从统计上讲，不同种类的化肥可能不具有直接的可比性，所以我们在表 8.4 中又提供了农户平均每亩投入的化肥价值量。从中依然可以看出一个明显的趋势,那就是化肥投入价值在前一个阶段保持明显上升的趋势,而后一个阶段则呈明显下降的趋势。

表8.3　粮食生产的各种要素的亩均投入

	年份	玉米	冬小麦	早籼稻	中晚籼稻	粳稻
人力(天)	1993	16.32	18.75	18.70	18.68	28.32
	1994	18.07	19.71	18.23	19.99	24.37
	1995	16.45	19.35	17.81	19.30	21.49
	1999	16.49	16.15	19.53	18.72	23.83
	2000	15.52	16.06	16.33	18.28	19.71
机械动力(小时)	1993	0.17	0.49	0.61	0.51	0.40
	1994	0.23	0.47	0.78	0.76	2.38
	1995	0.50	0.55	0.65	0.95	4.47
	1999	0.83	0.66	1.20	1.12	5.67
	2000	0.97	0.68	0.93	2.85	2.95
畜力(小时)	1993	2.94	2.68	8.42	6.27	5.51
	1994	2.65	2.13	12.11	6.06	3.45
	1995	2.09	3.77	12.61	7.37	4.62
	1999	2.01	1.19	10.53	5.80	5.60
	2000	2.22	0.93	7.03	4.46	6.05
农药(500克)	1993	—				
	1994	0.27	0.46	1.67	1.93	1.34
	1995	0.30	0.76	1.78	1.89	1.89
	1999	0.71	0.95	2.07	2.40	2.10
	2000	0.84	0.81	2.70	2.54	1.91
化肥(500克)	1993	119.69	138.49	128.59	119.18	125.06
	1994	129.50	142.90	137.04	119.90	127.02
	1995	134.79	151.24	146.43	134.68	126.19
	1999	123.66	145.68	137.63	127.85	109.84
	2000	104.97	150.44	129.58	104.27	109.66

表8.4　亩均施用化肥的成本(元)

年份	玉米	冬小麦	早籼稻	中晚籼稻	粳稻
1993	37.49	37.06	37.31	40.64	36.76
1994	56.69	49.70	51.78	46.75	55.52
1995	76.45	74.61	75.05	69.58	67.75
1999	62.69	69.67	66.59	56.89	55.88
2000	46.01	70.20	55.78	47.80	57.36

综合上述分析，我们其实可以看出20世纪90年代中国农户的粮食生产技术变迁路径：更多地投入效率较高的机械动力，而更少地投入效率较低的畜力，更多地投入化肥(前一阶段)和农药等现代工业科技产品，同时将自身从农业体力劳动中更多地解放出来。总体来说，从这些投入的变动趋势中可以看出中国的农业生产还是在保持着不断的技术进步，而且即使化肥投入的数量呈波动趋势，粮食的亩均产量却基本上都保持着稳定上升的趋势。这进一步证明了中国农户的粮食生产技术水平和生产效率的提高。

三、农业生产的其他要素配置情况

下面我们继续考察与农业生产有关的其他要素投入情况。表8.5首先描述了农户的平均耕地面积和耕地块数，从中可以看出户均耕地面积略微下降，而每个家庭所拥有的平均人口数量也在保持下降的趋势。所以，被调查农户在20世纪90年代投入农业生产的人均耕种土地面积几乎没有发生什么变动。

表8.5　农业生产的土地投入

	1993年	1994年	1995年	1999年	2000年
户均耕地面积(亩)	9.55	9.81	9.78	8.81	8.75
户均耕地块数	4.41	4.68	4.90	4.70	4.57
户均人口数量	4.35	4.34	4.29	3.95	3.84

表8.6描述了平均每个农户拥有的农业生产性固定资产的价值总量及其增加值。从中可以看出，平均每个农户拥有的农业生产性固定资产的价值呈稳定上升的趋势，而且固定资产增加值这个指标都为正，这些证据表明农户用于农业生产的

固定资产投入保持着稳定上升的趋势。

表8.6 户均固定资产价值及其增加(元)

	1993年	1994年	1995年	1999年	2000年
固定资产价值	2 275.53	2 751.31	3 165.87	2 797.08	2 819.52
固定资产增加值	—	—	1 131.26	429.78	410.58

注：按照当年的现值计算。

最后，表8.7描述了农户的劳动力配置情况，从中可以得出如下结论：第一，农户的平均劳动时间呈明显的下降趋势，如果将劳动时间区分为农业和非农业劳动时间，它们也都依然呈下降趋势，结合农户的家庭规模逐步缩小这一事实，这更加表明农户的人均劳动时间在下降。所以，这和表8.3所提供的数据共同表明：在20世纪90年代，农村劳动力依然保持着从农业体力劳动中逐步解放出来的趋势，他们从事劳动的时间越来越短，享受闲暇的时间也就越来越多。而这些事实也可以说明：中国的农业生产依然在保持着持续的技术进步，这种技术进步使得中国农村的劳动力还在继续从农业生产中被逐步解放出来。或者我们也可以从粮食生产的角度用另一个方式来表述这一事实：尽管中国农户投入到农业粮食生产中的劳动力越来越少，但是粮食的平均亩产量却依然保持着上升的势头。所以，我们也可以基于上述事实预测：第一，在未来，农业生产技术的进步还会继续解放出更多的农业劳动力[1]；第二，虽然农户用于劳动(包括农业和非农业生产活动)的时间在明显下降，但是他们用于在家庭外从事劳动的时间却呈上升的趋势，而这部分时间实际上包括家庭成员在乡镇企业里工作的时间和(或者)外出打工的时间。我们还可以从表8.7中看出，家庭中有乡镇企业职工的家庭比例在20世纪90年代呈下降趋势，而有成员外出打工的家庭比例却呈现明显的上升趋势。所有这些共同表明：农户在更少地投入劳动时间的同时，却在更多地外出打工。上述基于微观数据所发现的关于中国农村劳动力配置数量与结构的变化也为我们理解中国过去和未来的

---

[1] 从这一基本事实出发我们可以引申到现有研究关于中国是否已经到了"刘易斯拐点"的争论以及"人口红利"结束后中国将要面临劳动力短缺的严重问题，根据本章提供的微观事实可以推断，农业生产的技术进步将会进一步解放农业劳动力从而有利于推迟中国劳动力短缺时代的到来。

宏观经济增长提供了重要线索。

表 8.7　农村劳动力的配置与移民情况

	1993 年	1994 年	1995 年	1999 年	2000 年
户均劳动时间(天)	604.90	526.98	504.30	504.66	478.22
户均农业劳动时间(天)	441.91	403.98	383.95	355.94	340.69
户均非农业劳动时间(天)	162.99	123.00	120.36	148.72	137.53
户均在外劳动时间(天)	128.46	123.00	120.36	148.72	137.53
有移民的农户比例(%)	14.73	16.97	17.25	15.99	19.92
有乡镇企业职工的农户比例(%)	6.87	6.31	7.71	3.23	3.65

　　上述分析为我们提供了关于市场化和工业化对于中国农村经济影响的一些非常清晰的微观事实：第一，工业化对于农业生产具有非常确凿的影响，它一方面增加了贫困农户找到非农就业的机会并增加他们的收入和帮助他们脱离贫困陷阱；另一方面也促使农户在农业生产中更多地使用工业产品(农药和机械动力等)，从而解放出更多的农业劳动力或者增加他们的闲暇。第二，市场化对于粮食生产的影响的净效果并不那么明确，它虽然能够提高粮食价格水平，但是生产资料的价格水平也在这一过程中上升了，粮食生产的净利润未必会因此而上升，因而也未必会增加农户来自粮食生产的纯收入。

　　最后，上述事实也给我们提供了正确理解工业化的内涵的证据。许多发展经济学家以及发展中国家的决策者对工业化的认识曾是片面和错误的，他们仅仅把工业化看作是制造业(尤其是重工业部门)在国民经济中比重的增加。这样就不可避免地导致了两个错误倾向：一是只注重集中资源投资于制造业，而忽视了传统农业的改造和农村经济的发展；二是只注重先进技术和设备的引进应用，而忽视了社会经济结构的相应变革。这是战后发展中国家工业化进程步履维艰和屡屡失败的重要根源之一，所以张培刚([1949]2003)提出："工业化的概念是很广泛的，包括农业及工业两方面生产的现代化和机械化。"工业化的特征可以用各种方式说明，"如果着重技术因素，工业化可以定义为一系列基要生产函数发生变动的过程。若着重资本这个要素，则工业化也可以定义为生产结构中资本广化和深化的过程。若着重劳动这个因素，工业化更可以定义为每人劳动生产率迅速提高的过程。所有这些特征合起来指明一件事——经济飞跃进步"，"而想要获得经济发展，就先必须实现国民经济基本产业部门（包括工业和农业）的机械化和现代化"。本节基于微观数据所总结出的一系列事实为中国的工业化影响农业生产的渠道提供了明确的证据：如果中国能够更早地正确认识到工业化的内涵并调整发展战略和改变投资结构，中国的农业技术进步可能更快并且农业生产会有更好的表现，进而整个国民经济会有更好的表现。

第二节　中国农村经济发展的大国经验

作为世界上拥有最多农业人口的国家，中国在发展农村经济方面必定有一些重要的成功经验，正如蔡昉（2008）所指出的："中国迄今为止的改革、开放与发展都是史无前例的，形成许多成功的经验，为发展经济学作出了应有的贡献。"然而现在对于中国农村经济发展的经验总结并不是很多。对于中国经济发展经验较早的一个总结来自林毅夫等（1994），他们阐述了为什么当初经济落后的中国会选择赶超战略和实现了经济腾飞，并总结了中国经济改革的经验。Naughton（1994）总结了乡村工业在中国经济转型成功中的意义。许成钢（2009）则从制度的角度出发探讨了中国经济改革成功的原因。Swinnen 和 Rozelle（2006）基于中国和其他国家农业改革的成败对比研究，认为中国农村改革的成功经验在于有"自下而上"的推动和"自上而下"的认可，这两者对于农业改革的成功缺一不可。Yao（2000）则证明了乡镇企业的发展对于降低农村贫困的重要意义。

从理论上来讲，中国农村经济的快速发展也为发展经济学提出了一些非常重要的谜题：

第一，几乎所有的发展经济学家都强调把提高农业生产率作为成功的发展战略的一个必要部分。例如，Nurkse（1953）认为"每个人都知道如果没有工业革命之前的农业革命，壮观的工业革命就不可能发生"，Rostow（1960）则认为"农业生产率的革命性变化是经济成功起飞的基本条件"，其他还有很多发展经济学家也持有类似的观点（Gillis et al.，1983；Hayami and Ruttan，1985；Timmer，1988；Todaro，1989）。然而新中国却从一开始就采取了忽视农业的重工业优先发展战略，即使20

世纪 70 年代末期的农村家庭联产承包责任制的推行在很大程度上提高了农业生产效率，由于中国人均耕地面积狭窄，它并没有从根本上改变小农户生产的根本特征，所以农业部门似乎并没有为中国经济的起飞创造最基本的条件。但是中国却恰恰是在没有达到这个基本条件的前提下实现了经济的腾飞。

第二，以世界银行为代表的观点认为，对于中国降低农村贫困的成功，农业的增长相比第二、第三产业的增长更重要。然而我们前面的实证检验并不支持这一论断，基于 20 世纪 90 年代的一个农户面板数据的分析也同样不支持这一论断，世界银行总结的这一经验还值得商榷。

第三，中国经济发展具有很多与其他发展经济不同的地方：首先，中国是世界第一人口大国和世界第一农业人口大国，人均耕地面积非常狭小，人均拥有的各种自然资源的水平也非常有限。其次，中国经济腾飞初期的人力资本水平也并不高，特别是农村劳动力的教育水平则相对更低。再次，中国经济发展的早期几乎没有得到过外国的援助，也没有能够吸收到很多的 FDI。然而，中国经济正是在这种没有外援、没有太多的自然资源、没有太高的人力资本和物质资本的情况下实现了腾飞和高速的增长。

针对上述谜题，我们结合前面几章的分析进行一些初步的讨论：

第一，在中国经济发展的早期无法从外部获得大量资本援助或 FDI 的情况下，通过不平衡的发展战略可以为经济发展早期的腾飞完成资本积累的任务。一个农业人口大国举全国之力、通过降低农民的福利把农业利润转移到工业部门，依然可以快速推动工业化进程，所以从历史的角度来看，不平衡发展战略下的城市倾向政策对于推动经济腾飞具有重大意义。在一定的历史条件下，城市倾向政策固然对降低农村贫困和缩小城乡收入差距不利，对于农业增长也不利，但是如果没有城市倾向政策的支持，中国就不可能在迅速积累起实现经济腾飞所需要的资本，没有经济腾飞，就几乎不可能有农村经济的快速发展。类似于中国，也曾采用了重工业优先发展战略和工农业产品价格剪刀差等政策转移农业利润到工业部门的还有原苏联，而原苏联和中国具有一个共同的特征，那就是人口和疆域大国。虽然中国和原苏联经济腾飞时国内的储蓄率并不高，但是因为是大国，所以就有可能通过内部积累来推动工业化。同时，也正因为中国是大国，所以才不可能像"东亚四小龙"早期经济腾飞那样依靠外援就可以实现资本的快速积累。像中国这样的大国,在当时的国际形势下,几乎不可能得到"亚洲四小龙"那么高比例的外援资本。

第二,中国显然并不是靠农业革命来发动工业化的,家庭联产承包责任制在解放农村剩余劳动力和激发农户的生产积极性方面确实起到了非常重大的意义。但是它作为一种制度变革,并没有带来农业生产技术的革命性突破,也无法改变中国农村人多地少和以小规模家庭生产为主导的格局。农业产量的增长速度从20世纪80年代中后期基本上就开始明显减缓了。然而,对于耕地、劳动力和资本这三种禀赋,中国的比较优势在于劳动力资源丰富,耕地和资本都比较稀缺。在这种情况下通过优先发展附加值比较低的农业显然不利于经济腾飞:中国的传统农业生产受技术水平落后、生产规模小的约束,因而农业生产成本较高,再加上大部分农产品必须用于养活本国居民而不可能大规模出口,所以在国际竞争中行使对农产品的定价权必然缺乏力量,优先发展农业必然不利于在参与国际竞争中推动经济增长。同时,大多数发达市场经济国家在完成了工业革命后主导了当今的国际竞争,特别是二战后的全球化浪潮推动了世界各国经济都更加积极和深入地参与国际竞争和国际分工,国际竞争更多地是在工业产品和工业生产技术上进行,一个国家的核心竞争力也体现在其工业技术水平上。在此背景下,中国正是通过不平衡发展战略创造了一个完整的工业体系,然后才有能力参与国际分工体系,并在工业生产的世界链条中占有一席之地。对于中国而言,她适时地打开了国门,积极加入到全球化进程中去并发挥了廉价劳动力的比较优势。尽管经济学家经常批评中国的出口加工贸易创造的附加值很低,但是如果没有这些出口加工贸易,就不可能吸收数量庞大的、技术水平和受教育水平都很低的廉价劳动力,中国农村经济和农民收入也就不可能有今天这样的成绩。所以,中国农村经济发展的一个重要经验事实是:工业化和国际化对于农村经济发展和农民收入的增长产生了非常积极的渗透效应。中国在工业生产体系初步建立之后便适时地加入了世界分工的链条,发挥了廉价劳动力的比较优势,通过对外贸易促进了经济增长。在此过程中,对外贸易吸收了大量农村剩余劳动力,有利于农民通过进入城市和工业部门增加非农收入;同时,工业化所带来的新技术和经济增长又反过来对农业生产和农村经济发展起到带动作用。

第三，中国过去 60 多年走过的道路归根到底是一条工业化之路，而在中国的工业化道路中，实际上是走着一种"结构主义"的增长道路——工业化创造了大量的非农就业岗位，并吸收了大量的农业剩余劳动力，剩余劳动力从农村经济中转移出去，不但没有降低农业的总产出，反而额外增加了工业产出，从而有利于推动农村和整体经济的增长。另外，中国是世界上拥有最多劳动力资源的国家，虽然从宏观统计数据上我们无法看到中国劳动力的增长率非常高，但是有一个事实被掩盖在宏观数据中，那就是工业化过程中剩余劳动力不断转移到工业和第三产业中去。从上一节提供的微观数据中我们也可以看出，有越来越多的农村劳动力进入城市，并且他们从事非农劳动的时间在逐渐增加。所以，中国经济的发展道路实际上是先通过不平衡的战略推动经济增长，然后通过工业化的渗透效应带动农村经济发展，这其中，允许农村剩余劳动力进入城市和工业部门是一个极其关键的渠道。所以我们可以把中国经济发展模式总结为"先增长后分配"。对于中国这样的人口大国，如果走"先分配后分配"的道路，有限的资源平均分配到每个人手中就会变得寥寥无几，这固然有利于公平的实现，但是却不利于将有限的资源集聚到工业部门中以快速推进工业化。

最后我们也必须认识到，中国的经济发展道路和农村经济发展的经验可能更适合于那些发展起点较低的大国；特别地，一个国家是否存在一种政治制度能够保证政府制定出让低收入群体也能够平等地分享经济增长的果实的政策，这一点尤其值得重视。同时，农村地区的土地制度改革的影响也极其复杂，家庭联产承包责任制在中国的成功未必意味着在其他发展中国家推行类似的土地改革也一定会成功。

参考文献

Aghion, Philippe and Patrick Bolton, 1997, "A Theory of Trickle-Down Growth and Development," *Review of Economic Studies*, Vol. 64, pp. 151-172.

Alwang, Jeffrey, Siegel, Paul B. and Jorgensen, Steel L., 2001, "Vulnerability: A View from Different Disciplines," The World Bank Social Protection Discussion Paper, No. 0115, Washington, D. C. : World Bank.

Anderson, Kym, 2004, "Agricultural Trade Reform and Poverty Reduction in Developing Countries," World Bank Policy Research Working Paper 3396, Washington, D. C. .

Astone, Nan Marie, Constance A. Nathanson, Robert Schoen, and Young J. Kim, 1999, "Family Demography, Social Theory, and Investment in Social Capital," *Population and Development Review*, Vol. 25, No. 1, pp. 1-31.

Bardhan, Pranab, 2004, "The Impact of Globalization on the Poor," *Brookings Trade Forum*, *Globalization*, *Poverty*, *and Inequality*, pp. 271-284.

Bardhan, Pranab and Christopher Udry, 1999, *Development Microeconomics*, Oxford University Press.

Becker, Gary S., 1957, *The Economics of Discrimination*, University of Chicago Press, Chicago.

Becker, Gary S., 1968, "Crime and Punishment: An Economic Approach," *The Journal of Political Economy*, Vol. 76, No. 2, pp. 169-217.

Becker, Gary S. and H. G. Lewis, 1973, "On the Interaction Between the Quantity and Quality of Children," *Journal of Political Economy* 81, 2, pp. S279-S288.

Behrman, Jere R., 1988, "Intrahousehold Allocation of Nutrients in RuralIndia: Are Boys Favored? Do Parents Exhibit Inequality Aversion?" *Oxford Economic Papers*, New Series, Vol. 40, No. 1, pp. 32-54.

Behrman, Jere R., 1992, "Intrahousehold Allocation of Nutrients and Gender Effects: A Survey of Structural and Reduced Form Estimates," in *Nutrition and Poverty*, Eds. by S. Osmani, Oxford: Oxford University Press.

Behrman, Jere R., 1998, "Intrahousehold Distribution and the Family," in *Handbook of Population and Family Economics*, Vol. 1. A, Eds. by M. Rosennveig and O. Stark, NewYork: North Holland.

Besley, T., 1995, "Property Rights and Investment Incentives: Theory and Evidence from Ghana," *Journal of Political Economy*, Vol. 103(5), pp. 903-937.

Besley, Timothy and Robin Burgess, 2003, "Halving Global Poverty," *Journal of Economic Perspectives*, Vol. 17, No. 3. pp. 3-22.

Bhalla, S. S., 1980, "The Measurement of Permanent Income and Its Application to Savings Behavior," *Journal of Political Economy*, 88(4):722-744.

Bian, Yanjie, 1997, "Bringing Strong Ties Back in: Indirect Ties, Network Bridges, and Job Searches in China," *American Sociological Review*, Vol. 62, No. 3, pp. 366-385.

Blinder, A., 1973, "Wage Discrimination: Reduced Form and Structural Estimates," *The Journal of Human Resources*, 8(4), pp. 436-455.

Brandt, L., and Zhu Xiaodong, 1998, "Soft Budget Constraints and Inflation Cycles: A Positive Model of the Macro Dynamics in China during Transition," Mimeo, University of Toronto.

Brandt, L., Jikun Huang, Guo Li and Scott Rozelle, 2002, "Land Rights in Rural China: Facts, Fictions and Issues," *The China Journal*, No. 47, pp. 67-97.

Brasselle, Anne-Sophie, Frédéric Gaspart, Jean-Philippe, Platteau, 2002, "Land Security and Investment Incentives: Puzzling Evidence from Burkina Faso," *Journal of Development Economics*, Vol. 67, pp. 373-418.

Bridges, William P. and Wayne J. Villemez, 1986, "Informal Hiring and Income in the Labor Market," *American Sociological Review*, Vol. 51, No. 4, pp. 574-582.

Brown, R., M. Moon and S. Barbara, 1980, "Incorporating Occupational Attainment in Studies of Male-Female Earnings Differentials," *The Journal of Human Resources*, 33(1), pp. 3-28.

Brush, Jesse, 2007, "Does Income Inequality Lead to More Crime? A Comparison of Cross-sectional and Time-series Analyses of United States Counties," *Economics Letters*, Vol. 96, pp. 264-268.

Burt, Ronald S., 1992, *Structural Holes*, Cambridge: Harvard University Press.

Campbell, Karen E., Peter V. Marsden, and Jeanne S. Hurlbert, 1986, "Social Resources and Socioeconomic Status," *Social Networks*, 8, pp. 97-117.

Carter, Conlin A., 1997, "The Urban-Rural Income Gap in China: Implications for Global

Food Market," *American Journal of Agriculture Economics*, Vol. 79, pp. 1410-1418.

Carter, Michael and Yao Yang, 1998, "Property Rights, Rental Markets, and Land in China," Department of Agricultural and Applied Economics working paper, University of Wisconsin-Madison.

Chaudhuri, S., J. Jalan, and A. Suryahadi, 2002, "Assessing Household Vulnerability to Poverty from Cross-Sectional Data: A Methodology and Estimates from Indonesia," *Discussion Paper Series* No. 0102-52, Department of Economics, Columbia University.

Chen, S. and M. Ravallion, 2004, "Household Welfare Impacts of China's Accession to the WTO," in *China and the World Economy: Policy and Poverty after China's Accession to the WTO*, edited by D. Bhattasali, S. Li and W. Martin, London and New York: Oxford University Press.

Chen, Zhao, Shiqing Jiang, Ming Lu and Hiroshi Sato, 2008, "How Do Heterogeneous Social Interactions Affect the Peer Effect in Rural-Urban Migration: Empirical Evidence from China," LICOS Discussion Paper Series 227/2008, Katholieke Universiteit Leuven.

Chowdhury, Mridul K. and Radheshyam Bairagi, 1990, "Son Preference and Fertility in Bangladesh," *Population and Development Review*, Vol. 16, No. 4, pp. 749-757.

Christiaensen, L. J. and K. Subbarao, 2005, "Towards an Understanding of Household Vulnerability in RuralKenya," *Journal of African Economies*, Vol. 14, No. 4, pp. 520-558.

Chu, Junhong, 2001, "Prenatal Sex Determination and Sex-Selective Abortion in Rural Central China," *Population and Development Review*, Vol. 27, No. 2, pp. 259-281.

Coleman, J., 1990, *Foundation of Social Theory*, Cambridge, Mass: Harvard University Press.

Cotton, J., 1988, "On the Decomposition of Wage Differentials," *The Review of Economics and statistics*, 7(2), pp. 236-243.

CSLS, 2003, "China's Productivity Performance and Its Impact on Poverty in the Transition Period," Centre for the Study of Living Standards Research Report 2003-07, Ottawa.

Das Gupta, Monica, 1987, "Selective Discrimination against Female Children in Rural PunjabIndia," *Population and Development Review*, Vol. 13, No. 1, pp. 77-100.

De Graaf, Paul M. and Hendrik D. Flap, 1988, "'With a Little Help from My Friends': Social Resources as an Explanation of Occupational Status and Income in West Germany, The Netherlands, and the United States," *Social Forces*, Vol. 67, No. 1, pp. 452-472.

Demombynes, Gbriel, Berk Özler, 2005, "Crime and Local Inequality in South Africa," *Journal of Development Economics*, Vol. 76, pp. 265-292.

Dercon, S. , 2005, "Risk, Poverty and Vulnerability in Africa," *Journal of African Economies*, Vol. 14, No. 4, pp. 483-488.

Doeringer, P. B. and Piore, M. J. , 1971, *Internal Labor Markets and Manpower Analysis*, Lexington, MA: D. C. Heath.

Dollar, David, 2001, "Globalization, Inequality and Poverty Since 1980," World Bank Working Paper, Washington, D. C. , http://www. worldbank. org/research/globla.

Dollar, David and Kraay Aart, 2002, "Growth Is Good for the Poor," *Journal of Economic Growth*, Vol. 7, pp. 195-225.

Domínguez, Silvia and Celeste Watkins, 2003, "Creating Networks for Survival and Mobility: Social Capital among African-American and Latin-American Low-Income Mothers," *Social Problems*, Vol. 50, No. 1, pp. 111-135.

Dong, Xiaoyuan and Paul Bowles, 2002, "Segmentation and Discrimination in China's Emerging Industrial Labor Market," *China Economic Review*, Vol. 13, pp. 170-196.

Edlund, Lena, Li Hongbing, Yi Junjian, and Zhang Junshen, 2007, "Sex Ratios and Crime: Evidence from China's One-Child Policy," IZA Working Paper, No. 3214.

Elliot, James, 1999, "Social Isolation and Labor Market Insulation: Network and Neighborhood Effects on Less-Educated Urban Workers," *Sociological Quarterly*, Vol. 40, No. 2, pp. 199-216.

Fajnzylber, Pablo, Daniel Lederman, and Norman Loayza, 2002, "What Causes Violent Crime?" *European Economic Review*, Vol. 46, pp. 1323-1357.

Fan, Shenggen, 2003, "Public Investment and Poverty Reduction, What Have We Learnt fromIndia and China?" paper prepared for the ADBI conference, "Infrastructure Investment for Poverty Reduction: What Do We Know?" Tokyo, June 12-13, 2003.

Fan, Shenggen, Linxiu Zhang, Xiaobo Zhang, 2000, "Growth and Poverty in Rural China: The Role of Public Investments," EPTD Discussion Paper, No. 66, International Food Policy Research Institute, Environment and Production Technology Division.

Flap, Hendrik D. and E. Boxman, 2001, "Getting Started: The Influence of Social Capital on the Start of the Occupational Career," in *Social Capital: Theory and Research*, edited by N. Lin, K. S. Cook, and R. S. Burt, pp. 159-184, New York: Aldine de Gruyter.

Fleisher, B. M. and Liu Yunhua, 1992, "Economies of scale, plot size, human capital and productivity in Chinese agriculture," *Quarterly Review of Economics and Finance*, Vol. 32, No. 3, pp. 112-123.

Foster, J. , Greer, J. , and Thorbecke, E. "A Class of Decomposable Poverty Measures,"

Econometrica, 1984, 52(3), 761-766.

Friedman, Milton, 1963, "Windfalls, the 'Horizon', and Related Concepts in the Permanent-Income Hypothesis," in *Measurement in Economics and Econometrics: Essays in Memory of Yehuda Grunfeld*, edited by Carl Christ, Stanford, Calif: Stanford University Press.

Friedman, M. A, 1957, *Theory of Consumption Function*, Princeton, N. J. : Princeton University Press.

Fukuyama, F. , 1995, *Trust: the Social Values and the Creation of Prosperity*, New York: Free Press.

Fukuyama, F. , 2001, "Social Capital, Civil Society and Development," *Third World Quarterly*, Vol. 22, No. 1, pp. 7-20.

Gan, Li, Lixin Xu and Yang Yao, 2006, "Health Shocks, Village Elections, and Long-term Income: Evidence from Rural China," NBER Working Paper, No. 12686.

Gillis, M. , D. Perkins, M. Roemer, and D. Snordgrass, 1983, *Economics of Development*, Norton, New York.

Granovetter, Mark, 1974, *Getting a Job*, Chicago: University of Chicago Press.

Grootaert, C. , 1999, "Social Capital, Household Welfare and Poverty inIndonesia," Local Level Institutions Working Paper, No. 6, Washington, D. C. : World Bank.

Hayami, Y. and V. W. Ruttan, 1985, *Agricultural Development: An International Development*, John Hopkins University Press, Baltimore, MD.

Huang, Jikun and Scott Rozelle, 1996, "Technological Change: Rediscovering the Engine of Productivity Growth in China's Rural Economy," *Journal of Development Economics*, Vol. 49, No. 2, pp. 337-367.

Huppi, Monika and Gershon Feder, 1990, "The Role of Group and Credit Cooperative in Rural Lending," *The World Bank Research Observer*, Vol. 5, No. 2, pp. 187-204.

Hwang, Kwang-kuo, 1987, "Face and Favor: The Chinese Power Game," *American Journal of Sociology*, Vol. 92, pp. 944-974.

Jalan, J. and Martin Ravallion, 1998, "Transient Poverty in Post-Reform Rural China," *Journal of Comparative Economics*, 26, pp. 338-357.

Jalan, J. and Ravallion M. 2000, "Is Transient Poverty Different? Evidence for Rural China," *Journal of Development Studies*, 36(6), pp. 82-99.

Johnson, Kay, 1996, "The Politics of the Revival of Infant Abandonment in China, with Special Reference to Hunan," *Population and Development Review*, Vol. 22, No. 1, pp. 77-98.

Kamanou, G. and J. Morduch, 2002, "Measuring Vulnerability to Poverty," Discussion Paper No. 2002/58, World Institute for Development Economics Research(WIDER), United Nations University.

Kanbur, Ravi and Xiaobo Zhang, 2004, "Fifty years of Regional Inequality in China: A Journey through Central Planning, Reform, and Openness," United Nations University WIDER Working Paper, No. 2004/50.

Kelly, Morgan, 2000, "Inequality and Crime," *The Review of Economics and Statistics*, Vol. 82, No. 4, pp. 530-539.

Kennedy, Bruce P. , Ichiro Kawachi, Debrah Prothrow-Stith, Kimberly Lochner and Vanita Gupta, 1998, "Social Capital, Income Inequality, and Firearm Violent Crime," *Social Science and Medicine*, Vol. 47, No. 1, pp. 7-17.

Kennedy, John James, Scott Rozelle, Shi Yaojiang, 2004, "Elected Leaders and Collective Land: Farmers' Evaluation of Village Leaders' Performance in Rural China," *Journal of Chinese Political Science*, Vol. 9, No. 1, pp. 1-22.

Kishor, Sunita, 1993, "'May God Give Sons to All': Gender and Child Mortality in India," *American Sociological Review*, Vol. 58, No. 2, pp. 247-265.

Knight, J. and Lina Song, 1993, "The Spatial Contribution to Income Inequality in Rural China," *Cambridge Journal of Economics*, Vol. 17, pp. 195-213.

Knight, J. and L. Yueh, 2002, "The Role of Social Capital in the Labor Market in China," Oxford University, Department of Economics Discussion Paper.

Knight, John, 1995, "Price Scissors and Intersectoral Resource Transfers: Who Paid for Industrialization in China?" *Oxford Economic Papers*, Vol. 47, No. 1, pp. 117-135.

Knight, John, Song Lina, and Jia Huaibin, 1999, "Chinese Rural Migrants in Urban Enterprises: Three Perspectives," *Journal of Development Studies*, 35(3):73-104.

Krishna, A. , 2000, "Creating and Harnessing Social Capital," in *Social Capital: A Multifaceted Perspective*, P. Dasgupta and I. Serageldin, eds. , Washington, D. C. : World Bank.

Krusekopf, Charles C. , 2002, "Diversity in Land-tenure Arrangements under the Household Responsibility System in China," *China Economic Review*, Vol. 13, pp. 297-312.

Kühl, J. J. , 2003, "Disaggregating Household Vulnerability—Analyzing Fluctuations in Consumption Using A Simulation Approach," manuscript, Institute of Economics, University of Copenhagen, Denmark.

Kung, J. K. , 1995, "Equal Entitlement versus Tenure Security under a Regime of Collective Property Rights: Peasants' Performance for Institutions in Post-reform Chinese Agriculture," *Journal of Comparative Economics*, 21, pp. 82-111.

Kung, J. K., 2000, "Common Property Rights and Land Reallocations in Rural China: Evidence from a Village Survey," *World Development*, 28, pp. 701-719.

Kydd, Jonathan and Andrew Dorward, 2004, "Implications of Market and Coordination Failure for Rural Development in Least Developed Countries," *Journal of International Development*, Vol. 16, pp. 951-970.

Lai, Gina, Nan Lin, and Shu-Yin Leung, 1998, "Network Resources, Contact Resources, and Status Attainment," *Social Networks*, 20, pp. 159-178.

Lawrence, Susan V., 1994, "Village Representative Assemblies: Democracy, Chinese Style," *Australian Journal of Chinese Affairs*, Vol. 32, pp. 61-68.

Lena, Edlund, Li Hongbin, Yi Junjian, Zhang Junsheng, 2007, "Sex Ratios and Crime: Evidence from China's One-Child Policy," IZADP Working Paper No. 3214.

Lewis, A., 1954, "Economic Development with Unlimited Supplies of Labor," The Manchester School of Economic and Social Studies, 22:139-191.

Li, Guo, Scott Rozelle and Loren Brandt, 1998, "Tenure, land rights, and farmer investment incentives in China," *Agricultural Economics*, 19, pp. 63-71.

Li, Jiali, 1995, "China's One-child Policy: How and How Well. Has It Worked? A Case Study of Hebei Province, 1979-88," *Population and Development Review*, Vol. 21, No. 3, pp. 563-585.

Lin, J. Y., 1992, "Rural Reform and Agricultural Growth in China," *American Economic Review*, Vol. 82, No. 1, pp. 34-51.

Lin, Nan, 1999, "Social Networks and Status Attainment," *Annual Review of Sociology*, Vol. 25, pp. 467-487.

Lin, Nan, 2001, "Building a Network Theory of Social Capital," in *Social Capital: Theory and Reserach*, edited by N. Lin, K. S. Cook, and R. Burt, pp. 3-31, New York: Aldine de Gruyter.

Liu, Amy Y. C., 2001, "Markets, Inequality and Poverty in Vietnam," *Asian Economic Journal*, Vol. 15, pp. 217-235.

Mansuri, G. and A. Healy, 2001, "Vulnerability Prediction in Rural Pakistan," Memeo, Washington, D. C.: World Bank.

Marsden, Peter and Jeanne Hurlbert, 1988, "Social Resources and Mobility Outcomes: A Replication and Extension," *Social Forces*, Vol. 66, pp. 1038-1059.

McCulloch, N. and M. Calandrino, 2003, "Vulnerability and Chronic Poverty in Rural

Sichuan," *World Development*, Vol. 31, No. 3, pp. 611-628.

McMillan, John, John Whalley and Lijing Zhu, 1989, "The Impact of China's Economic Reforms on Agricultural Productivity Growth," *Journal of Political Economy*, No. 97, pp. 781-807.

Meng, Xin, 2000, *Labor Market Reform in China*, Cambridge: Cambridge University Press.

Meng, Xin and Junsen Zhang, 2001, "The Two-Tier Labor Market in Urban China: Occupational Segregation and Wage Differentials between Urban Residents and Rural Migrants in Shanghai," *Journal of Comparative Economics*, 29, pp. 485-504.

Meng, Xin and Paul Miller, 1995, "Occupational Segregation and its Impact on Gender Wage Discrimination in China's Rural Industrial Sector," *Oxford Economic Papers*, New Series, Vol. 47, pp. 136-155.

Migot-Adholla, S. E., Benneh, G., Place, F., Atsu, S., 1994, "Land, Security of Tenure, and Productivity in Ghana," in Bruce, J. W., Migot-Adholla, S. E. (Eds.), *Searching for Land Tenure Security in Africa*, Dubuque, Kendall/Hunt Publishing Cy, Iowa, pp. 97-118.

Minot, Nicholas and Francesco Goletti, 1998, "Export Liberalization and Household Welfare: The Case of Rice in Vietnam," *American Journal of Agricultural Economics*, Vol. 80, No. 4, pp. 738-749.

Montalvo, J. G. and M. Ravallion, 2009, "The Pattern of Growth and Poverty Reduction in China," World Bank Policy Research Working Paper 5069, World Bank.

Mortensen, D. T. and T. Vishwanath, 1994, "Personal Contacts and Earnings: It's Who You Know!" *Labor Economics*, Vol. 1, No. 2, pp. 187-201.

Mouw, Ted, 2003, "Social Capital and Finding a Job: Do Contacts Matter?" *American Sociological Review*, Vol. 68, No. 6, pp. 868-898.

Muhuri, Pradip K. and Samuel H. Preston, 1991, "Effects of Family Composition on Mortality Differentials by Sex among Children in Matlab," *Population and Development Review*, Vol. 17, No. 3, pp. 415-434.

Munshi, Kaivan, 2003, "Networks in the Modern Economy: Mexican Migrants in the U. S. Labor Market," *The Quarterly Journal of Economics*, May, pp. 549-599.

Musgrove, Philip, 1979, "Permanent Household Income and Consumption in Urban South America," *American Economic Review*, 69(3):355-368.

Naughton, Barry, 1994, "Chinese Institutional Innovation and Privatization from Below,"

American Economic Review, Papers and Proceedings of the Hundred and Sixth Annual Meeting of the American Economic Association 84(2), pp. 266-270.

Nguyen, T., Cheng, E. and Findlay, C., 1996, "Land Fragmentation and Farm Productivity in China in the 1990s," *China Economic Review*, Vol. 7, No. 2, pp. 169-180.

Nurkse, R., 1953, *Problems of Capital Formation in Underdeveloped Countries*, Oxford University Press, New York.

Oaxaca, R., 1973, "Male-Female Wage Differentials in Urban Labor Markets," *International Economic Review*, 14(3), pp. 693-709.

O'Brien, Kevin J., 1994, "Implementing Political Reform in China's Villages," *The Australian Journal of Chinese Affairs*, Vol. 0, No. 32, pp. 33-59.

Oi, Jean, 1996, "Economic Development, Stability and Democratic Village Self-Government," in Maurice Brosseau, Suzanne Pepper, and Tsang Shu-ki, eds., *China Review*, Hong Kong: The Chinese University Press.

Oi, Jean and Scott Rozelle, 2000, "Elections and Power: The Locus of Decision-Making in Chinese Villages," *China Quarterly*, Vol. 162, pp. 513-539.

Park, A. and Wang, S., 2001, "China's Poverty Statistics," *China Economic Review*, Vol. 12, pp. 384-398.

Park, Chai Bin and Nam-Hoon Cho, 1995, "Consequences of Son Preference in A Low-fertility Society: Imbalance of the Sex Ratio at Birth in Korea," *Population and Development Review*, Vol. 21, No. 1, pp. 59-84.

Paxson, Christina H., 1992, "Using Weather Variability to Estimate the Response of Savings to Transitory Income in Thailand," *American Economic Review*, 82(1):15-33.

Pender, John L., and John, M. Kerr, 1998, "Determinants of Farmers' Indigenous Soil and Water Conservation Investments in Semi-arid India," *Agricultural Economics*, Vol. 19, pp. 113-125.

Pritchett, L., A. Suryhadi and S. Sumarto, 2000, "Quantifying Vulnerability to Poverty: A Proposed Measure, with Application to Indonesia," Policy Research Working Paper, No. 2437, Washington, D. C.: World Bank.

Putnam, R., R. Leonardi, and R. Nanetti, 1993, *Making Democracy Working: Civic Tradition and Modern Italy*, Princeton: Princeton University Press.

Rajadel, T., 2002, "Vulnerability and Participation to the Non-Agricultural Sector in Rural Pakistan," Working Paper in Université Paris, TEAM.

Ramo, Joshua Cooper, 2004, "The Beijing Consensus," The Foreign Policy Centre of

U. K. , London.

Ravallion, M. , 2008, "Are There Lessons for Africa from China's Success against Poverty?" World Bank Policy Research Paper 4463, World Bank.

Ravallion, M. and S. Chen, 2004, "China's (Uneven) Progress against Poverty," World Bank Policy Research Working Paper 3408, World Bank.

Ravallion, Martin, 2001, "Growth, Inequality and Poverty: Looking Beyond Averages," *World Development*, Vol. 29, No. 11, pp. 1803-1815.

Ravallion, Martin and Michael Lokshin, 2004, "Gainers and Losers from Trade Reform in Morocco," WB Working Paper 3368, Washington, D. C. : World Bank.

Rose, Elaina, 2000, "Gender Bias, Credit Constraints and Time Allocation in Rural India," *The Economic Journal*, Vol. 110, No. 465, pp. 738-758.

Rostow, W. W. , 1960, *The Stage of Economic Growth: A Non-Communist Manifesto*, Cambridge University Press, Cambridge, UK.

Rozelle, Scott, Linxiu Zhang and Jikun Huang, 2000, "China's War on Poverty," Working Paper No. 60, Center for Economic Research on Economic Development and Policy Reform, Stanford Institute for Economic Policy Research, Stanford University.

Sadoulet, Elisabeth and Alain De Janvry, 1992, "Agricultural Trade Liberalization and Low Income Countries: A General Equilibrium-Multimarket Approach," *American Journal of Agricultural Economics*, Vol. 74, No. 2, pp. 268-280.

Schwartz, Aba, 1973, "Interpreting the Effect of Distance on Migration," *The Journal of Political Economy*, Vol. 81, No. 5, pp. 1153-1169.

Sen, Amartya, 1983, *Poverty and Famines: An Essay on Entitlement and Deprivation*, reprinted by Oxford University Press.

Shapiro, S. S. , and M. B. Wilk, 1965, "An Analysis of Variance Test for Normality(Complete Samples)," *Biometrika*, 52(3/4): 591-611.

Shi, Tianjian, 1999, "Economic Development and Village Elections in Rural China," *Journal of Contemporary China*, Vol. 82:425-442.

Simon, Curtis J. and John T. Warner, 1992, "Matchmaker, Matchmaker: The Effect of Old Boy Networks on Job Match Quality, Earnings, and Tenure," *Journal of Labor Economics*, Vol. 10, pp. 306-329.

Soares, Rodrigo R. , 2004, "Development, Crime and Punishment: Accounting for the International Differences in Crime Rates," *Journal of Development Economics*, 73, pp. 155-184.

Staiger, D. and J. H. Stock, 1997, "Instrumental Variables Regression with Weak Instruments," *Econometrica*, Vol. 65, No. 3, pp. 557-586.

Stern, Nicholas, 2003, "Public Policy for Growth and Poverty Reduction," *CESifo Economics Studies*, Vol. 49, 1/2003, pp. 5-25.

Swinnen, Johan and Scott Rozelle, 2006, *From Marx and Mao to the Market: The Economics and Politics of Agricultural Transition*, Oxford University Press, USA.

Tian, Qunjian, 2001, "China's New Urban-rural Divide and Pitfalls for the Chinese Economy," *Canadian Journal of Development Studies*, Vol. 22(1), pp. 165-190.

Tian, Weiming, Xiuqing Wang, Fuyan Ke, 2003, "The Poverty Alleviation Role of Agriculture in China," paper prepared for the Roles of Agriculture International Conference 20-22 October, 2003-Rome, Italy.

Tiebout, Charles M., 1956, "A Pure Theory of Local Expenditure," *Journal of Political Economy*, Vol. 64, No. 5, pp. 416-424.

Timmer, C. P., 1988, "The Agricultural Transformation," in *Handbook of Development Economics*, Vol. 1, H. Chenery and T. N. Srinivasan, Eds., North-Holland, Amsterdam.

Todaro, M. P., 1989, *Economic Development in the Third World*, 4th ed., Longman, New York.

Tsushima, Masahiro, 1996, "Economic Structure and Crime: The Case of Japan," *Journal of Socio-Economics*, Vol. 25, No. 4, pp. 497-515.

UNDP, 2005, *Human Development Report 2005*, Oxford University Press, USA.

Wan, G., 2004, "Accounting for Income Inequality in Rural China," *Journal of Comparative Economics*, Vol. 32, No. 2, pp. 348-363.

Wan, Guanghua and Cheng, Enjiang, 1999, "A Micro-empirical Analysis of Land Fragmentation and Scale Economics in Rural China," Yang Y. and Tian W. M. (eds.), *China's Agriculture at the Crossroad*, Macmillan, London.

Wang, Feng and Xujin Zuo, 1999, "History's Largest Labor Flow: Understanding China's Rural Migrant Inside China's Cities: Institutional Barriers and Opportunities for Urban Migrants," *American Economic Review*, Vol. 89, No. 2, Papers and Proceedings, May, pp. 276-280.

Wei, Shang-jin, and Zhang Xiaobo, 2009, "The Competitive Saving Motive: Evidence from Rising Sex Ratio and Savings Rates in China," NBER Working Paper No. 15093.

Wen, G. J., 1995, "The land tenure system and its saving and investment mechanism: the case of modern China," *Asian Economy*, 9(3), pp. 233-259.

Wooldridge, Jeffrey M. , 2000, *Introductory Econometrics: A Modern Approach*, South-Western College Publishing House.

World Bank, 2001, *World Development Report 2000/2001, Attacking Poverty*, New York: Oxford University Press.

Yang, Dennis Tao, 1999, "Urban-Biased Policies and Rising Income Inequality in China," *American Economic Review*, Vol. 89, No. 2, Papers and Proceedings of the One Hundred Eleventh Annual Meeting of the American Economic Association (May 1999), pp. 306-310.

Yang, Dennis Tao and Cai Fang, 2000, "The Political Economy of China's Rural-Urban Divide," Working Paper No. 62 of Center for Research on Economic Development and Policy Reform, Stanford University.

Yang, Dennis Tao and Zhou Hao, 1999, "Rural-Urban Disparity and Sectoral Labor Allocation in China," *Journal of Development Studies*, Vol. 35(3), pp. 105-133.

Yang, Mei-hui, 1994, *Gifts, Favors, and Banquets: The Art of Social Relationships in China*, Ithaca, NY: Cornell University Press.

Yao, Shujie, 2000, "Economic Development and Poverty Reduction in China over 20 Years of Reforms," *Economic Development and Cultural Change*, 48(3), pp. 447-474.

Yao, Xianbin, 2003, "Infrastructure and Poverty Reduction-Making Markets Working for the Poor," Working Paper, ERD POLICY BRIEF NO. 14. http://www. adb. org/Documents/EDRC/Policy_Briefs/PB014. pdf.

Yao, Y. , 1995, "Institutional Arrangements, Tenure Insecurity and Agricultural Productivity in Post Reform Rural China," Working Paper, Department of Agricultural Economics, University of Wisconsin, Madison.

Yao, Yang, 2006, "Village Elections, Accountability and Income Distribution in Rural China," *China and World Economy*, Vol. 14, No. 6, pp. 20-38.

Zhang, Xiaobo and Guo Li, 2003, "Does Guanxi Matter to Nonfarm Employment?" *Journal of Comparative Economics*, Vol. 31, No. 2, pp. 315-331.

Zhang, Xiaobo, Shenggen Fan, Linxiu Zhang, Jikun Huang, 2004, "Local Governance and Goods Provision in Rural China," *Journal of Public Economics*, Vol. 88, No. 12, pp. 2857-2871.

Zhang, Yuan and Guanghua Wan, 2006, "An Empirical Analysis of Household Vulnerability in Rural China," *Journal of the Asia Pacific Economy*, 11(2): 196-212.

Zhao, Yaohui, 2003, "The Role of Migrant Networks in Labor Migration: The Case of

China," *Contemporary Economic Policy*，Vol. 21，Issue 4，pp. 500-511.

Sen，Amartya：《评估不平等和贫困的概念性挑战》，《经济学（季刊）》2003 年第 2 卷第 2 期，第 257—270 页。

白雪梅、王少瑾：《对我国收入不平等与社会安定关系的审视》，《财经问题研究》2007 年第 7 期，第 16—23 页。

边燕杰、张文宏：《经济体制、社会关系网络与职业流动》，《中国社会科学》2001 年第 2 期，第 77—89 页。

蔡昉：《二元劳动力市场条件下的就业体制转换》，《中国社会科学》1998 年第 2 期。

蔡昉、都阳和王美艳：《劳动力流动的政治经济学》，上海三联书店、上海人民出版社 2003 年版。

蔡昉：《中国城市限制外地农民工就业的政治经济学分析》，《中国人口科学》2000 年第 4 期，第 1—10 页。

蔡昉：《中国经济如何跨越"低中等收入陷阱"？》，《中国社会科学院研究生院学》2008 年第 1 期，第 13—18 页。

蔡昉、王德文、都阳：《劳动力市场扭曲对区域差距的影响》，《中国社会科学》2001 年第 2 期。

陈春良、易君健：《收入差距与刑事犯罪：基于中国省级面板数据的经验研究》，《世界经济》2009 年第 1 期，第 13—25 页。

陈如、肖金军：《南京市流动人口犯罪的调查与思考》，《青少年犯罪问题》2004 年第 1 期，第 30—33 页。

陈硕：《转型期中国的司法投入与犯罪治理：一个工具变量方法》，香港科技大学社会科学部工作论文，2010 年。

陈卫：《性别偏好与中国妇女生育行为》，《人口研究》2002 年第 2 期，第 14—22 页。

陈晓华等：《农村劳动力转移就业现状、问题及对策》，《农村经济问题》2005 年第 8 期。

陈钊、陆铭、佐藤宏：《关系与行业进入障碍——中国城市劳动力市场不平等的来源》，复旦大学经济学院工作论文，2009 年。

陈字、邓昌荣：《中国妇女生育意愿影响因素分析》，《中国人口科学》2007 年第 6 期，第 75—81 页。

丛梅：《和谐社会进程中流动人口重新犯罪问题分析》，《中国人民公安大学学报（社会科学版）》2007 年第 1 期，第 46—50 页。

杜鹰：《现阶段中国农村劳动力流动的群体特征与宏观背景分析》，《中国农村经济》1997 年，第 6 期，第 4—11 页。

龚启圣等：《农民对土地的产权的愿意及其对新政策的反映》，《中国农村观察》1998 年第 2 期。

郭志刚、张二力、顾宝昌、王丰：《从政策生育率看中国生育政策的多样性》，《人口研究》2003年第 5 期。

国家统计局农村社会经济调查总队：《中国农村贫困监测报告—2003》，中国统计出版社 2004 年版。

国家统计局：《中华人民共和国 2000 年人口普查资料》，中国统计出版社 2002 年版。

国家统计局：《中国农村统计年鉴—2003》，中国统计出版社 2003 年版。

国家统计局：《中国农村贫困监测报告—2008》，中国统计出版社 2008 年版。

国家统计局：《中国统计年鉴—2009》，中国统计出版社 2009 年版。

国家统计局综合司：《第二次全国农业普查主要数据公报（第一号）》，来自国家统计局官方网站：http://www.stats.gov.cn，2008 年 2 月。

国务院研究室课题组：《中国农民工调研报告》，中国言实出版社 2006 年版。

胡必亮：《"关系"与农村人口流动》，《农业经济问题》2004 年第 11 期，第 36—42 页。

胡联合：《转型与犯罪——中国转型期犯罪问题的实证研究》，中共中央党校出版社 2006年版。

胡联合、胡鞍钢：《对转型期中国犯罪实际发案情况的估测》，《社会科学》2006 年第 1 期，第 126—131 页。

胡联合、胡鞍钢、徐绍刚：《贫富差距对违法犯罪活动影响的实证分析》，《管理世界》2005 年第 6 期，第 34—44 页。

胡荣、王泉超：《村民村级选举参与的影响因素分析——基于武平等四县农村的实证研究》，《中共福建省委党校学报》2008 年第 4 期，第 57—60 页。

胡荣：《社会资本与中国农村居民的地域性自主参与——影响村民在村级选举中参与的各因素分析》，《社会学研究》2006 年第 2 期，第 61—84 页。

黄少安、陈屹立：《宏观经济因素与犯罪率：基于中国 1978—2005 的实证研究》，山东大学经济研究院工作论文，2007 年。

解振明：《中国农民生育需求的变化》，《人口研究》1997 年第 2 期，第 13—19 页。

金和辉：《农村妇女的生育决策权与生育率》，《中国人口科学》1995 年第 1 期，第 33—44 页。

康晓平和王绍贤：《农村社会经济及生活环境对生育率的影响——聚类分析在影响生育率因素研究中的应用》，《中国人口科学》1998 年第 6 期，第 46—51 页。

李实：《中国个人收入分配研究回顾与展望》，《经济学（季刊）》2003 年第 2 卷第 2 期，第 379—403 页。

李实、魏众：《中国农村劳动力流动与收入分配》，赵人伟等主编《中国居民收入分配再研究：经济改革和发展中的收入分配》，第 475—511 页，中国财政经济出版社 1999 年版。

李树苗、马库斯·费尔德曼、朱楚珠：《中国农村妇女就业与生育行为比较研究》，《人口与经济》1998 年第 1 期,第 3—14 页。

林毅夫:《中国的农村改革与农业增长》,载《制度、技术与中国农业发展》,上海人民出版社 1994 年版。

林毅夫、蔡昉、李周:《中国奇迹:发展战略与经济改革》,上海三联书店、上海人民出版社 1994 年版。

刘荣:《中国村庄公共支出与基层选举:基于微观面板数据的经验研究》,《中国农村观察》 2008 年第 6 期,第 11—18 页。

刘爽:《中国育龄夫妇的生育"性别偏好"》,《人口研究》2005 年第 3 期,第 2—10 页。

卢锋:《中国:探讨第二代农村反贫困策略》,北京大学中国经济研究中心工作论文, No. C2001004,2001 年。

陆杰华、傅崇辉、张金辉、曾序春:《结构方程模型在妇女生育行为研究中的应用:以深圳市 为例》,《人口研究》2005 年第 2 期,第 25—33 页。

罗仁福、张林秀、黄季焜、罗斯高、刘承芳:《村民自治、农村税费改革与农村公共投资》,《经济 学(季刊)》2006 年第 5 卷第 4 期,第 1295—1310 页。

麻泽芝、丁泽芸:《相对丧失论——中国流动人口犯罪的一种可能解释》,《法学研究》1999 年 第 6 期。

秦晖:《"优化配置"?"土地福利"?——关于农村土地制度的思考》,《新财经》2002 年第 8 期。

任强、傅强:《经济发展下的边际生育行为——莱宾斯坦理论的实证分析》,《中国人口科学》 2007 年第 1 期,第 60—70 页。

沈艳、姚洋:《村庄选举和收入分配——来自 8 省 48 村的证据》,《经济研究》2006 年第 4 期, 第 97—105 页。

史清华、贾生华:《农户家庭农地流转及形成根源——以东部沿海苏鲁浙三省为例》,《农业 经济导刊》2004 年第 1 期。

世界银行:《中国战胜农村贫困:世界银行国别报告》,中国财政经济出版社 2001 年版。

孙昕、徐志刚、陶然、苏福兵:《政治信任、社会资本和村民选举参与——基于全国代表性样 本调查的实证分析》,《社会学研究》2007 年第 4 期,第 165—245 页。

谭秋成:《集体农业解体和土地所有权重建:中国与中东欧的比较》,《中国农村观察》2001 年 第 3 期,第 2—12 页。

唐代盛、李春兰、胡豪:《土地"撂荒"的制度分析及对策》,《财经研究》2002 年第 2 期,第 116—120 页。

唐晓腾、唐炎华:《当前农村耕地自由流转成本低廉的成因分析》,《中国国情国力》2000 年第 4 期。

陶然、徐志刚：《城市化、农地制度与迁移人口社会保障——一个转轨中发展的大国视角与政策选择》，FED 工作论文，No. FC20050049，2005 年。

万广华、章元：《我们能够在多大程度上准确预测贫困脆弱性?》，《数量经济与技术经济研究》2009 年第 6 期，第 138—148 页。

万广华、章元、史清华：《如何更准确地预测贫困脆弱性：基于中国农户面板数据的比较研究》，《农业技术经济》2011 年第 9 期，第 13—23 页。

王大中、柴艳茹、张晓东、郭冰：《北京市流动人口犯罪问题调查报告》，《中国人民公安大学学报（社会科学版）》2007 年第 2 期，第 9—15 页。

王桂新、刘旖芸：《上海流动人口犯罪特征及原因分析——透过新闻资料的梳理、分析》，《人口学刊》2006 年第 3 期，第 44—48 页。

王金营：《中国计划生育政策的人口效果评估》，《中国人口科学》2006 年第 10 期。

王美艳：《转轨时期的工资差异：歧视的计量分析》，《数量经济技术经济研究》2003 年第 5 期。

王美艳：《城市劳动力市场上的就业机会与工资差异——外来劳动力就业与报酬研究》，《中国社会科学》2005 年第 5 期，第 36—46 页。

王美艳、蔡昉：《户籍制度改革的历程与展望》，《广东社会科学》2008 年第 6 期，第 19—26 页。

王淑娜、姚洋：《基层民主和村庄治理——来自 8 省 48 村的证据》，《北京大学学报（哲学社会科学版）》2007 年第 2 期，第 121—130 页。

王燕：《男孩偏好对中国生育率的影响》，《中国人口科学》1995 年第 4 期，第 12—15 页。

王英辉、许惠渊：《中国农民边缘化的产权制度分析》，《经济体制改革》2004 年第 2 期。

王永钦等：《中国的大国发展道路——论分权式改革的得失》，《经济研究》2007 年第 1 期，第 4—16 页。

王志强：《对近年来流动人口犯罪问题的实证分析》，《中国人民公安大学学报（社会科学版）》2006 年，第 44—51 页。

魏平雄、欧阳涛、闵治奎、王顺安：《中国预防犯罪通鉴》，人民法院出版社 1998 年版。

肖立辉：《影响村民投票的因素分析》，《汕头大学学报（人文科学版）》1999 年第 3 期，第 27—34 页。

谢嗣胜、姚先国：《农民工工资歧视的计量分析》，《中国农村经济》2006 年第 4 期。

徐善长：《土地市场的二元结构与政府职能转变》，《经济研究参考》2004 年第 68 期。

许成钢：《中国经济改革的制度基础》，《世界经济文汇》2009 年第 4 期，第 105—116 页。

许承余：《论城市外来人口犯罪与我国目前犯罪率上升的共同根源》，《法制与社会》2008 年第 3 期，第 42—43 页。

严善平：《城市劳动力市场中的人员流动及其决定机制——兼析大城市的新二元结构》，《管理世界》2006 年第 8 期。

严善平：《人力资本、制度与工资差别——对大城市二元劳动力市场的实证分析》，《管理世界》2006 年第 6 期，第 4—13 页。

杨云彦、陈金永：《转型劳动力市场的分层与竞争——结合武汉的实证分析》，《中国社会科学》2000 年第 5 期，第 28—38 页。

姚先国、赖普清：《中国劳资关系的城乡户籍差异》，《经济研究》2004 年第 7 期。

姚洋：《农地制度与农业绩效的实证研究》，《中国农村观察》1998 年第 6 期。

姚洋：《中国农地制度与农村社会保障》，《中国社会科学季刊》2000 年秋季号。

袁志刚、封进、张红：《城市劳动力供求与外来劳动力就业政策研究——上海的例证及启示》，《复旦学报（社会科学版）》2005 年第 5 期。

张风雨：《中国孩次生育概率影响因素的多层次分析》，《中国人口科学》1998 年第 1 期，第 17—31 页。

张虹宇：《中国农地调整与使用权流转：几点评论》，载《中国农民土地使用权法律保障国际研讨会文集》，中国改革发展研究院和美国国际共和研究所，2002 年 1 月 23—25 日。

张培刚：《工业与工业化》，哈佛大学博士论文，1949 年，香港花千树出版社 2003 年重印。

张培刚：《新发展经济学》，河南人民出版社 1992 年版。

张仕平和王美蓉：《性别价值观与农村出生婴儿性别比失衡》，《人口学刊》2006 年第 2 期，第 13—18 页。

张五常：《经济解释（卷三）》，香港花千树出版有限公式 2002 年 12 月版。

张晓波：《中国教育和医疗卫生中的不平等问题》，《经济学（季刊）》2003 年第 2 卷第 2 期，第 405—416 页。

张晓波、樊胜根、张林秀、黄季焜：《中国农村基层治理与公共物品提供》，《经济学（季刊）》2003 年第 2 卷第 4 期，第 947—960 页。

章元、李锐、王后、陈亮：《社会关系网络与工资水平——基于农民工样本的实证分析》，《世界经济文汇》2008 年第 6 期。

赵延东、王奋宇：《城乡流动人口的经济地位获得及决定因素》，《中国人口科学》2002 年第 4 期，第 8—15 页。

赵延东：《再就业中的社会资本：效用与局限》，《社会学研究》2002 年第 4 期，第 43—54 页。

中华人民共和国公安部治安管理局：《中华人民共和国全国分县市人口统计资料》各相关年份，群众出版社。

中华人民共和国最高人民检察院：《中国检察年鉴》各相关年份，中国检察出版社。

钟笑寒：《劳动力流动与工资差异》，《中国社会科学》2006 年第 1 期。

周长洪、黄丽华：《不同经济收入家庭的农村妇女生育意愿比较分析》，《人口与经济》1996 年第 3 期，第 49—52 页。

周长洪、徐长醒：《农民生育意愿与动机及其成因的调查分析》，《人口与经济》1998 年第 6 期，第 18—23 页。

朱海就、周颖：《劳动力流动中的外部性问题分析》，《人口与经济》2000 年第 3 期，第 45—49 页。

朱玲、蒋中一：《以工代赈与缓解贫困》，上海三联书店、上海人民出版社 1994 年版。

郏鼎玖、许大文：《农村土地抛荒问题的调查与分析》，《农业经济问题》2000 年第 12 期。

佐藤宏：《外出务工、谋职和城市劳动力市场——市场支撑机制的社会关系网络分析》，载李实、佐藤宏主编，《经济转型的代价——中国城市失业、贫困、收入差距的经验分析》，中国财政经济出版社 2004 年版，第 372—390 页。

后 记

现在呈现在读者面前的是我的第二本专著,它也是我过去几年中围绕中国农村经济发展所进行的研究的一个总结。这些年来,我的研究都或多或少地与中国农村经济发展问题联系在一起。这其实是一个必然,因为我于 20 世纪 70 年代中期出生于农村,90 年代考入大学之前的所有时间都生活在中部一个经济很不发达的小乡村,童年时代也经历过贫困的物质生活,博士毕业后选择留在繁华的上海工作。可以说,我的成长与生活经历见证了中国经济的发展和城乡二元社会的融合进程。所以,现在回过头来看,这种生活经历对我来说却是一种财富。这也许是一种幸运,因为当一个人亲身经历转型和发展的不同阶段时,他就比只经历了某一个发展阶段的人有更多清晰而现实的感受,视野也许就更加不同。当然,这并不必然构成我的研究质量的一个重要推进因素,因为中国的经济发展速度远比中国经济学的发展速度来的要更快。

回到这本专著本身,它实际上绝非我一个人的力量所完成的。本书的很多内容都曾在学术杂志上公开发表过,而这些作品都有合作者,所以我要衷心感谢这些合作者们慷慨地允许我将这些成果以我个人的名义融入到这本专著之中。另外,本书很多章节的研究都使用了来自中国的各种调查数据,它们包括 CHNS、CERC/MoA 中国农村居民问卷调查数据库、CHIPS、CGSS 等,在这里一并向数据库的建立者和数据使用权的提供者表示感谢。

另外,我还要感谢"复旦大学当代中国经济与社会工作室"对本专著的支持。感谢工作室的陆铭和陈钊教授在本书修改过程中给予的各种有益评论和帮助。本书能够与国内其他青年学者们的研究成果一起作为丛书出版发行,也得益于该工作室的组织和筹划。

在我自己看来,完成博士论文是我科研生涯的第一个台阶,而这本专著则是在第二个台阶上的成果的汇总。未来的中国经济发展的一个重要主题将是城乡融合，而我出生和生活在中国经济持续快速增长的年代，经历了中国经济发展的腾飞阶段，经历了农村改革和对外开放，曾在中国最贫困的农村生活过，现在又在中国最繁荣的城市生活，所以我将在第三个台阶上以研究中国经济和中国的城乡融合为己任，争取能够创造出更高质量的学术成果。

最后，感谢李娜女士细致而专业的编辑工作。

章元

2012 年 1 月 18 日

图书在版编目(CIP)数据

中国农村经济:制度、发展与分配/章元著.
—上海:格致出版社:上海人民出版社,2012
(制度、结构与发展丛书/陆铭,陈钊主编)
ISBN 978 - 7 - 5432 - 2074 - 4

Ⅰ.①中… Ⅱ.①章… Ⅲ.①农村经济发展-研究-
中国 Ⅳ.①F323

中国版本图书馆 CIP 数据核字(2012)第 038473 号

责任编辑 李 娜
封面设计 人马艺术设计·储平

中国农村经济:制度、发展与分配
章元 著

出 版

世纪出版集团
www.ewen.cc

格 致 出 版 社
www.hibooks.cn

上海人 民 出 版 社

(200001 上海福建中路193号24层)

编辑部热线 021-63914988
市场部热线 021-63914081

发 行 世纪出版集团发行中心
印 刷 上海市印刷十厂有限公司
开 本 787×1092毫米 1/16
印 张 15
插 页 4
字 数 232,000
版 次 2012年3月第1版
印 次 2012年3月第1次印刷
ISBN 978 - 7 - 5432 - 2074 - 4/F·521
定 价 38.00元